本书为教育部人文社科青年项目（批准号：10YJC790264）和浙江省社科基金（批准号：10CGJJ04YBQ）研究成果。

本书出版还受到教育部人文社科重点基地浙江工商大学现代商贸研究中心项目（10JDSM03Z）以及浙江省人文社科重点研究基地浙江工商大学（应用经济学）项目的资助。

FDI对国内资本形成的挤出效应研究

Research about the Crowding-Out Effect of
FDI on the Domestic Capital Formation

王永齐 著

中国社会科学出版社

图书在版编目（CIP）数据

FDI 对国内资本形成的挤出效应研究/王永齐著 . —北京：
中国社会科学出版社，2016.6

ISBN 978 – 7 – 5161 – 7519 – 4

Ⅰ.①F… Ⅱ.①王… Ⅲ.①外商直接投资—影响—中国
经济—经济发展—研究 Ⅳ.①F832.6②F124

中国版本图书馆 CIP 数据核字（2016）第 018071 号

出 版 人	赵剑英	
责任编辑	侯苗苗	
责任校对	刘海英	
责任印制	王 超	
出 版	中国社会科学出版社	
社 址	北京鼓楼西大街甲 158 号	
邮 编	100720	
网 址	http：//www.csspw.cn	
发 行 部	010 – 84083685	
门 市 部	010 – 84029450	
经 销	新华书店及其他书店	
印 刷	北京明恒达印务有限公司	
装 订	廊坊市广阳区广增装订厂	
版 次	2016 年 6 月第 1 版	
印 次	2016 年 6 月第 1 次印刷	
开 本	710×1000 1/16	
印 张	12.5	
插 页	2	
字 数	212 千字	
定 价	48.00 元	

目　　录

第一章　引言………………………………………………………… 1

第一节　问题的提出 ………………………………………………… 1

第二节　外资对内资产生挤出效应的可能………………………… 2

第三节　外资对内资的挤出渠道 …………………………………… 3

第四节　金融市场在挤出效应中的作用…………………………… 6

第二章　FDI 引致经济增长的路径……………………………… 8

第一节　FDI 与资本形成 …………………………………………… 8

第二节　FDI 与技术溢出 …………………………………………… 11

第三节　FDI 与人力资本积累 ……………………………………… 15

第四节　FDI 与生产率 ……………………………………………… 18

第五节　FDI 与示范模仿 …………………………………………… 22

第六节　FDI 与市场结构 …………………………………………… 25

第七节　FDI 与工资水平 …………………………………………… 30

第八节　FDI 与贸易 ………………………………………………… 34

第三章　FDI 对国内资本形成的挤出效应争论 ……………… 38

第一节　FDI 溢出的约束条件 ……………………………………… 38

第二节　FDI 挤出效应存在的可能 ………………………………… 44

第四章　FDI 对国内资本形成的挤出渠道 …………………… 49

第一节　竞争性挤出效应 …………………………………………… 49

第二节　并购与纵向一体化 ………………………………………… 51

第三节　融资竞争 …………………………………………………… 54

第四节　贸易条件效应 ……………………………………………… 56

第五节　外资与劳动力流动 ………………………………………… 58

第五章 金融市场与 FDI 挤出效应 ⋯⋯⋯⋯⋯⋯⋯⋯ 62

　　第一节 金融市场与外商直接投资绩效 ⋯⋯⋯⋯⋯⋯ 62

　　第二节 劳动力流动模型 ⋯⋯⋯⋯⋯⋯⋯⋯⋯⋯⋯⋯ 64

　　第三节 纵向溢出模型 ⋯⋯⋯⋯⋯⋯⋯⋯⋯⋯⋯⋯⋯ 67

　　第四节 融资约束模型 ⋯⋯⋯⋯⋯⋯⋯⋯⋯⋯⋯⋯⋯ 72

　　第五节 创新模型 ⋯⋯⋯⋯⋯⋯⋯⋯⋯⋯⋯⋯⋯⋯⋯ 77

　　第六节 总结性评论 ⋯⋯⋯⋯⋯⋯⋯⋯⋯⋯⋯⋯⋯⋯ 79

第六章 FDI 在中国的动态演变 ⋯⋯⋯⋯⋯⋯⋯⋯⋯⋯ 82

　　第一节 FDI 模式演变 ⋯⋯⋯⋯⋯⋯⋯⋯⋯⋯⋯⋯⋯ 82

　　第二节 外商投资规模演变 ⋯⋯⋯⋯⋯⋯⋯⋯⋯⋯⋯ 87

　　第三节 FDI 行业分布 ⋯⋯⋯⋯⋯⋯⋯⋯⋯⋯⋯⋯⋯ 90

　　第四节 FDI 空间分布 ⋯⋯⋯⋯⋯⋯⋯⋯⋯⋯⋯⋯⋯ 93

　　第五节 总结性评论 ⋯⋯⋯⋯⋯⋯⋯⋯⋯⋯⋯⋯⋯⋯ 96

第七章 中国金融市场发展 ⋯⋯⋯⋯⋯⋯⋯⋯⋯⋯⋯⋯ 98

　　第一节 中国银行业发展水平 ⋯⋯⋯⋯⋯⋯⋯⋯⋯⋯ 98

　　第二节 资本市场发展 ⋯⋯⋯⋯⋯⋯⋯⋯⋯⋯⋯⋯⋯ 104

　　第三节 金融市场结构演变 ⋯⋯⋯⋯⋯⋯⋯⋯⋯⋯⋯ 109

　　第四节 区域金融市场发展 ⋯⋯⋯⋯⋯⋯⋯⋯⋯⋯⋯ 111

第八章 FDI 挤出效应的实证检验 ⋯⋯⋯⋯⋯⋯⋯⋯⋯ 120

　　第一节 挤出效应的总体检验 ⋯⋯⋯⋯⋯⋯⋯⋯⋯⋯ 120

　　第二节 外资对不同类型国内企业的挤出效应 ⋯⋯⋯ 123

　　第三节 不同类型外资企业的挤出效应比较 ⋯⋯⋯⋯ 129

第九章 不同产业的挤出效应比较 ⋯⋯⋯⋯⋯⋯⋯⋯⋯ 134

　　第一节 产业选择与划分标准 ⋯⋯⋯⋯⋯⋯⋯⋯⋯⋯ 134

　　第二节 不同产业挤出效应的实证检验 ⋯⋯⋯⋯⋯⋯ 140

　　第三节 外资的相对挤出效应及其投资倾向 ⋯⋯⋯⋯ 146

参考文献 ⋯⋯⋯⋯⋯⋯⋯⋯⋯⋯⋯⋯⋯⋯⋯⋯⋯⋯⋯⋯ 151

后 记 ⋯⋯⋯⋯⋯⋯⋯⋯⋯⋯⋯⋯⋯⋯⋯⋯⋯⋯⋯⋯⋯ 193

第一章 引言

第一节 问题的提出

外商直接投资（FDI）与经济增长的关系始终是经济学领域备受关注的重要研究领域之一，大量学者从不同的角度对外资可能产生的经济效果进行了理论探讨和实证分析，其关键任务就是确定外商直接投资对于经济发展之实际意义，诸多结果印证了 FDI 和经济增长之间存在着一种自我强化机制。因此，无论是发达国家还是发展中国家都把 FDI 作为促进本国经济增长和就业的重要因素，在吸引 FDI 的相关政策上也变得更加灵活和自由，总体来看，国际资本的流动性变得更加自由化，规模呈快速上升趋势。[①] 大多数国家通过实施种种灵活性政策（诸如税收优惠和补贴）以达到吸引外资的目的。与此同时，自 20 世纪 80 年代以来，外商直接投资在全世界范围内快速上升，尤其是对发展中国家而言，其所吸引的外资规模不断上升，在 1980—2007 年这 28 年间，外商直接投资的年增长率达到121%，而对发展中国家的直接投资年增长率则达到237%，到 2007 年，发展中国家吸引的外商直接投资存量达到 4.24 万亿美元，占全部外资存量的28.9%。而大量的研究结果也证实，FDI 对一国经济增长起着重要的推动作用。

Blomstrom 等（1992）和 Borensztein 等（1998）的研究发现 FDI 与经济增长存在长期正相关关系，而基于不同国家的实证研究也同样得到了相

[①] United Nations, World Investment Report: Transnational Corporations as Engines of Growth, Department of Economic and Social Development, United Nations, 1992; United Nations, World Investment Report: Transnational Corporations and Competitiveness, Division on Transnational Corporations and Investment, United Nations, 1995.

同的结论，Mortimore 2000 年对拉丁美洲国家的研究发现，FDI 和国内资本形成之间存在着显著的正相关关系。Kohpaiboon 2003 年对泰国的研究显示，FDI 与 GDP 之间存在着正相关关系；采用相似的分析方法，Marwah 和 Tavakoli 2004 年分别对印度尼西亚、马来西亚、菲律宾和泰国进行检验，结果显示，FDI 对四个国家的 GDP 的增长产生正向的促进作用。

既然 FDI 在促进经济增长方面扮演着重要角色，那么，FDI 究竟通过什么特定的渠道引致经济增长这一问题就显得十分必要了。相关理论表明，经济增长的实现可以通过两种途径得以实现：增加生产要素的数量和提高生产要素的使用效率。因此，引致经济增长的原因常常被归结为投资的增加（资本形成）以及投资的效率。

既然如此，如果遵循新古典的资本—增长理论分析框架，那么，不可回避的问题就是外商直接投资是否会促进东道国的资本形成，对这一问题否定的回答意味着外资进入将对东道国相应行业内的原有企业产生挤出效应，这时内外资之间将是替代关系。而对于开放条件下的国家而言，如何考虑这种情况存在的可能性及其对国内现有企业通过不同渠道产生的挤出效应是至关重要的。

第二节 外资对内资产生挤出效应的可能

比较一致的观点认为 FDI 对经济增长的影响主要通过两种途径，一种是沿着钱纳里等（1966）的思路采用新古典两缺口分析框架，在索洛模型基础上，将资本和劳动两要素假设扩展为资本、劳动、技术和外商直接投资以及其他变量矩阵等多要素模型，在技术进步外生的情况下，认为 FDI 无非是弥补本国储蓄和外汇缺口进而增加一国的资本存量，提高人均资本水平和本国的投资率，而投资率的上升所产生的水平效应必然会提高人均产出水平，资本积累成为经济增长的主要因素。

但这种分析方法往往认为 FDI 与国内资本是同质无差异的，并没有考虑到外资与内资的相互关系问题，逻辑暗含假定了外资的进入并不会减少东道国国内资本的形成，外资和内资是一种互补而非替代关系，因此并不会发生挤出效应。

另一种是以 Johnson1975 年的研究为出发点的新增长理论，这种理论认为，FDI 是资本、专利和相关技术的结合体，单纯的资本积累效应对经济增长的贡献只可能是短期的，FDI 对经济增长的贡献更主要体现在维持经济增长的可持续性方面，主要途径在于促进东道国的技术进步和知识积累、强化内外资的前后向联系，进而克服资本积累的报酬递减特征，提高本国资本的边际产出和生产率并加速本国资本形成，从而对经济增长的影响更加深远。

这种分析逻辑肯定了 FDI 对技术进步和知识积累的积极影响，但忽视了技术和知识的可获得性以及东道国对技术溢出的接受能力，如果内外资企业存在着较大的技术差距或者东道国获得相应技术的渠道受到限制和阻碍、现有人力资本水平也无法对技术和知识溢出加以接收，那么 FDI 的技术进步和知识积累效应可能并不明显，意味着 FDI 对东道国的技术进步和生产率的影响在一系列因素的约束下即便不是可以忽略不计也可能是微不足道的。诸多研究也证实，只有当一国具备一定的发展水平（如人力资本存量状况）时，外商直接投资才可能对经济增长产生积极作用。

进言之，FDI 对经济增长的影响效果取决于 FDI 和国内投资的关系，只有在两者是互补的情况下，FDI 对经济增长的贡献才是最优的，而当一国缺乏必要的资本、技术和知识存量时，溢出效应较少或不存在溢出效应的情况下，FDI 对本国资本形成存在某种程度的挤出效应。另外，外资带来的新技术可能会加速本国传统技术的落后，因此会对国内投资产生挤出效应并降低国内储蓄率和投资率。Kokko 1994 年的研究则认为，外资企业往往具有规模优势，从而获得规模经济，这将有可能对国内企业产生挤出效应。

第三节 外资对内资的挤出渠道

（一）竞争性挤出效应

外资流入一方面为东道国经济发展提供必要的资本，另一方面也改变了市场结构，竞争程度的提升将对东道国企业的生产率产生激励，但竞争不可避免地对国内企业的投资和资本形成产生压力，甚至产生挤出效应，尤其是在外资与国内资本质量不同的情况下，这种资本方面的差异或者是技术方面的差距会对国内企业产生不利影响，当地企业并不具备足够的效率与外资企业进行竞争时，这种可能性是存在的。这时，当地企业可能被挤出市场，在外资集中度比较高的行业，由于内外资企业之间存在着明显的技术差距，发生溢出的可能性几乎不太现实。Kokko 1996 年对墨西哥和 1998 年对乌拉圭的研究表明，只有当外资企业所占市场份额较小时，溢出才有可能发生；反之，随着外资企业市场份额上升，当超过一定的临界值时，挤出效应将会发生。

（二）并购与纵向一体化

兼并与收购是外资企业进入东道国市场的重要方式，横向并购将导致国内企业数量下降，市场集中程度提高，这种市场结构的变化一方面导致国内企业的租金转向外资企业；另一方面增加国内企业进入这一市场的成本。纵向并购则会造成外资在产业链上的全面整合，市场的不确定性和多变性决定了企业需要不断调整其与上下游企业间的关系，并利用其在产业网络中的联系来降低其信息搜寻的成本，增强获取新的技术机会和信息的能力。

根据 Dunning OLI 范式，对于跨国公司的三种优势而言，垄断优势是决定其 FDI 最根本的因素，跨国公司通过并购的方式维持既有优势和创造新的垄断优势，其直接效应就是跨国公司在世界范围内形成对诸多产业的产业控制，使东道国企业面临着更多的挑战。由于外资企业相对于国内企业具有技术机会优势，市场结构的深化将导致国内产业面临着不同的市场结果。跨国并购不但增强了跨国公司国际融资和资本的扩张能力，更重要的是通过企业买卖或"一揽子要素"的产权交易，提高了跨国公司在国际范围内重组企业资产的能力及其效率。交易整合优势是一种更高层次的优势，跨国公司可以根据内外因素相对重要性的变化对其进行整合，从而使得跨国公司的既有优势成为一种动态可变的整体性优势。① 拥有垄断优势的跨国公司跨越歧视市场壁垒，保持稳定的加工市场集中度和寡头竞争稳定性，排斥中小规模厂商，一旦它控制市场就可能压制竞争，降低市场效率，破坏市场结构。

（三）融资竞争

金融市场是影响企业行为的重要因素，在外资流入的情况下，企业面

---

① 张小蒂、王焕祥：《论跨国公司 FDI 中基于并购的要素交易整合优势》，《世界经济》2004 年第 7 期。

临的融资约束必然会增加其参与竞争的成本。另外，并不是所有的外商直接投资都表现为东道国的资本净流入，很多投资是在东道国当地融资，如果外资企业向东道国银行大量借贷作为针对汇率波动的套期保值工具或是对人为降低的国内利率的反应，那么，很可能将国内民营企业挤出资本市场，从而加剧民营企业的融资约束。另外，外资企业也可能通过产品市场对国内民营企业产生挤出效应，即由于外资企业明显的竞争优势而抢占民营企业原有的市场份额，从而降低民营企业的盈利，进一步恶化其融资困境。Harrison 和 Macmillan（2003）运用 1974—1987 年来自非洲科特迪瓦的企业层面数据进行经验分析发现，国内私营企业相比外资企业更受融资约束；外资企业长期在东道国银行部门的借贷将提高利率水平，从而加剧了国内企业的信贷约束，对国内私营企业产生了挤出效应。

（四）贸易条件效应

外资流入对一国贸易条件将产生影响，影响的渠道主要表现为三个方面：一是产出效应，外资流入势必导致一国总产出增加，价格下降。二是行业分布效应，如果外资流向一国具有比较优势的部门，导致出口增加，出口竞争的加剧将使得出口价格下降；反之，外资流向进口部门，将产生进口替代效应，这时进口品价格将下降，从而改善一国贸易条件。三是转移定价效应，外资企业通过转移定价也会导致贸易条件下降。通过这三个方面的效应，外资流入可能会导致一国贸易条件的下降，贸易收益减少，从而会对国内出口部门企业的生产产生不利影响。

（五）外资与劳动力流动

外资流入在要素市场上将从两个方面对国内企业产生影响：一是工资成本变动。由于外资企业的平均工资水平要高于国内企业，外资进入将导致一国平均工资水平的上升，造成生产成本增加，这将对劳动密集型产业内的企业产生不利影响。二是劳动力流动。由于外资企业支付相对更高的工资，将导致国内企业的劳动力尤其是高生产率的劳动力流向外资企业，进而造成国内企业生产率的下降和产出的减少。工资成本上升以及劳动力流向外资企业这两大效应将对国内企业生产产生挤出效应。

另外，从要素流动角度来看，外资企业通过支付更高的工资吸引本地更优秀的专业人才，并通过继续支付高薪来减少人才流失和降低劳动流动成本；并且外资企业具备的高收入效应将导致高质量生产要素向外资企业流动，从而导致国内生产率的下降。Gorg 和 Greeway 2004 年的研究认为，如果外资企业和内资企业在同一个劳动力市场上竞争，那么内资企业就会被迫支付高工资来防止员工外流到外资企业中。因此，内外资企业之间的工资竞争将导致整体工资水平上升。Gallagher 和 Zarsky 2007 年的研究进一步认为，如果外国投资者从国内企业雇用企业家和技术工人，将导致逆向知识溢出。

第四节　金融市场在挤出效应中的作用

完善的金融市场对于技术创新、资本积累和经济增长具有至关重要的作用，金融市场的不完善同样会约束 FDI 溢出效果。Alfaro 等（2004）的研究则从另外一个角度证明，金融市场在促进人力资本积累和企业家形成方面具有重要作用，金融市场效率的提高将促使劳动力从外资企业流出以建立自己的企业，通过引致企业家形成这样的机制促进国内资本形成，金融市场将约束企业家形成和投资水平。Alfaro 等（2003）的研究认为，内资企业为了提高自身竞争力或参与外资企业分工格局中势必要购买机器设备、雇用技术工人，这都需要金融市场为其提供融资，金融市场越完善，内资企业的投资率和技术水平都将得以提高，溢出效果越明显。Alfaro（2004）进一步证明，内外资企业技术差距越大，内资越具有向金融市场融资的动力。Alfaro 等（2006）则从理论上阐述了金融市场在促进 FDI 纵向溢出方面的作用。Azman - Saini 等（2010）的研究同样证实了只有当金融市场发展水平超过某一临界值时，外资带来的技术溢出效应才是正向的。Hermes 和 Lensink 2003 年的研究则认为 FDI 和金融市场在促进技术进步方面是互补的，金融市场效率提高将有利于 FDI 流入，同时也将提高本国技术水平。Borensztein 等 1998 年的研究认为 FDI 流量只不过是 FDI 的一部分，还有一些外资是通过债务关系存在于东道国，因此国内金融市场的质量同样会影响到 FDI 的数量及 FDI 溢出效果。单纯只考虑 FDI 流量可能会低估 FDI 的影响。而 Rowland 和 Tesar 2004 年的研究则强调完善的金融市场将鼓励 FDI 企业进行高风险投资。

因此，FDI、金融市场和经济增长之间存在着长期相关关系，当一个国家存在着良好的金融市场时，不仅有利于吸引外资流入，而且能获得更多的 FDI 收益。即金融市场将使得一国获得相应比较优势，这对于提高其吸收能力具有积极作用。Baiuiu（2000）的研究则认为金融市场不完善以及金融市场扭曲将导致资本流入对经济增长的影响是负面的。这些研究都表明：FDI 有关的吸收能力与一国金融体系的发达程度呈正向关系，金融体系越发达，FDI 的技术、效率、管理等扩散效应就越大，FDI 促进经济增长的效果越明显。

第二章 FDI 引致经济增长的路径

第一节 FDI 与资本形成

从资本形成的角度来探讨外商直接投资对经济增长的影响，基本遵循钱纳里和施特劳斯在 1966 年提出的两缺口模型，将投资、储蓄和进出口同引进外资联系起来，成为各国分析国内国际经济关系的重要工具。他们认为发展中国家要提高国民经济增长率，就必须处理好投资与储蓄、进口与出口的关系。如果储蓄小于投资，就会出现"储蓄缺口"；如果进口小于出口，就会出现"外汇缺口"。其解决办法是引进外资，以刺激出口，提高储蓄水平，达到促进国民经济增长的目的。而外资通过三个阶段对经济增长产生影响：第一阶段，弥补吸收能力的不足；第二阶段，弥补储蓄缺口；第三阶段，弥补外汇缺口。该模型强调了利用外资对促进发展中国家经济增长的必要性和重要作用。之后的研究也都沿用了两缺口模型，将 FDI 与储蓄和投资联系起来分析开放条件下资本流动对资本形成的影响。

Barro（1991）、Delong 和 Summers（1991，1993），以及 Levine 和 Renelt（1992）的研究已经证实了资本形成率决定了一国的经济增长率。如果要将 FDI 与经济增长的关系放在开放条件下分析，不可绕开的问题就是 FDI 能否促进一国的资本形成率。根据新古典增长理论，发展中国家的初始资本存量水平往往较低，如果有额外的资本存量流入将获得较高的资本回报率和增长率，即在资本短缺的国家，诸如 FDI 这样长期投资所带来的额外资本流入将提高投资的边际生产率，并在长期提高其整个经济体的生产率，在内生增长理论看来，这种 FDI 所带来的投资效率的提高将使资本稀缺国家获得比较优势并最终在长期增长过程中与发达国家出现趋同的结果,[1] 并且, FDI 通过各种渠道获得投资所需要的资本为资本形成提供多种支持。因此, 新古典和内生增长理论都强调 FDI 通过增加资本稀缺国家的物质资本的存量和效率来促进其经济增长。[2] 换言之, FDI所带来新技术、专利以及市场容量扩张将通过创造就业、增加管理技术、技术扩散和激励创新等途径为东道国的经济增长提供了长期资本。[3]

学者对拉美的研究发现, FDI 与资本积累之间存在着正相关性。Borensztein 等 1998 年对发展中国家的实证研究表明, FDI 对国内投资起到促进作用, 意味着 FDI 的流入将对国内资本形成产生挤出效应。De Mello 1999 年以全部 OECD 国家和非 OECD 国家的样本分析了 FDI 对东道国资本积累、产出和全要素生产率增长的影响, 结果显示, FDI 对经济增长产生双重效应, 一是纳入新技术和新的投入品生产函数通过促进资本积累的方式促进经济增长, 二是多种形式的知识转移提高了生产率进而促进经济增长。Bos Worth 和 Collins 1999 年以 58 个发展中国家为样本分析了资本流入与国内投资的关系, 并具体区分了资本流入的三种形式: FDI、间接投资和其他形式的资本, 研究证实, 一美元的资本流入将对国内投资起到 50% 的拉动作用。而 FDI 的流入对国内投资的拉动作用则接近 100% , 一美元的 FDI 将拉动等量的国内投资, 其他形式的资本流入对国内投资的拉动作用并不显著。

Lensink 和 Morrissey 2001 年则从 FDI 和 FDI 波动两个角度研究其对经济增长的影响, 结果显示, FDI 波动对经济增长产生负面影响, FDI 本身则对经济增长产生显著的正向影响。Kumar 和 Pradhan 2002 年以 107 个发展中国家作为样本分析了 FDI、国内投资与经济增长三者之间的关系, 实证结果表明, FDI 以一种动态的方式影响着国内投资, 无论是所有国家的面板检验还是单个国家的数据检验都得到相同的结论: FDI 对国内投资的初始短期效应为负, 而长期影响为正。Razin 2003 年则以 64 个发展中国家为样本用 4 个组合方程检验了 FDI、国内投资、国际借贷和国际组合投资之间的关系, 发现外商直接投资相对于其他形式的资本流动对国内投资的影响更为显

---

① Paul Romer, "Increasing Returns and Long – run Growth", *Journal of Political Economy*, Vol. 94, No. 5, 1986, pp. 1002 – 1037.

② 相关研究可参见罗默 (1986)、卢卡斯 (1988)、格罗斯曼和赫尔普曼 (1991)、巴罗和萨莱马丁 (1995)。

③ Elizabeth Asiedu, "On the Determinants of Foreign Direct Investment to Developing Countries: Is Africa Different?", *World Development*, Vol. 30, No. 1, 2002, pp. 107 – 119.

著，并且国内投资在 FDI 流入过程中同样扮演着重要角色。①

综合上述研究成果，可以看出 FDI 与国内资本形成之间的分析无论假设条件、分析方法是否存在差异，都具有相同的特点，主要表现在以下几个方面。

第一，遵循储蓄—投资恒等式 $I = S + (T - G) + (M - X)$。强调发展中国家的低储蓄率和贸易逆差是一种常态，而低储蓄率往往导致国内投资不足，外商直接投资则为东道国的储蓄和投资提供一种主要的资源，因此，对于储蓄—投资缺口约束下的经济而言，外商直接投资流入将提高一国的投资增长率。并且，相对于其他外资而言，外商直接投资流入所受到的束缚相对较少，流动范围更为广泛，对经济的影响也相对更为深远。

第二，外商投资提供了重要的外汇收入来源，从而可以增加国内储蓄并提高投资水平，并且，如果外资流向进口替代部门，将减少进口部门的外汇需求，并将外汇用于出口部门，这将会提高一国增加外汇收入的能力。而外资的流入不仅仅是扩展了当地的产业，更为重要的是创造新的产业，进而增加了对当地投入品的需求，中间品部门随之扩张，从而带动经济增长，政府税收的增加将增加本地收入水平，而人力资本和技术也将由外资企业不断流向当地企业。

第三，对于特定的转型国家而言，经济的复苏和增长只能通过不同形式的投资努力，通过经济体内生的投资—加速原理，将技术—生产—经济融为一体，事实同样证明，投资是任何国家经济增长的社会发展的主要来源，投资能够在很大程度上保证固定资本的数量和质量、现有固定资本的技术的生产能力的扩张，更为重要的是增加了就业机会。

第四，FDI 往往被假定对国内投资产生挤入效应，即外资的流入将导致国内投资发生，这时一国资本存量的增加一方面表现为外资增加，另一方面则表现为 FDI 流入所诱发的国内投资的增加，而这些国内投资的增加在没有 FDI 时将不可能发生。根据内生增长模型，FDI 通过引入新产品和技术的形式对国内资本形成产生促进作用，因此，FDI 对国内资本形成的促进作用的分析在很大程度上转向了新产品和技术的发展。

第五，FDI 通常会流向资本短缺国家的高生产率部门，这将通过提高

---

① 此外，Misun 和 Tomsik 2002 年对匈牙利和捷克的研究、Driffield 和 Hughes 2003 年对英国的研究、Arndt 等 2007 年对德国的研究都证实 FDI 对国内资本形成产生促进作用。

资本的边际生产率来促进经济增长，这种分析逻辑遵循着资本投资—经济增长这样一个经济发展过程中长期存在的基本规则，并且将 FDI 看作是一种稳定且可靠的促进经济增长的资本来源。[①]

第二节　FDI 与技术溢出

与 FDI 对资本形成的影响强调资本在量的积累不同的是，内生增长理论强调一个国家或地区的长期增长不仅仅取决于物质资本投资的数量，同样依赖于投资的效率，因此，FDI 对经济增长的长期影响在很大程度上取决于 FDI 所带来的组织结构、管理、技术、人力资本、创新、技术进步和知识积累，将这些因素纳入经济增长的分析框架内所得到 FDI 与经济增长的长期相关关系是实现长期增长的必要条件。

从内生增长理论来看，FDI 的经济增长过程中潜在角色是作为技术扩散的主体，这一观点从理论上可以追溯到 Solow 1956 年的重要研究，因此，有必要将 FDI 纳入生产函数中借用于内生增长理论重新对其影响进行分析。[②]

将 FDI 纳入生产函数来探讨其对经济增长的影响的研究发端于钱纳里和塞尔昆 1975 年的研究，受此影响，Kindleberger（1979）、Romer（1986）、Lucas（1988）、Mankiw 等（1992）的研究都从不同的角度探讨了 FDI 所带来的内生增长过程。总体来看，大多数研究都集中于两方面：一是技术在多大程度上由 FDI 传递给接受国，二是这样的技术溢出对东道国的影响程度空间有多大。[③]

在内生增长理论的框架内，长期经济增长被视为技术转移和知识溢出

---

① 这一观点可参见 Blomstrom 等（1994）、Borensztein 等（1995）、Balasubramanyam 等（1996）、Lipsey（2000）、Moosa（2002）、Moosa 和 Cardak（2006）的研究。

② Easterly 和 Levine（2001）、Caseli（2004）的实证研究同样显示，长期经济增长取决于技术进步而非要素积累。

③ 关于技术溢出这一现象，经济学界在过去的数十年中对此给予大量的研究，Ethier（1982）、Rivera - Batiz 和 Romer（1991）、Feenstra（1996）、Grossman 和 Helpnlar（1990）从创新驱动的经济增长模型对溢出问题给予一定程度的解释。Coe 和 Helpman（1995）以及 Keller（1998）从实证角度证实了溢出的存在性问题。当然，这些研究只是从贸易角度来阐述溢出对生产率和经济增长的影响，而 FDI 同样是技术溢出的一种渠道。

所带来的技术进步的函数，[1] Findly 1978 年有影响的研究认为，外资投资企业在技术进步中扮演着加速器这样一个重要的角色，国内企业了解具有先进技术的外资企业的机会越多，国内企业的技术水平增长就相应越快。不断增加的实证研究文献同样支持这一 FDI 引致经济增长的假设。[2] 源自 Romer（1990）、Grossman 和 Helpman（1991）、Aghion 和 Howitt（1992，1997，1998）的增长理论强调知识积累和应用是长期经济增长的引擎。在全球化的进程中，随着一个国家开放程度的提高，其生产和生产率的增长不仅仅取决于本国的知识存量，同样取决于其他国家知识和技术的发展水平。大量的增长理论研究试图探求国内知识存量和国际技术溢出对一个国家生产结构和生产率的影响，基本的结论认为，国内的研发支出将对产出和生产率增长产生促进作用，同样的，国际知识转移会影响到一国的生产模式和生产率。

而大多数研究溢出的模型采用的是产业内而非产业间数据，因此，实证检验方法所得出的结果往往无法验证理论预期，在这样的框架内，溢出效果要么不存在，要么不显著（Aitken & Harrison，1999）。从现实的角度来看，跨国公司为了避免由于竞争带来的租金耗散，在对外直接投资目的地往往采取使专有技术知识最小化扩散风险的投资模式，因此，东道国通过补贴等措施力图获得制造业方面的技术溢出注定不可行。并且，关于产业 R&D 溢出的研究显示，重要的技术溢出往往发生在产业间而非产业内。Scherer 1982 年的研究发现，R&D 溢出发生在产业间而非产业内。Glaeser 等 1992 年发现溢出发生在产业间的概率要大于产业内发生的概率，而大多数重要的溢出基本发生在产业间而非产业内。Howitt 等 2005 年关于混合企业数据的研究表明，企业间的技术溢出效应和竞争效应同时存在，当竞争效应占主导地位时，FDI 企业与当地企业的竞争所带来的当地企业的市场份额损失使得技术溢出效果无法对产出做出贡献。因此，产业间而非

---

[1]　Grossman 和 Helpman（1991）、Romer（1994）、Rair - Reichert 和 Weinhold（2001）的研究基本都从技术进步或溢出角度研究了生产函数的变动对长期经济增长的影响。

[2]　如 Saint - Paul 1992 年以及 Obstfeld 1994 年的研究认为更高水平的国际交易量可以通过分散投资风险的形式来增加资本的生产率，风险分散可以进一步促进国内投资于创新活动，这反过来影响到长期经济增长。Walz 1997 年的研究认为外资企业对国内 R&D 部门进而对经济增长产生促进作用。哈达德和哈里森（1993）、阿特金和哈里森（1999）两篇有影响力的研究为以后关于溢出的研究提供了基本的研究方法，之后关于溢出的研究主要从产业关联所产生的纵向溢出效应加以展开。

产业内的溢出效应才是 FDI 带给东道国的主要溢出形式。

此外，Rivera – Batiz（1990）、Rodriguez – Clare（1996）、Markusen 和 Venables（1999）也都强调了外资企业对当地企业中间品需求所产生的后向溢出静态效应，现在的研究则从中间品的需求和供给两个方面来探讨其对生产率的动态效应，外资企业对中间品的需求产生后向溢出，而外资企业与当地对其产品需求者之间还存在着前向溢出，双方之间的信息流动将有利于其产品更加适用于当地需求者。[①]

Borenzstein 等（1998）的研究认为，只有当 FDI 企业与当地企业之间存在合作而非竞争关系时，溢出才会发生，因为这将降低采用新技术的成本，从而可以促进长期经济增长，当 FDI 企业与当地企业之间存在竞争关系时，这样的溢出效应便不会发生，但 FDI 企业对当地专业投入品的需求增加将增加投入品生产企业的边际生产率，从而产生溢出效应，因此，产业间溢出效应要优于产业内溢出效应。

Barrios 等（2003）的研究认为，外资企业的进入使得当地企业获得规模报酬递增从而扩展它们的生产范围并降低平均成本，并且，外资企业对质量标准的要求将使得当地企业必须采用新的生产标准从而提高产品质量，这也是纵向溢出的重要表现形式。Kugler（2006）的研究具体分析了产业间溢出会发生而产业内溢出不会发生的原因，首先，外商投资企业一旦在东道国和当地企业建立了纵向联系，其和代理人或供应商之间的知识分享将带来好处，在东道国市场的渗透将产生前向关联，外资企业和其产品使用者之间的信息流动将带给外资企业把握市场的能力，而由于后向关联产生的外包生产将导致知识向上游企业转移，专有技术的垂直传播将给当地生产者创造出新的技术机会；其次，纵向溢出给当地企业带来的成本的下降并不会减少外资企业的租金，因此，其使用商业秘密以避免专有技术扩散的激励是小的，通用技术要比专有技术更容易传播；最后，通用技术所需要的当地企业的吸收能力要小于专有技术。这些原因都将导致外资企业更倾向于纵向技术溢出，而不是横向专业技术的溢出。

Gallagher 和 Zarsky（2007）的研究则具体区分了前向和后向的溢出效应，后向溢出发生于当地企业向外国投资企业提供中间投入品时，前向溢出则是国内企业为了使用更高效率的产品而向外资企业购买时才会发生。

---

① 相关研究可参见 Romer（1994）、Rodriguez – Clare（1996）。

由外资企业向国内企业产生的溢出效应使得国内企业获得了新技术或者是隐性知识，最终，根据乘数效应，FDI 的流入将导致国内投资和生产率更大程度的上升，另外，溢出效应还可以通过需求创造体现出来，FDI 流入增加了东道国的就业人数进而增加了对当地产品的需求，这将对国内企业的投资产生激励。

　　除了理论上的阐述，还有大量的实证研究对纵向溢出进行检验，以具体判断空间何种形式的溢出效应才是 FDI 带给东道国企业生产率改进的主要动因。Caves（1974）、Globerman（1975）对澳大利亚和加拿大的研究可以视为具体衡量 FDI 溢出的发端，通过估计部门生产函数，将 FDI 企业纳入函数当中，估计结果显示国内企业生产率与外资企业生产率之间存在着显著的相关性。Blomstrom 和 Persson 1983 年对墨西哥的检验同样采用相同的方法。虽然这些结果与 FDI 溢出的理论结果相一致，但回归结果在分辨因果关系和溢出程度上仍然缺乏统计解释力。并且，国别研究是一种静态的分析方法，而技术溢出是一个动态的过程，因此，基于特定时间区间的国别不可能全面反映外资进入对国内企业绩效的影响，其结果往往会产生内生性问题，其结果也存在着一定的局限性，因而不可能建立精确的因果关系。Driffield 2001 年的研究也得出了相类似的结果。但这些早期的文献对溢出机制的描述为后来的面板检验提供了经验。

　　而在早期 20 世纪 90 年代面板数据的检验结果中，几乎没有得到纵向溢出存在的结论。但也有一些研究通过采用不同的样本和检验方法认为纵向溢出是存在的。[①] Lin 和 Saggi 2005 年对这些不同结论给出的解释是，外资企业与当地其他企业之间的后向关联应当是外资企业技术溢出的函数，在均衡条件下，外资进入将对内外资企业之间的纵向溢出产生两个相互冲突的效应，一是竞争效应，由于外资进入带来的竞争效应使得国内企业产出水平下降从而降低了后向溢出的程度；二是需求效应，外资企业会增加当地中间品的投入从而创造出新的需求，这将增加纵向溢出的可能。两者的综合效应决定了纵向溢出的效果，这取决于外资企业与当地企业的

---

　　① 如 Haddad 和 Harrison（1993）、Harrison（1996）、Aitken 和 Harrison（1999）、Djankov 和 Hoekman（2000）的研究都没有得到纵向溢出存在的结论。但 Caves 对加拿大，Globerman 对澳大利亚，Lau 对印度，Blomstrom 和 Persson、Kenney 和 Florida 对美国，MacDuffie 和 Helper、Moran 对墨西哥，Smarzynska、Blalock 等对印度尼西亚的研究则得出相反的结论：外资企业所带来的纵向技术转移是十分显著的。

技术差距以及竞争程度，如果外资企业只具有适度的技术，这时外资的进入将增加与当地企业的后向关联并提高中间品企业的收益率；反之，当外资企业与当地企业的技术差距过大，竞争效应将居主导地位，后向关联溢出效应并不明显。

总的来看，纵向溢出一方面表现为后向溢出，通过对当地中间品需求的增加来促进上游企业的生产率；另一方面表现为前向溢出，通过向当地企业提供其生产的产品来促进竞争，从而提高产品的多样性，最终将有利于当地企业的发展。这种前向和后向的产业间关联效应最终表现为外资企业给当地企业带来的生产率的提高。在规模报酬递增情况下，外资进入将使得国内企业克服市场容量限制、更容易克服高成本生产某些特定产品。

第三节　FDI 与人力资本积累

人力资本长期以来一直被认为是长期经济增长和发展的重要因素，直到今天，普遍一致的观点认为，人力资本是支撑一国经济发展的核心要素。Lucas（1988）通过扩展新古典增长理论中的资本的定义，认为人力资本与其他生产要素一样是生产过程中不可或缺的投入品，人力资本积累意味着资本深化，是经济增长从一个均衡状态向另一个均衡状态演进的加速器。由此产生的新增长理论则更加强调人力资本的外部性所带来的持续经济增长进程。Romer（1986）进一步强调，知识投资，如研发、教育、培训等将产生外部性以避免劳动和资本的规模报酬递减倾向。而Romer（1990）、Aghion 和 Howitt（1992）进一步强调人力资本是发现新技术的必要条件，人力资本最重要的功能在于知识创造，因此，人力资本存量和产出的增长率之间存在着长期且稳定的相关性。较高水平的人力资本存量对于新技术的产生和发展必不可少。

众多的研究也同样表明，人力资本反映了一国的技术吸收能力，其发展水平决定着 FDI 对当地企业的溢出效果。或者说一国人力资本发展决定着其所吸引的 FDI 对当地企业的潜在溢出。总体来看，FDI 通过两种途径对东道国的人力资本产生影响，首先，外资企业通过增加就业的方式产生直接的溢出效应；其次，通过正式和非正式的劳动力培训以及"干中学"

等方式将先进的技术知识转移给当地雇员，从而提高劳动力的质量这样一种间接溢出效应。[①] 如果人力资本在技术吸收过程中具有关键作用，这对于发展中国家而言具有相当的政策含义，而托曼和王平通过扩展芬德利模型以建立 FDI 和国内人力资本增长之间的关系，在这一模型中，FDI 将会导致更多的人力资本投资，这将增强东道国实施追赶的潜力。Stijns（2006）的研究表明，如果 FDI 能够给东道国带来人力资本存量水平的上升，将会对人均收入水平产生持续性促进作用。Dunning（1988）、Slaughter（2002）的研究都证实了 FDI 与东道国人力资本积累之间存在正相关性。具体而言，FDI 可以通过以下几个途径来提升一国人力资本水平。

从需求的角度来看，外资企业进入将增加对人力资本的需求，从而提升了技术人员的工资水平，这将对当地人口投资于人力资本产生激励作用，从而导致人力资本存量水平的扩张。[②] 从培训的角度来看，外资企业同样会对劳动力进行在职培训，这将直接增加一国的人力资本水平。外资企业对劳动力培训这样的事实已经得到诸多实证研究的支持，这些研究表明，外资企业对劳动力培训的数量要远高于当地企业。[③] 除了外资企业对雇员进行培训这样的重要人力资本途径研究之外，还有些研究探讨了外资企业规模、出口倾向、高技术水平这些因素对外资企业进行培训数量的影响。[④]

从劳动力流动的角度来看，溢出效应的发生通过外资企业培训当地雇员而这些雇员随后流向国内企业或建立自己的企业，从而将技术、市场和

---

① Rajneesh Narula，Anabel Marin，"Foreign Direct Investment Spillovers，Absorptive Capacities and Human Capital Development：Evidence from Argentina"，*International Labour Office Working Paper*，No. 96，2005.

② 实证研究也证实了这种观点，Nunnenkamp（2002）和 Gittens（2006）的研究表明，FDI 的流入将对初级和高等学校的入学率产生促进作用。这种情况意味着，外资企业通过对技术劳动力需求的增加的方式来拉高工资进而激励当地劳动力主动进行人力资本积累。

③ Gerschenberg（1987）、Slanghter（2002）、Fosfuri 等（2005）的研究都证实了外资对当地劳动力培训所产生的人力积累效应。阿卜杜拉（1994）对马来西亚的研究进一步认为，外资企业对人力资本和技术发展的积极性要远高于当地企业。谭和巴特拉（1995）对 5 个发展中国家的调查以及瑞奇（2002）对特定行业的经验研究结论同样也支持这一观点。

④ 关于影响外资企业对当地员工进行培训的因素分析可参见谭红（2001）、Tam 和 Bata（1995）、World Bank（1997）的研究。

管理知识转移到国内企业。通过劳动力从外资企业流向当地企业所带来的溢出效应研究其结论往往是不一致的。在早期的研究中，贝尔曼和沃兰德认为，劳动力流动在某些条件下是重要的，而在其他条件下则是完全不必要的。Gerschenberg（1987）的研究认为，外资企业中的管理人员的流动性要低于当地企业管理人员的流动性。Pack（1993）以中国台湾为研究样本，发现外资企业雇员流向当地企业是一种非常重要的现象，常常是受过培训的管理人员流出外资企业并创建自己的企业，这种劳动力流动产生的技术溢出对经济发展是相当重要的。Aitken 等（1997）研究了 FDI 对当地劳动力工资水平的影响，发现美国的 FDI 对当地企业和 FDI 企业的工资水平提高都产生促进作用，意味着通过劳动力流动产生的溢出效应是存在的。Fosfuri 等（1998）认为跨国公司为了获取适用的劳动力而投资于当地的教育项目或者是对现有工人和管理者进行培训，当这些雇员流向现有企业或建立自己的企业时，溢出便会发生。Glass 和 Saggi（2002）通过构建劳动力流动模型从理论上阐述技术溢出效应，同样发现，劳动力流动是技术溢出的重要途径。

从供给的角度来看，当地企业为了获得相应的竞争能力以满足外资企业对中间品的需求常常对雇员进行培训以提高产品质量。而新技术本身并不会对生产率增长产生显著影响，除非劳动具备相应的技术水平。对雇员进行培训以获得相应的技术水平常被视为有价值的人力资本投资，由于技术的专有性，培训是有成本的。实证研究似乎也支持了技术积累作为经济增长引擎的重要性，对于新兴经济体的研究表明，如果劳动力开始学习、培训以接受并充分利用新知识往往会促进技术的转移。[1]

从"干中学"的角度来看，基于 Arrow（1962）的"干中学"模型将知识理解为经济活动的副产品这样的分析，Griliches（1979）和 Romer（1986）将这一概念加以拓展，将知识溢出理解为影响企业活动的公共资本。Sawada（2004）使用这一分析框架并将 FDI 纳入 Ramsey – Cass –

---

[1]　Galor 和 Moav（1998）认为，由于技术转移带来的技术进步将增加技术和教育的回报率，这将会增加技术工人的供给；Lochner Morge – Naranjo（2002）进一步证实了 FDI 通过改变一国动态经济结构来加速一国人力资本积累；Galor 和 Tssidon（1997）则证实了实际的人力资本投资数量与技术水平之间存在着正相关性；Bils 和 Klenow（1998）认为技术驱动的经济增长将提高教育的投资回报率进而促进入学率。

Koopman 生产函数，结果表明，FDI 具有显著的增长效应。[①]

当然，劳动力流动所产生的溢出效应还依赖于市场结构，即外资企业与当地企业之间的竞争程度会影响到溢出效应。Fosfuri 等（2001）通过构建理论模型分析认为，只有对当地劳动力进行培训后，外资企业才可能使用先进的技术，这时受培训的劳动力可能会流向当地企业从而产生技术溢出，外资企业为了防止劳动力流向当地竞争者必须支付更高的工资水平，这时将产生货币溢出效应。其实证研究还表明，当地企业与外资企业的竞争程度不高时，劳动力流动产生的技术和货币溢出效应将十分明显，如当地企业的产品与外资企业的产品互补时，溢出效应要大于竞争时的结果，此外，当地企业的低吸收能力也降低了 FDI 溢出效应。这一结果也验证了吸收能力决定溢出效应的观点。[②]

第四节　FDI 与生产率

通过前面的论述可以看出，FDI 带来的新知识的流入通过溢出的形式增加了生产率水平以及持续高增长率。而早期关于外商直接投资与生产率的关系研究主要集中于索洛残余的估计。按照这一方法，Balasubramanyam 等 1996 年的研究发现 FDI 对出口促进国家的经济增长产生显著影响，而对进口替代国家的经济增长的影响并不显著，这一论断也证实了 Bhagwati 在 1978 年和 1985 年研究中所得出的推断。一个显而易见的问题在于，增长方程式中资本的增长率往往与技术增长率存在相关关系，因此，上述索洛残余的估计方法可能存在着内生的偏差。另外，索洛—斯旺模型还存在着资本很快趋同的问题。Mankiw 等 1992 年对内生增长模型的检验表明，附加人

① 除了上述几个效应之外，有的学者的研究从投资的角度研究 FDI 对国内资本的影响，Slaughter 2002 年的研究认为，FDI 与人力资本积累的关系可以通过物质资本的投资加以联系起来。这一观点暗示新的技术往往内生于资本品当中，对资本品需求的增加将增加对技术劳动力的需求，Blomstrom 1999 年的研究证实了这一观点的存在。Hammermesh（1993）的调查支持了物质资本投资对技术劳动力需求的激励作用。Borenstein 等 1995 年的研究认为，FDI 将对国内企业投资产生挤入效应，从而加速了国内企业的扩张。

② Blomstrom 等（1994）、Coe 和 Helpman（1995）、Coe 等（1997）的研究同样强调了人力资本作为技术溢出的约束条件，研究结果认为，东道国必须具备一定的发展水平才能获得更高的人力资本收益率。

力资本之后的物质资本趋同速度将慢于索洛模型。由此新增长理论的出现引起了更多的研究关注于 FDI 与生产率之间的内生关联。总的来看，有关 FDI 与生产率的研究中，基本都遵循下面的分析方法：

$$productivity\ measure = \delta_0 + \sum_{j=1}^{k-1} \delta_1 X_j + \delta_k Foreign\ Presence + \varepsilon$$

在因变量的衡量指标中，通常采用总产出或者劳动生产率以及全要素生产率。还有一些研究使用生产率指数作为因变量，其中，技术先进企业代表一个技术水平，其他企业向这一技术水平的趋同视为技术进步。关键是要估计外资变量系数 δ_k，用来判断外资对国内企业生产率的贡献。从主要的研究文献来看，外资变量指标的选取主要有三个衡量指标：外资企业劳动力就业比重、资本比重、总产出比重。表 2 - 1 归纳了关于 FDI 与生产率研究的成果。

表 2 - 1　　　　　　　　FDI 与生产率增长的研究文献[①]

作者	研究对象	因变量	外资衡量	系数	样本数量
Aitken 和 Harrison（1999）	委内瑞拉	总产出	劳动份额	1/6	7
Aslanoglu（2000）	土耳其	效率指数，人均产出	产出份额	+	3
Blomstrom（1986）	墨西哥	效率指数	劳动份额	+	4
Blomstrom 和 Persson（1983）	墨西哥	人均产出	劳动份额	+	4
Bolmstrom 和 Sjojolm（1999）	印度尼西亚	人均产出	产出份额	+	2
Bosco（2001）	匈牙利	总产出	产出份额	3/13	16
Buckley 等（2002）	中国	人均产出	K 和 L 份额	+	2
chuang 和 Lin（1999）	中国台湾地区	TFP	K 份额	+	8
Damijan 等（2003）	东欧 7 国	总产出	产出份额	2/6	8
Djankov 和 Hoekman（2000）	捷克	总产出	K 份额	—	4
Feinberg 和 Majumclar（2001）	印度	总产出，产出效率	K 份额	—	1
Hacldacl 和 Harrison（1993）	摩洛哥	指数	K 份额	3/5	8
Kathuria（2002）	印度	TFP	产出份额	—	2
Khawar（2003）	墨西哥	人均产出	K 份额	4/4	8

① 资料来源：Rossitza Wooster，David Diebe，"Productivity Spillovers from Foreign Direct Investment in Developing Countries：A Meta - Regression Analysis"，*Review of Development Economics*，Vol. 14，No. 3，2010，pp. 640 - 655。

续表

作者	研究对象	因变量	外资衡量	系数	样本数量
Kinoshita（2000）	捷克	总产出	L 份额	4/3	7
Kokko（1994）	墨西哥	人均产出	L 份额	+	1
Kokko 等（1996）	乌拉圭	人均产出	产出份额	+	1
konings（1999）	东欧 3 国	总产出	产出份额	1/14	1/15
Lutz 和 Talavera（2004）	乌克兰	人均产出	产出份额	+	2
Rattso 和 Stokke（2003）	泰国	TFP	K 份额	+	1
Sadik 和 Bolbol（2001）	阿拉伯国家	总产出	产出份额	1/5	6
Sgard（2001）	匈牙利	总产出	K 份额	+	5
Sinani 和 Meger（2004）	爱沙尼亚	总产出	产出份额	—	3
Sjoholm（1999）	印度尼西亚	人均产出	产出份额	+	3
Thuy（2005）	越南	人均产出	L 份额	+	6
Vahter（2004）	爱沙尼亚、斯洛文尼亚	人均产出	K 份额	3/1	4
Yudaeva 等（2003）	俄罗斯	总产出	产出份额	+	1

Blomstrom 以墨西哥为研究对象，发现外资所有权比重高的行业具有更快的生产率增长特点。Rivera – Batiz 认为 FDI 的专业化带来的规模报酬递增将克服资本和劳动的边际产出递减的情况从而带动生产率增长。Romer（1993）强调发达国家与发展中国家之间存在的技术差距的重要性，FDI 的作用在于便利了知识和技术向发展中国家的转移。根据这一观点，FDI 将毫无疑问地对生产率产生积极影响，并且，FDI 流入将放大所有而不仅仅是接受 FDI 的企业的生产率。Caves（1996）、Balasubramanyam 等发现，FDI 是推动技术扩散的主要动力，更有可能对接受国生产率产生影响。Kokko 等（1996）对乌拉圭的研究表明，FDI 进入对东道国小企业生产率增长产生显著的促进作用，Keuer（2003）认为 FDI 溢出贡献了美国制造业企业生产率增长中的 14%。而基于特定国家微观层面的企业数据研究往往发现，FDI 并没有促进经济增长，外资企业并没有对国内企业产生技术溢出效应。[①] 或者是溢出效应并不确定的，Findly（1978）通过内

①　对于这一问题的研究可参见 Aitken 和 Harrison（1999）的研究，在这一篇重要且得到广泛关注的论文中，其以委内瑞拉的企业数据作为样本，证实了 FDI 企业并没有对国内企业产生所谓的技术溢出效应，这一结论对技术溢出所带来的生产率改进的观点提出质疑。

生技术增长率模型，假设国内技术为 FDI 的函数，结果发现 FDI 对经济增长的贡献是不确定的。

而与大多数微观数据研究相同的是，使用总量研究的发现同样并不能全都支持 FDI 能够显著放大东道国的经济增长率。Ram 2002 年的研究认为 FDI 的确提升了东道国的收入增长率，但是，他们的结论并不是对所有的模型都适用，另外，联合国贸发会议的研究论文并没有发现 FDI 与经济增长率之间存在明确的联系，FDI 对增长率的影响方向取决于回归方程中所选取的变量，变量的选取将对结果产生完全不同的影响。使用相同的方法，Dutt（1997）同样没有发现外商投资与人均增长率之间存在着相关性。

然而，Demello（1999）发现 FDI 对经济增长的影响无论是对于发展中国家还是发达国家而言都是正向的，东道国的长期增长取决于 FDI 所带来的知识和技术的溢出。李晓英和刘夏明（2005）通过使用 1970—1999 年之间的面板数据，借助于不同的计量方法包括联立方程明确了 FDI 与增长率之间存在着一定的相关性。与此相反，Carkovic 和 Levine（2006）利用 72 个国家 1960—1995 年之间的面板数据在控制了联立偏差之后的结果显示，FDI 并未对增长率产生确定性的影响，他们认为，出现这种结果的原因在于计量方法和时间区间的选取。

除了数据和计量方法对 FDI 与增长率之间的关系产生影响之外，造成研究结果不一致的深层次原因也得到了少数研究的关注。Bhagwati（1978，1985）的研究认为 FDI 促进经济增长只可能在出口促进而非进口替代国家才有可能，贸易开放度对 FDI—增长机制而言是基本的前提。Borensztein 等（1998）研究认为，东道国的某些特征在 FDI 促进经济增长过程中起着重要作用，具体而言，他们发现，一个国家需要一定的教育水平才可能从 FDI 溢出过程中获得相应的技术转移。

此外，从 R&D 与生产率的关系研究来看，Coe 和 Helpman（1995）对 22 个发达国家进行检验判断 R&D 活动对本国和国外全要素生产率的影响，结果显示，大国全要素生产率的增长主要取决于其本国而非国外的 R&D 活动。Bdrensztein（1996）借助于加拿大和美国工业行业的大量数据来检验 R&D 与全要素生产率之间的关系发现，外国的 R&D 活动对加拿大生产率的影响要大于本国 R&D，而美国的结论恰好相反。Borensztein 和 Mohnen（1998）认为，美国 R&D 活动解释了日本 60% 的全要素生产率的增长，而日本 R&D 活动只解释了美国 20% 的全要素生产率增长。这些研究都没有将 FDI 的 R&D 活动对生产率的影响考虑在内，只有少数的研究关注到了这一问题，哈斯克尔等（2002）报告了 FDI 对英国生产率的促进作用，凯勒和耶普尔（2003）对美国的研究也得到了相同的结论。

卡科维奇和莱文（2002）认为既有的研究并没有很好地控制联立型偏差、国别效应以及常规使用对数形式的增长方程式，这些缺点将使估计的系数和标准差产生某种程度的偏离。因此，需要使用计量程序重新估计宏观事实以消除这些潜在的偏差。其通过使用世界银行和国际货币基金组织的最新数据库并借助于广义矩阵法（GMM）重新估计了 FDI 对经济增长的影响，结果表明，FDI 并没有对经济增长产生正向促进作用，这一结论意味着政策制定者需要重新考虑税收激励、补贴、进口税收减免和其他吸收 FDI 的措施是否合理。

第五节　FDI 与示范模仿

世界前沿技术由少数几个发达国家所掌握，这也是驱动其长期经济增长的主要决定因素，而对于发展中国家而言，由于受到资源约束和有限的技术吸收能力，其更加倾向于模仿 FDI 企业的技术和生产行为。根据美国专利商标局 2008 年的数据，在 157772 个有效的专利数据库中，美国、日本和德国的专利拥有量占其中的 3/4，其他国家只占 1/4，因此，先进技术主要集中于发达国家使得大多数国家在国际技术竞争中处于跟随者的地位，模仿是驱动其技术进步的主要因素，而世界经济一体化的进程则为发展中国家吸收先进技术提供可能。通过采用以前只在跨国公司存在的新的生产方法和管理经验，当地的供应商和竞争者都可以提供他们的生产率。因此，通过模仿和学习发生的新知识的流动将给国内企业带来收益。[①]

模仿是技术转移的一种机制和过程，是技术在不同企业间进行传递的重要机制，而逆向机制是从技术拥有者向技术获取者转移的最主要的机制。这种机制使得企业不仅仅模仿较容易获得的制造技术并且包括管理和

---

① Findhy（1978）、Mansfield 和 Romer（1980）、Blomstrom（1986）、Gorg 和 Greenway（2004）的理论和实证研究认为，通过模仿、技术获取、竞争和出口等方式，FDI 对国内企业的生产率产生溢出效应。

组织创新，因此，模仿产生的技术溢出对模仿企业的技术升级及其生产率都产生影响。并且，外资企业为了进入新的市场往往采用新的技术，并将这些技术传递给国内企业，因此，当地企业模仿外资企业的行为将增加其生产率提升的机会。①

而有关 FDI 与模仿的研究文献相对于其他溢出渠道的研究显得不足，且主要集中于两个方面，一是 FDI 与模仿进程，二是模仿成本。但基本的观点都认为，由于知识溢出的存在，南方经济中的企业更容易模仿 FDI 企业。

自弗农的产品生命周期理论以来，诸多的研究都将模仿视为技术由北方发达国家向南方发展中国家转移的唯一渠道。② Caves（1974）认为外资企业通过竞争与交易产生技术溢出效应，并且跨国公司相对于投资目的地企业所显示出来的技术优势将导致模仿行为的发生，因此，当地企业的劳动生产率与外资企业的份额之间存在着正相关关系。其他研究也基本都得出了相同的结论并支持了这一观点。

Helpman（1993）和 Lai（1998）的研究可以作为例外，Helpman（1993）的模型中假设北方国家进行创新南方国家进行模仿，较低知识产权保护将导致较高的外部模仿密度，因此，北方国家面临着其产品被模仿的风险，但将增加创新的整体速度。③ Lai（1998）修正了赫尔普曼的模型，以考虑针对跨国公司进行模型的效应，其发现，知识产权保护程度越高，创新和 FDI 流入增长率越快。但在他们的模型中，模仿被外生给定。

Glass 和 Saggi（1998）认为，当 FDI 企业在当地投资进行生产时，发展中国家的企业从其生产过程中通过模仿获得技术溢出的可能性是存在的，并且 FDI 的进入还会降低当地企业的模仿成本以提高其模仿，他们在 1999 年的研究则进一步将创新、模仿和 FDI 加以内生化后认为，外商直接投资在国际技术转让中所起的作用取决于其他可替代转移渠道。如果 FDI 是唯一的转移渠道，FDI 向南方经济体较快的转移将加速其创新和模仿的速度，这时 FDI 将给南方经济带来动态效益。如果 FDI 和模仿共存作

---

① Mansfield（1961）的研究探讨了模仿在技术传递中的作用；Das（1987）、Wang 和 Blomstrom（1992）则研究了逆向溢出机制在技术转换过程的作用。

② Krugman（1979）、Segerstrom 等（1991）、Grossman 和 Helpman（1991）都从不同的角度探讨了模仿在发达国家与发展中国家之间传递和转换的重要作用。

③ Taylor（1994）的两国内生增长模型则认为弱知识产权保护将减少总体 R&D 水平。

为国际技术转移的渠道，这时，FDI 将成为南方经济进行模仿的替代。更快的 FDI 向南方经济体的转移将对其创新、模仿不产生影响，这时 FDI 主要产生静态收益。但该模型则将 FDI 视为外生变量，没有讨论模仿与 FDI 之间的相互影响。而 Gora 和海森（2004）发现当地企业在地理空间上与跨国公司越接近并有足够的吸收能力，模仿和学习越有可能发生。

Gora 和 Saggi（2002）的研究将 FDI 视为内生变量，具体讨论了知识产权保护对模仿和 FDI 流向的影响，研究结果显示，严格的知识产权保护将使得跨国公司在模仿行为中处于相对安全的环境，但模仿难度的增加将产生资源浪费和模仿激励下降，这将同时减少 FDI 和创新水平。更多的资源用于模仿将对 FDI 产生更大程度的挤出效应，FDI 的减少将使得稀缺资源由南方经济转向北方经济，这将进一步限制南方经济的创新。因此，严格的知识产权保护将减少创新和 FDI 的增长率，无论模仿是否是技术转移的主要渠道。在他们的模型中，知识产权保护将增加模仿成本，这将导致模仿的下降，并且，他们还区分了模仿成本上升的两种效应：模仿中投入更多劳动力产生的劳动力浪费效应和模仿激励下降产生的模仿税效应。他们认为，每一种效应都将减少 FDI 流入和创新水平。而这在以往的分析中都被假定为外生给定的，这也是相同的研究导致不同的结果的重要原因。

另外，除了模仿效应是技术溢出的表现形式之外，外资企业带来的示范效应同样会对当地企业的生产率产生影响，Wang 和 Bromstrom（1992）、Rodriguez–clare（1996）认为示范效应指的是这样一种情形：国内企业通过正式和非正式渠道与外资企业进行交流以提高其生产率和产品质量、优化管理方法。示范效应通过几种途径发生，如直接的生产过程的观察、雇用原先在外资企业工作的雇员以及与外资企业生产往来等。①

而在多数模仿过程是有成本且面临着诸多的不确定性，Mansfield 等（1981）的研究发现，模仿成本在化学工业、制药工业、电气工业和设备制造业中的模仿成本大概为研发成本的 2/3，此外，为了模仿先进技术必然要面临着建立新的生产线成本，适应新的经济环境，寻找当地供应商等这些成本。此外，模仿效应在外资与国内企业之间存在着一定的技术差距的情况下才会发生，模仿效应常常用外资企业的 R&D 对国内企业 R&D 存

---

① Slaughter（2002）进一步认为溢出通过三种方式实现，而示范效应是其中重要的表现形式。Damijan 等（2003）、Vahfer（2004）的研究进一步强调了示范效应在溢出过程中的作用。

量的影响加以衡量，而由于当地企业获取了相应的技术之后生产率得以提升从而在国际市场中变得更有竞争力，因此，外资企业通常使用更为先进的技术才能够避免在竞争中处于不利地位。

当发展中国家采用新技术时，必然要更新其原有的资本，因此，FDI被当作是快速促进技术发展的引擎，然而，通过 FDI 发生的专有技术扩散往往面临诸多约束或限制条件，如投资流向的限制、进入壁垒、对国内企业的保护性政策等都将限制技术转移的效果。此外，如果交易成本过高，模仿对于发展中国家而言就显得过于昂贵，这将限制模仿行为的发生，况且，模仿进程需要进行 R&D 投资，只有当需求能够弥补成本时才会发生。

发展中国家不断强化知识产权保护将限制模仿进程，也在某种程度上限制了其接近先进技术的范围，但是，很难说知识产权保护究竟是通过哪些途径影响模仿进程和技术扩散的。尤其是在过去的数年里，由于金融危机的影响，通过 FDI 进行模仿变得更为广泛，这是因为 FDI 通常是一个长期生产计划，因此相对于其他类型的资本流动是相对稳定和可靠的，并且 FDI 相对于外部借贷和证券融资是成本相对较低的，此外，金融危机的影响还导致证券融资和短期投资下降，模仿行为在面对金融危机时变得更为重要。

第六节　FDI 与市场结构

除了模仿和示范效应所带来的技术溢出，外资企业进入增加的市场竞争是一种重要的技术溢出渠道，由于外资企业在投资国生产并销售产品，必然要考虑到与当地企业之间可能存在的竞争关系。同样地，当地企业由于外资企业的进入被迫更有效地使用现有的技术。因此，竞争被认为是外资进入所带来的最大收益，毕竟竞争程度的提高在导致 X 非效率下降的同时提高了先进技术使用的速度。

通过前面的分析可知，示范效应可以增加当地企业的生产率，意味着国内竞争者可以成功地模仿跨国公司的技术创新。既然示范效应代表着 FDI 对当地企业产生的主要影响之一，表明外资企业必须使用相对国内企业而言更为先进的技术，这将迫使国内竞争者采用这些新的技术以迎合外资企业的竞争。

另外，外资进入还将打破现有的市场主体之间既有的相互关系，外资进入通过克服进入壁垒来提高竞争程度，通过要素投入和消费者的竞争来削弱现有企业的市场势力，这种情况通常发生在进入壁垒较高的行业，由于外资企业已经具备大量的无形资产，这些进入壁垒将很容易得到克服。同时，外资进入还将迫使边际企业退出以提高资源配置效率并使得现有生存下来的企业提高内部效率，以确保其能够持续存在。

外资企业的建立将增加当地企业在投资品和最终品市场中的竞争程度，这将迫使当地企业或者更有效地合作利用现有技术，或者提升他们的技术吸收能力。Fosfuri 等（2001）的研究认为，这种竞争程度的提高使得当地企业为了保持其市场地位而变得更有创新性，而这一结果更有可能发生在产业内竞争这一层次上。Wang 和 Blomstrom（1992）则构建了外资企业与当地企业之间的策略型互动模型，除了技术差距和溢出效应之外，该模型更加强调了竞争的重要性，认为，外资企业面对当地企业的竞争程度越高，其需要从母公司获得越多的技术以保持他们的市场份额，而这些技术则可能外溢给当地企业，从而进一步增加了外资企业所面临的市场竞争程度，其基本的结论在于，当地竞争程度越高，外资企业带来的技术更为先进也更为广泛，溢出的潜力也就越充分。

由于外资进入导致更为充分的市场竞争，这种竞争效应将激励当地企业更有效地使用他们既有的资源或者搜寻新的技术，如果当地企业无法保持先进技术而遭受市场份额的巨大损失，或者他们获取投入和生产要素受到限制，竞争带来的负面影响将超过正面影响。而对于外资企业而言，其与当地企业的竞争受到文化因素以及社会、经济和政治层面发展滞后的影响。并且更有可能的是，外资企业没有当地相关知识的存量，因此，当地企业将充分利用政府政策以创造并参与社会网络的优势，从而阻止外资企业的进入和竞争。

Barrios 等（2005）集中于分析 FDI 可能产生的两大效应：竞争效应（外资企业进入引致更多国内企业进入）和正的市场外部性（放大当地产业发展水平）。在使用简单的理论模型以阐述这两大效应发挥作用的机制的基础上发现，国内企业的进入数量随着外资企业的进入呈现 U 形曲线的形状，这种变动形态表明，竞争效应在初期占主导地位，这时国内企业进入的数量呈现下降趋势，之后，正的市场外部性将超过竞争效应，这时国内企业进入的数量呈现上升趋势，对爱尔兰的实证检验倾向于支持这一结果，借助于制造业企业层面的面板数据并通过半参数回归方法发现，竞争效应在外资进入初期的确对当地企业进入产生抑制效应，这一效应最终被正的外部效应所克服并使得综合效应对国内产业发展起到促进作用。

从实证的角度来看，Blomstrom（1986）使用产业层面的数据研究显示，FDI 提升了产业效率。Glberman（1979）、Blomstrom 和 Persson（1983）借助于加拿大和墨西哥的产业层面的数据证实了外资企业的市场份额与人均增加值之间的正相关关系。Blalock 和 Gertler（2008）假设跨国公司向当地中间品供应商进行技术转移以增加他们的生产率并降低投入品价格，为了避免被单一供应商的锁定效应，外资企业必须使得技术被广泛使用，这种技术扩散将诱发进入并提高竞争程度，同时还将降低供给市场的价格水平。这时，不仅仅是外资企业而且所有下游企业都将获得低价投入品。通过使用印度尼西亚制造业面板数据证实了这种假设的存在性，并证实了向外资企业提供中间品的当地企业生产率、竞争和低价这样一种组合结果，技术转移可视为帕累托改进（产出和利润对供应商和买方都得以增加），并且，技术溢出还将产生外部性，对其他行业的下游企业产生正面影响。Suyanto 等（2009）对印度尼西亚的研究证实竞争与 FDI 溢出之间存在相关性，竞争程度越高，溢出效果越明显。

除了 FDI 进入对市场竞争产生影响外，竞争的演化必然对市场结构产生影响。特别是跨国公司对当地中间品需求可能引起产业结构发生变化并推进当地产业的发展。而分析 FDI 对制造业部门再造和生产率增长的基本模型发自传统的"雁行理论"。"雁行理论"模型的目的在于解释新兴开放经济体的工业部门的追赶进程，该模型认为，落后经济体能否进行追赶依赖于主导国家的升级过程，而这一过程通过贸易和 FDI 进一步得到强化。根据 Ozawa（1992，2000）的研究，"雁行理论"模型实际上描述了产业升级的不同阶段所对应的 FDI 之间的联系，随着主导国家发展成为技术领导者，他们会把那些低技术水平的产业通过 FDI 方式转移到不发达国家，转移的过程取决于不同发展阶段对技术的需求，通过这样的过程，跨国公司将他们的制造活动转移到发展中国家或转型国家。但是，"雁行理论"仅适用于简单的追赶过程以及用来解释劳动密集型产业区位选择，无法解释中高技术产业的区位分布。随着 Ozawa 的结构升级模型的发展，"雁行理论"并无法考虑发展过程中的领导者是如何成为落后者的，由于经济发展到一定阶段后的比较优势区别于其发展初期所依赖的低成本非技术劳动力所决定的比较优势，"雁行理论"也变得越来越难以使得比较优势动态化。换言之，追赶型的"雁行理论"作为增强东道国产业结构升级和生产率增长的方式，FDI 在低端技术水平的产业中的作用是强有力的，但在高技术产业中的作用却是有限的。

而根据熊彼特的观点，发现新的原材料或中间品的生产方法可以理解为创新，创新是经济增长的动力，Mucchielli 和 Saucier（1997）遵循熊彼特意义上的创新，将 FDI 视为在不同国家或地区的生产以获得竞争优势。由于创新往往被视为创造性破坏的过程，FDI 的进入必然产生再分配的过程，对一些产业发展起到促进作用，而对另外一些产业产生抑制作用。Rodriguez – Clare（1996）认为，FDI 对当地产业的影响取决于其所派生出来的投入产出链与当地企业创造出来的链条的比较，如果跨国公司与当地企业之间的关联程度高于国内企业之间的关联程度，在均衡情况下，这将导致更高水平也更加多样化的专业投入品出现，对当地整体经济的发展都将带来好处。

FDI 引致的产业再造通过三个方面发挥作用，首先，一些企业可能会移至海外，以新的生产线替代旧的生产线，这么做是为了充分利用他们企业特有的资产（通常内生在其雇员尤其是技术雇员）的市场势力，裁员面临着将专有技术泄露给竞争对手的风险，因此，将这些雇员安排进新的生产企业是可行的，通常，在 FDI 进行之前这样的替代计划是经过深思熟虑的，这是一种产业再造的情况。其次，海外生产可能与国内产业建立前向或后向关联。通过这种关联，海外生产将对母国上游或下游产业发展提供机遇，这被称为产业间再造。这种产业间再造的关键在于母国与东道国之间的产业垂直一体化，大多数跨国公司倾向于其母国市场，特别是其总部，这样可以减少协调海外生产的交易成本，这提供了产业间再造的动力。最后，产业转移所释放出来的资源将流向新的产业，这印证了新古典假说，资源将会按照其自有的方式得到充分利用以实现充分就业，当一个产业衰退，其他产业将自动取代其地位以适应一个国家的比较优势，这被称为产业或经济层面的产业间再造。根据现有的研究，FDI 可能通过五种途径对国内产业发展产生影响：（1）FDI 通过影响需求结构影响产业发展。在发展中国家不断使用更多的外资过程中，消费观念和模式必然受到国际消费状态的影响，并且，FDI 还将创造新的需求，导致恩格尔系数下降以及投资品需求增加。（2）FDI 影响产业结构的机制在于资本积累，国内企业通过增加和更新其资本存量以对 FDI 流入作出响应。当外资进入一个大量国内企业已经存在的行业时，当地企业将增加投资以应对竞争，而当外资进入没有得到很好发展的产业时，将为国内企业创造出互补性的生产从而对产业发展产生积极影响。（3）FDI 影响产业结构通过技术进步这一机制。FDI 带来的技术转移会产生两个方面的影响，首先，直接效应是跨国公司可能引进新的技术；其次，跨国公司使用新的技术可能间接影响生产率，当技术扩散成本随着地理空间距离的下降而下降时，技术变得更容易获得。（4）FDI 通过改变制度来影响产业结构。随着 FDI 流入，国际市场规则和监管将转移到东道国并影响着决策者的观念。随着制度创新，FDI 甚至可以引入市场化的想法、观念和制度框架，摆脱传统计划经济体制的束缚，加快建立市场经济体制。（5）外商直接投资影响产业结构的机理是通过增加出口。在很短的时间内，外国直接投资可以带来东道国的相关行业的跨国垂直网络和水平分工，并优化出口结构。从长远来看，它可以加速产业转移，提高国际竞争力。[①]

从 FDI 与产业发展的实证研究文献来看，FDI 对当地不同行业的冲击将对产业间再造产生影响。[②] 他们对中东欧国家的研究证实了 FDI 对这些国家的产业间再造产生正面冲击，但如果其他转型国家没有跟随欧盟一体化进程，这种产业再造的效果将大打折扣。而 WIIW 和 RWI 的研究声称，在经济转型初期有大规模私有化阶段，FDI 并不会对产业结构调整产生立竿见影的效果，但是，外资企业相对于国内企业更快的增长使得 FDI 对制造业部门的结构模式产生显著冲击，在经济转型的下一阶段，随着 FDI 在新的不断发展的产业中集中，其对产业再造将会产生更为明显的冲击并且填补国内生产的空白。根据 Hunya（2000）的研究，随着外资企业不断进入高技术产业和出口导向产业，中东欧国家的产业结构变动与外资进入紧密相关，而国内企业仍然停留在低技术和国内市场导向产业中，因此，外资进入程度越高，产业结构变动的速度相应越快。沿着这一相似的研究脉

---

① Cardoso 和 Dornbusch（1989）从需求的角度探讨 FDI 的影响，认为 FDI 通过影响需求结构影响产业发展，并且，FDI 还将创造新的需求；Demeuo（1999）分析了 FDI 对国内资本积累的影响，认为 FDI 将对国内企业创造出互补性的生产从而对产业发展产生积极影响；Baldwin 等（1999）分析了 FDI 的技术溢出对国内生产率的影响。

② 关于 FDI 与国内产业再造的研究，可参见 Hunya（2000）、Landesmann（2003）、Damijan 和 Rojec（2007）、Kalotay（2010）的研究论文。

络，对其他国家的研究也基本得到了相似的答案。Landesmann（2003）对捷克、匈牙利、波兰和斯洛文尼亚的研究同样认为，外资企业在技术密集度高的行业中的市场比重要高于低技术和资源密集型行业，因此，FDI进入加速了中东欧国家的产业升级。Damijan 等（2007）的研究也证实了转型的十年中，生产率的增长与外资进入具有普遍的正向作用。Akulava（2011）以白俄罗斯为例的研究认为，FDI 对整体经济绩效影响不明显，但在产业层面上，外资在不同部门的分布决定着其对经济绩效影响的结果，在建筑、IT、房地产、机械、食品和石油等行业，外资对这些产业的绩效起到促进作用。

第七节　FDI 与工资水平

上述研究都强调了外资对东道国可能带来的种种收益，而 FDI 的流入同样可能产生再分配效应，戈登博格和帕夫克尼克（2007）的研究已经显示，全球化过程中发展中国家同时经历着不平等程度的上升这样一种结果，这一研究主要集中于分析 FDI 与企业间工资不平等之间的关系，由于外资企业的工资差异可能导致外资进入后在国内外企业间形成竞争效应，竞争和技术外部性同样会对工资产生间接的溢出效应。因此，有关 FDI 与工资水平之间的研究基本上从两个角度加以展开，一是内外资企业间的工资差异，二是外资企业的工资溢出效应。

外资企业相对于当地企业在规模上更大且生产多为资本和技术密集型，在劳动力质量相同的情况下，外资企业相对于当地企业能够提供更高的工资水平，这可以从几个方面对这种结果进行解释。第一，由于政府限制或信息不对称，外国公司可能在受到限制甚至是分割的劳动力市场中进行选择，以比当地企业支付更高的劳动力成本识别和吸引合格的工人；第二，跨国企业（跨国公司）内部公平政策可以增加低收入地区的工资；第三，外商投资企业可以支付更高的工资以减少劳动力流动，从而减少公司特有的无形资产的外流；第四，外商投资企业可以提供更高的工资来弥补在外资的就业可能存在的缺点。例如，工人们可能更喜欢当地企业，可能不得不补偿以克服这种偏好，同时，相对于当地企业，外资企业的工人也面临更大的压力和劳动需求波动。

存在大量的实证研究支持外资企业相对于当地企业提供更高工资的结论，美国的外资企业的工资平均水平要比当地企业高 6%—22%，英国为 4%—26%，墨西哥和委内瑞拉为 30%，① 一些研究表明，使用居民调查方法对不同所有权类型的企业工资水平进行研究，发现跨国公司比当地企业提供更高的工资水平。最近的研究在控制了工人的异质性和外资企业并购方面的选择偏好之后，通过使用雇主和雇员之间匹配的数据发现，外资企业的工资溢价显著下降。②

更为重要的问题是外资进入是如何影响工资水平和工资增长的。正向的工资溢出帮助国内企业赶上外国竞争者，然而负向的工资溢出将拉大外资企业与国内企业的工资水平差距。FDI 对国内企业工资水平影响的理论研究主要集中于货币渠道和技术外部性。货币渠道指的是跨国公司与当地企业在要素市场和产品市场之间的竞争，首先，在劳动力市场中的竞争显著增加劳动力的需求，从而迫使国内企业支付更高的工资来吸引合格的劳动力，如果跨国公司挖走最好的工人从而降低国内企业劳动力质量和工资水平，相反的效果将会发生。其次，外资进入产品市场将产生正向或负向的竞争效应，一方面，外资进入将迫使当地企业减少他们的利润并变得更有生产率；另一方面，竞争可能减少当地企业的市场份额，这将驱使这些企业无法达到最低规模效率要求甚至将他们挤出市场，从而产生负面溢出效应。

技术外部性也是外资溢出的重要渠道，通过前面的分析可知，跨国公司由于常常采用先进技术因而可能通过几个渠道对国内企业产生正向的技术溢出。首先，当地企业通过模仿外资企业获得新技术；其次，当地企业通过劳动力流动获得接近跨国公司知识资本积累的机会；最后，跨国公司将技术转移给那些可能成为其潜在中间品供应商或他们产品的潜在买方的企业，这些技术外部性可能对当地企业效率产生正面影响从而提高其工资水平。

在货币外部性和技术外部性同时存在的情况下，FDI 的净工资溢出效

---

① 参见 Lipsey（1994）、Feliciano 和 Lipsey（2006）对美国的研究；Girma 等（2001）、Conyon 等（2002）、Driffield 和 Girma（2003）对英国的研究；埃特金等（1996）对墨西哥的研究。

② Almeida（2007）发现外资企业并购对被并购企业的人力资本和平均工资水平影响较小。Girma 和 Gorg（2007）发现并购后潜在工资差异取决于并购者的来源以及工人的技术能力。

应在实证方面仍然没有得到一致的结论。Aitken 等（1996）证实了工资溢出在美国的存在，Alhakimi 和 Peoples（2009）基于美国的工人和行业特征对 FDI 的工资溢出效应进行研究，结果显示，外资投资于资本密集型行业对工资提升起到促进作用。Feenstra 和 Hanson（1997）对墨西哥的研究认为 FDI 与技术工人的相对工资水平之间呈正相关。Bedi 和 Cieslik（2002）对波兰的研究证实，外资进入比重较高的行业的工资水平相应较高，工资增长也较快。Dviffield 和 Girma（2003）发现了工资溢出效应的存在，但取决于 FDI 的区域分布。对中国的相关研究认为，工业行业的人均工资衡量的基尼系数在 1985—1995 年这十几年间几乎翻了一番，这种收入不平等的原因很大程度上归结于外资的进入。Das（2002）的研究认为，FDI 投资于技术劳动密集部门将降低相对工资水平，此外，对国内企业和外资企业的一次性补贴将降低福利水平，只针对外资企业的歧视性补贴将降低总体福利水平。而在控制了企业的某些特征，如企业规模、工人质量、产业和区位等因素后，Lipsey 和 Sjoholm（2001）对印度尼西亚的研究回答了两个问题，一是外资企业在劳动力市场中的行为，二是外资企业对工资的影响，结果显示，由于外资企业相对于当地企业支付给雇员的工资较高，外资份额越高导致当地企业工资水平相应越高。

Barry 等（2001）具体分析了外资企业、国内出口企业与非出口企业之间的相互影响，其对爱尔兰制造业企业层面的数据研究表明，行业中外资企业流入对工资和国内出口企业生产率产生负面影响，但对非出口企业的工资和生产率并不产生影响。Faggio（2001）对中东欧 3 国的研究表明，更高水平的外资参与度与当地更高水平的工资相对应，并且，FDI 对波兰当地企业存在正向溢出效应，但对白俄罗斯和罗马尼亚并不存在。Bircan（2011）使用非参数和半参数方法发现外资所有权与平均工资水平具备较好的线性关系，外资流入每增加 10%，非生产工人的平均工资上升大约 4%，这些结果首次揭示了外资所有权随着外资所有权水平以连续变动的方式对工资溢出产生影响。[①] Bircan（2013）使用土耳其详细的企业层面的数据进行研究，发现了外资企业工资溢出可以达到 15%，还认

---

① 有关企业层面的 FDI 与工资水平之间关系的研究，还可参见 Doms 和 Jansen（1998）、Taylor 和 Dviffield（2005）、Lipsey 和 Sjoholm（2006）、Almeida（2007）、Heyman 等（2007）、Arndd 和 Javorcik（2009）的文献。

为更高的外资参与将导致更多的有形资产和隐性资产转移以及工资溢出，尤其是对技术工人而言更是如此。

　　然而，由于这些企业层面的分析无法控制跨国并购所带来的劳动力结构变动，其结论可能会产生误导作用，在某种程度上，外资并购往往伴随着技术升级，这将导致在估计外资企业的工资溢出过程中产生偏差，通过使用有关雇佣数据（劳动力层面的数据），集中于关注并购前后停留在同一企业的劳动力，可以控制由于跨国并购产生的劳动力结构变动因素对回归结果的影响。这些数据同样可以允许我们窥探在国内企业与外资企业间改变工作岗位时其所有权因素所发挥的影响，这一因素之所以重要是因为从中可以看出外资企业与国内企业支付给新雇员工资的条件差异。

　　因此，现在不断增加的研究更多地关注于工人水平数据以分析外资所有权对工资水平的影响。这些研究结果改变了传统分析发达国家外资并购时的视野。如 Martins（2006）对葡萄牙的研究表明，在控制了工人选择这一条件之后，FDI 的工资溢出效应将消失甚至导致外资企业的工资水平相对于同行业内的当地企业下降了 3%。Heyman 等（2007）对瑞典的研究得到了相似的结论，与之相反的是，Andrews 等（2007）对德国的研究、Malchow - Moller 等（2007）对丹麦的研究、Balsrik（2006）对挪威的研究得出外资企业的工资溢出效应的确存在的结论，但效应并不是很明显，只有 1%—3%。只有少数的研究劳动力并从中揭示出外资所有权的人，如安德鲁斯等和巴尔斯维克，认为劳动力从国内企业流向外资企业导致其工资水平上升 6%（德国）和 8%（挪威）。这些发现可能暗示，外资所有权对于新雇佣劳动力的短期效应要高于所有权改变前后一直停留在同一企业中的劳动力。

　　此外，由于 FDI 流入所产生的工资差异导致的不平等研究也是一个重要的研究领域。Figini 和 Gorg（1999）、Taylor 和 Driffield（2005）对爱尔兰和英国的研究证实了 FDI 对收入不平等产生了激励作用。Tsai（1995）对 33 个发展中国家的研究证实，FDI 对收入不平等的影响只在少数几个亚洲国家存在。Basu 和 Guariglia（2006）使用 80 个国家的面板数据检验了其所构建的 FDI 与经济增长、人力资本不平等的理论模型，结论是 FDI 提高了经济不平等程度。Gopinath（2003）对 11 个发展中国家研究同样证实了 FDI 会扩大技术和非技术工人之间的工资差距，但 Blonigen 和 Slaughter（2001）的研究并没有发现 FDI 对技术和非技术工人之间工资不平等产生显著的影响。而 Vijaya 和 Kaltani（2007）分析了 FDI 对制造业中不同性别劳动力的工资产生的影响，结果认为，FDI 流入对制造业整体工资水平产生负面冲击，并且对女性工资水平冲击更大，之所以造成这种结果，可能的原因是新劳动市场安排导致的谈判能力的下降，这又将对女性劳动力带来更大的冲击，况且其在传统的谈判过程中要比男性劳动力谈判能力要低。

第八节 FDI 与贸易

从前面的论述过程中可以看出，大量的研究已经考虑到了 FDI 对生产率和技术转移的影响，[①] 但 FDI 对经济的影响同样可以通过贸易因素体现出来，FDI 通过增加了国内出口部门的资本、转移了新技术和新产品用于出口、便利于进入国际市场以及对劳动力培训并提升技术和管理水平这四个渠道对一国出口绩效产生影响。此后，大量的研究也证实了 FDI 对东道国出口的影响。[②] 但相对较少的研究考虑到 FDI 引致的产业关联对东道国出口绩效的影响，而 Rodriguez – Clare（1996）早期的理论研究清楚地证明，FDI 通过垂直关联对国内上下游企业的出口活动产生影响。此后的一些研究同样也发现了外资企业与国内企业之间的关联会影响到国内企业的出口绩效。[③]

然而，这一出口溢出的研究主要集中于分析水平关联的影响。其实有关这方面的一些实证研究已经发现了水平关联对出口绩效的影响是正向且显著的，[④] 这种结果表明，外资进入促进了国内一些生产部门的出口活

---

① 详细研究可参见 Blomstrom（1986）、Bolmstrom 和 Kokko（2001）、Gorg 和 Hijzen（2004）、Duanmu 和 Fai（2007）、Beugelsdijk 等（2008）、Girma 等（2008）、Suyanto 等（2009）、Barbosa 和 Eiriz（2009）、Blalock 和 Simon（2009）。

② Barbosa 和 Eiriz（1995）、Banga 和 Simon（2006）的研究分析了 FDI 对东道国制造业出口的促进作用。

③ 相关研究可参见 Blomstrom 和 Kokko（2003）、Gorg 和 Greenaway（2004）、Greenaway 和 Kneller（2004）、Kneller 和 Pisu（2007）、Wagner（2007）。

④ 关于 FDI 水平关联效应（主要指外资进入后对国内相同产业的影响）的文献可参见 Kok-ko 等（2001）、Alvarez 和 Lopez（2008）的研究。

动。另外，一些研究发现 FDI 对出口绩效的影响不存在甚至为负。① 换而言之，实证研究得出的结果是不确定的，FDI 引致的产业关联对出口绩效的影响方向依赖于国内企业、产业甚至是国家特征的影响。其中一些特征被总结为以人力资本存量、金融市场发展水平以及国内外企业技术差距等为代表的吸收能力。基于现有的研究，主要的争论在于外资进入并不必然会增加国内企业出口的可能性或者是提高出口绩效。也有不同的研究认为，进入出口市场的沉淀成本将会抵消一部分出口溢出效应，即出口绩效的净效应只有在出口溢出效应能够弥补沉淀成本的情况下才是正的。在最近的研究中，哈里斯认为吸收能力能够降低进入出口市场的成本，FDI 对东道国的影响在不同产业之间同样是不同的，对一个国家的研究结果也同样不适用于其他国家。

而对于国别研究的结果同样也是无法达到完全一致，阿特金等（1997）考察了地理和溢出对墨西哥当地企业出口决策的影响，通过控制整体产业集中度以集中于探讨溢出效应对出口的影响，他们认为，接近跨国公司的活动将降低进入国外市场的成本，这将会对同一行业和同一地区内的国内企业参与出口活动产生正向促进作用。Kokko 等（2001）发现外资自 1973 年进入乌拉圭之后增强了当地企业参与出口活动的可能性。Lutz 等（2003）通过使用乌克兰制造业企业数据检验了 FDI 引致的出口溢出效应，然而，他们并没有发现出口溢出效应的存在。Barrios 等（2001）对西班牙制造业的研究也同样认为跨国公司的出口活动并没有导致同一行业内的当地企业出口活动的增加。而 Kraay（2002）使用中国企业层面的数据发现出口部门相对于非出口部门的劳动生产率和全要素生产率都要高，但是，在一些情况下，对新的出口企业而言，学习效应是不显著甚至是负的。Ma（2006）同样使用中国企业层面数据检验了外资企业的出口是否增加了当地企业的出口可能，发现来自 OECD 国家的外资显著地影响当地企业的出口决策，而海外中国企业并没有增加出口可能性。Alvarez 和 lopez（2008）对智利企业面板数据的研究发现了显著的水平生产率溢出效应，这一结果可以归因于出口导向型的外资以及当地企业出口活动，他们还认为，出口促进政策在对生产率溢出产生影响的情况下是可

---

① Aiten 和 Harrison（1999）、Djankov 和 Hoekman（2000）、Lntz 等（2003）、Greenaway 等（2004）对不同国家数据的实证研究证实了 FDI 对出口的负向影响。

行的，但是，只有进入出口市场的沉淀成本显著低于溢出效应时，生产率的净效应才是正的。

　　Greenaway 等（2004）扩展了埃特金等的模型用以检验 FDI 对英国当地企业出口绩效的影响，通过估计两步赫克曼选择模型基于 1992—1996年企业数据分析了影响当地企业出口决定的因素，他们发现有关国际市场相关信息的外部性对国内企业的出口决策产生影响，但对出口份额并不存在影响。Ruane 和 Suthevland（2004）则主要分析了 FDI 相关的溢出对爱尔兰出口的影响，特别是检验了 FDI 对出口决策以及出口企业密度的影响，他们认为，外资进入爱尔兰制造业部门提高国内企业成为出口者的可能性并提高了出口的密度。并且，这些出口溢出效应主要是由于美国投资企业所引起，美国投资的大量进入对国内企业的竞争产生显著影响，这间接造成了国内企业出口密度的上升，这意味着 FDI 对爱尔兰的企业出口产生正向的溢出效应。Kneller 和 Pisu（2007）检验了 FDI 与当地企业间的水平和垂直关联对英国出口产生的溢出效应，同样使用赫克曼选择模型，他们发现当地企业的出口决策与行业内外资企业进入呈现正相关性，并且出口导向型的外资企业是出口溢出效应的主要动因，与现有研究不同的是，模型更多关注的是下游外资企业和非出口企业对出口比重的影响，并且他们是要尽力解释 FDI 的三种溢出效应（水平溢出、前向溢出与后向溢出）对出口的影响。Girma 等（2008）使用同样的数据检验了水平和垂直出口溢出效应对出口导向和国内市场导向的企业所产生的不同影响，他们在考虑到了吸收能力的影响之后认为，溢出收益在出口和非出口部门表现的差异很大。Harris 和 Li（2009）对英国的研究则认为吸收能力在克服进入出口市场所面临的壁垒方面起着关键作用。Blalock 和 Simon（2009）对印度尼西亚制造业的研究表明，吸收能力越强的企业将从下游 FDI 中获得越多的收益，Sun（2009）证实了 FDI 对中国企业产生显著的出口溢出效应。

　　此外，关于出口中所面临的种种成本的分析也逐步得到关注。Roberts和 Tybout（1997）发现沉淀成本在决定哥伦比亚制造业出口绩效中起着关键作用。在最近的研究中，Das 等（2007）对哥伦比亚化学工业的研究认为，出口市场的进入成本是很高的，但在不同的生产者之间存在着显著的差异，这取决于先前的出口经验。亚历山德里亚和霍拉格（2007）通过使用均衡经济周期模型认为，出口相关的沉淀成本对净出口动态并不产生显著影响。[①] Wagner（2007）通过对现有研究的总结和评论后认为，出口市场中的企业之所以运行得良好是由于这些企业能够同时降低生产和非生产性成本（如样本运输、分配、市场和对外网络）。非生产性成本可以认为是进入出口市场的成本性壁垒或沉淀成本，这将阻止那些低生产率企业的出口。这一研究还同时关注了出口学习效应（Learning by Exporting）的作用，参与出口竞争将导致生产率的提升。而学习效应在 Greenaway 和 Kneuer（2007）的研究中得到具体分析，其对英国 1989—1998 年的制造业企业数据研究认为，学习效应的确在促进那些进入出口市场的企业生产率方面产生积极影响。他们还同时认为，进入出口市场的成本是非常高的，一些企业由于规模过滤或生产率过低以至于无法解决进入出口市场成本过高的问题。

Estrin 等（2008）则以新兴经济体中的 494 家企业为样本分析了外资企业的出口绩效，通过运用赫克曼两步选择模型得出的结论认为，东道国制度环境质量并不影响外资企业的出口倾向，但他们发现，经济自由度越高，外资企业出口比重相应越低。Love 和 Mansury（2009）对美国 206 家企业检验了出口与生产率之间的关系，认为规模越大以及生产率越高的企业更有可能成为出口者，企业生产率的提升将增加出口，也使企业更能面对国际市场竞争。

---

① 但理论模型研究却表明，沉淀成本对出口绩效资产管理具有延迟效应（Bernard 和 Jensen，2004）。

第三章 FDI 对国内资本形成的 挤出效应争论

第一节 FDI 溢出的约束条件

虽然从理论层面上来看，FDI 对资本积累和生产改进可能带来的好处基本被经济学界当作一个共识，而实证结果往往并不认同 FDI 对东道国产生的好处会自动发生：基于企业微观水平的研究通常认为 FDI 对经济增长并不产生显著影响，而宏观研究则大都支持 FDI 的积极作用，[①] 这种实证结果的不确定性导致 FDI 与内资关系的研究转到了约束资本形成或生产率改进的条件上来。或者说 FDI 接受国之间的异质性决定了其影响效果，而约束 FDI 溢出条件的研究长期以来是基于不同理论为出发点的相关研究成果的松散集合体，这一集合体通常被称为吸收能力，包括制度质量、资本存量、人力资本水平、技术差距、产业关联度等方面，一国吸收能力大小决定了 FDI 影响经济增长的效果。[②] 世界银行 2001 年的研究同样强调了只有具备较强吸收能力的国家才有可能从外资流入的过程中获得好处，吸收能力较弱的国家，外资带来的好处将会很弱甚至是不存在的。阿布拉莫维茨 (1986) 则指出，技术转移依赖于一个国家的 "社会能力" 是否足以吸收先进技术；Cohen 和 Levinthal (1989) 的研究可以看作从吸收能力

[①] 微观水平研究代表性的有 Hoadad 和 Harrison (1993)、Aitken 和 Harrison (1999)、Carlcvic 和 Levien (2005)，概述可参见 Gorg 和 Greenaway (2004)；宏观水平研究代表性的有 Caves (1974)、Globerman (1979)、Gregorio (1992)、Kokko 等 (1996)，概述参见海彻 (2004)。

[②] 在 Fagerberg (1994) 的研究看来，FDI 技术溢出的影响不显著的重要原因在于技术本身只是提供一种信息 (information) 和蓝图 (blueprints)，这些信息或蓝图隐含着内生的技术，溢出的发生则取决于这些内生技术获取的难度，这有赖于其所体现出来的信息被接受的程度。Keller (1996)、Evenson 和 Westphal (1995) 的研究持同样的观点。

来解释 FDI 溢出效果差异的发端，其将吸收能力定义为吸收和应用新知识并放大公司价值的能力。此后，关于吸收能力的解释不断扩展和丰富。[①]

制度因素。Mansfield（1994）、Macalman（2005）、Branstetter 等（2006）、Acs（2008）、Arora（2009）讨论了专利保护程度对知识和技术溢出的影响；本格亚和 Sanchez – Rololes（2003）认为只有一个国家具备较高的经济自由度时，FDI 才会对经济增长产生显著影响；程萧和沈燕（2003）认为，政府机构的执行力和城市化水平是获得 FDI 收益的重要保障；Durham（2004）则认为，只有当一个国家具备完善的制度发展和投资者友好的法律环境的国家才可能在更大程度上获得 FDI 所带来的种种好处；Helpman 和 Hoffmaister（2009）从制度因素角度分析探讨了交易的便利程度、高等教育体系、法律体系和专利保护制度对 R&D 溢出的影响，认为制度的完善程度与溢出呈正相关；Mitra 和 Ranjan（2009）、Kaufmann（1997）则强调了劳动力市场尤其是劳动力的自由流动在知识积累和技术溢出过程中的重要作用。[②] 此外，对外资企业的管制情况、经济自由度和开放程度在溢出过程中同样起着重要作用，并且影响溢出的可持续性。[③] 因此，FDI 本身对经济增长的作用相对有限，只有当 FDI 与制度因素产生交互作用时，FDI 对经济增长的影响才会变得显著。

[①]　Keller（1996）、Glass 和 Saggi（1998）、Borenzstein 等（1998）的研究都证实了吸收能力在 FDI 技术溢出中所起到的约束作用，Buckley 等（2002）对各种溢出渠道和约束条件进行详细论述。

[②]　Djankov 和 Hoekman（2000）、Fosfuri 等（2001）、Glass 和 Saggi（2002）、Gorg 和 Strbol（2005）的研究都证实了劳动力流动在 FDI 溢出过程中的重要作用。而 Hale 和 Long（2006）结合中国的实证研究认为 FDI 溢出可以完全归结于劳动力流动，其他方式的溢出对生产率和技术进步的影响较小。

[③]　Voyer 和 Beamsh（2004）、Cuervo – Cazurra（2006）的研究探讨了政府廉洁程度对于 FDI 的溢出的影响，总的来看，政府的廉洁程度越高的国家或地区 FDI 的溢出效果越明显，这也可以解释为什么许多发展中国家引进的外资并没有带来明显的经济效果的重要原因。罗长远和张军（2008）认为，在市场远未完善而且存在严重分割的中国，FDI 对经济的影响主要体现在改善资源配置效率；张宇（2009）从中国转轨阶段的实际情况出发，从理论和实证方面分析了对民营经济的抑制与对外资部门的过度鼓励这两种主要的制度约束在外资依存度增加过程中扮演的角色，并进一步揭示了这种由制度约束所引发的外资依赖对 FDI 的技术溢出效应所可能产生的不利影响；赵奇伟（2009）则从制度安排和市场分割角度探讨了其对技术溢出的短期和长期影响；叶灵莉和王志江（2009）认为市场化程度、知识产权保护程度及城市化程度等经济制度因素在很大程度上影响我国 FDI 的溢出效应，其中，经济制度是 FDI 效应的重要影响因素；孙少勤和邱斌（2010）从市场体制、外资鼓励政策、金融市场效率、市场分割四个制度影响入手，实证研究制度因素对中国制造业 FDI 技术溢出效应的影响；许培源（2010）基于制度约束的视角认为制度的改善有助于 FDI 技术溢出效应和资源配置效应的发挥。

技术差距。一种分析思路是遵循 Findlay（1978）的"技术追赶论"认为 FDI 溢出的效果是技术差距的递增函数，技术差距越大，FDI 溢出效果越显著，在这一分析框架内，技术差距越大表明本国进行技术模仿和创新的空间越大，因而发生的技术溢出效果将越明显；Wang 和 Blomstrom（1992）采用类似的分析框架得出了相同的结论。Blomstrom 和 Wolff（1994）、Sjoholm（1999）、德里费尔德（2001）、中村（2002）的实证结果则对上述结论给予支持。另外，一些学者强调"技术累积理论"，强调技术的历史累积水平在技术溢出中的作用，只有当一国具有一定水平的技术累积时，其对 FDI 企业的技术接受能力才能够将技术信息进行分析加工，从而转换为本国企业的技术效率改进，因此，技术差距越小，企业才能接触更前沿的生产技术，技术溢出的可能性更大。①

产业关联。从产业关联角度考虑 FDI 溢出的效果，出发点是基于产业配套能力和技术能力对纵向或产业间溢出的影响，强调 FDI 对上游企业或下游企业存在的溢出效应。Javorcik（2003）认为，从水平溢出的角度来分析 FDI 的作用从根本上就偏离了溢出的研究方向，因而导致研究结果具有很大的偏差性。② 在 Javorcik（2003）看来，外资企业倾向于防止其技术向行业内其他竞争企业扩散，但却有动力向其中间品供应商进行技术转移，具体途径包括：（1）向当地供应商的直接知识转移；（2）外资企业对产品质量要求的提高激励国内供应商改进技术；（3）劳动力转移带来的间接知识溢出；（4）对中间需求增加导致国内中间品厂商实现规模经济；（5）中间品生产厂商之间的竞争效应带来的效率改进。③ 总的来看，

---

① Basu 和 Weil（1998）强调发达国家的技术对于发展中国家的适用性问题；Kokko 等（1994）对乌拉圭，Imbriani 和 Reganati（1997）对意大利，Sjoholm（1999）对印度尼西亚，Girma 等（2001）、Girma（2002）对英国的研究都证实了技术溢出和技术差距存在反向变动关系的结论。结合中国的研究，元朋等（2009）认为外资企业间的技术差距会显著影响 FDI 对内资企业的技术溢出；陈涛涛（2003）、黄静（2007）则认为技术差距越小，溢出效果越明显；包群等（2003）则认为技术差距对技术溢出的影响结果难以确定；孙兆刚等（2006）和张国强（2008）的研究则认为只有当技术差距在一定区域内时溢出效果才明显。

② 关于水平溢出的研究参见戈格和施特罗布尔（2001）的综述，在这篇综述中，通过对各种因素的分析，其得出的结论认为：水平溢出不明显是正常情况。

③ Rogriguez – Clare（1996）、Markusen 和 Venables（1999）、Saggi（2002）则从理论上具体界定了纵向溢出尤其是后向溢出。Kugler（2000，2006）、Javorcik（2004）、Blalock 和 Gertler（2008）则结合不同国家的数据证实了后向溢出的存在。Ethier（1982）则证实了前向溢出的存在。关于纵向溢出的文献述评参见 Javorcik（2007）。

产业配套能力决定了产业间溢出的效果。①

人力资本。借鉴 Lucas（1988）的内生增长理论，众多学者探讨了人力资本在约束 FDI 溢出效果过程中的作用，基本的出发点是基于劳动力质量、人力资本存量和教育水平在创新过程中的不可替代性。基本结论认为人力资本是决定一国吸收能力的核心因素，充足的人力资本存量是吸收 FDI 先进技术的先决条件，东道国的人力资本水平对于技术外溢实现及在多大程度上实现起着关键性作用②；外商直接投资不仅仅在于对增长产生直接的影响，同样会通过与人力资本的相互作用间接地促进经济增长，无论是对于提升吸收能力和技术创新还是经济增长可持续性，提高一国人力资本水平和知识存量都是必不可少的重要前提保证。③

市场结构。从市场结构角度来分析 FDI 溢出发端于 Findlay（1978）、Koizumi 和 Kopecky（1980）关于内外资企业行为对溢出影响的研究，其基本的观点认为：外资进入将打破现有市场格局，垄断或垄断程度较高的行业将逐渐提高其竞争程度，迫使现存企业更有效地利用其既有的投入和技术，同时降低 X 非效率，弱化企业软约束，并激励企业采取新技术并提高内部管理效率，从而提高了市场的可进入性和整体资源配置效率。这一逻辑过程被 Helpman 等（2004）关于企业异质性所有权结构理论加以概括；另外，外资进入可以降低投入品成本和企业生产成本，从而提高企业收益率，并有可能实现规模经济。④ 而 Kokko（1996）的研究进一步认

---

① 结合中国的研究，江小涓（2001）、王耀中和刘舜佳（2005）、严兵（2006）、姜瑾和朱桂龙（2007）、许和连等（2007）、张亚斌等（2007）的研究都证实了 FDI 对中国上下游企业产生正向溢出效应。

② Benhabib 和 Spiegel（1994）、Keller（1996）、伯仁斯坦等（1998）、Saggi（2002）、Blomstvom（2002）的研究都认为东道国的教育代表的人力资本对溢出的正向作用，但普西和泽詹（1994）的研究则不赞同教育所反映的人力资本水平是技术溢出的关键因素，而认为一国的富裕程度在 FDI 促进经济增长过程中起着重要作用。

③ Keuer（1996）、Evenson 和 Singh（1997）、Aitken 和 Harrison（1999）、Branstetter（2000）和梅耶（2001）通过人力资本分析，实证上证实了 Abramovitz（1990）的观点。结合中国的研究，沈坤荣和耿强（2001）、赖明勇等（2005）、邹薇和代谦（2003）、王志鹏和李子奈（2004）、代谦和别朝霞（2006）、杨蓉等（2006）、陈柳和刘志彪（2006）、张斌盛和唐海燕（2006）用不同的模型、从不同的研究角度结合中国数据论证了人力资本在决定 FDI 溢出效果中起着重要作用。

④ 实证结果却同样具有不确定性，Kokko 等（1997）的研究发现 FDI 对竞争的影响具有正向和反向两种可能，这取决于市场条件和溢出程度；张森林（2001）同样发现上述结果，但其认为 FDI 对市场竞争的影响取决于 FDI 模式和投资策略。

为，当内外资企业技术差距过大以及外资企业具有规模经济时，产品差异化程度将随之提高，这时外资将对内资企业产生挤出效应；Aitken 和 Harrison（1999）的研究认为，外资企业的边际成本往往低于内资企业，这将导致外资企业倾向于增加产量同时降低内资企业的产量，如果内资企业具有不变的固定成本，那么，随着内资企业的产量下降，其平均固定成本将随之上升，从而提高其总成本，收益率将下降，此外，外资企业往往会提高工资水平，这将进一步提高内资企业成本并降低收益率，同时，外资还有可能带来国内市场过度竞争，从而对国内企业产生挤出效应。[①]

金融市场。完善的金融市场对于技术创新、资本积累和经济增长具有至关重要的作用，金融市场的不完善同样会约束 FDI 溢出效果。[②] Alfaro 等（2002）的研究则从另外一个角度证明，金融市场在促进人力资本积累和企业家形成方面的重要作用，金融市场效率的提高将促使劳动力从外资企业流出以建立自己的企业，通过引致企业家形成这样的机制促进国内资本形成，金融市场将约束企业家形成和投资水平。[③] 在 Alfaro 等（2003）的研究看来，内资企业为了提高自身竞争力或参与外资企业分工格局中势必要购买机器设备、雇用技术工人，这都需要金融市场为其提供融资，金融市场越完善，内资企业的投资率和技术水平都将得以提高，溢出效果越明显。Alfaro 等（2004）进一步证明，内外资企业技术差距越大，内资越具有向金融市场融资的动力。Alfaro 等（2006）则从理论上阐

[①] 另外，Ramachandrall（1993）、Blomstrom 和 Sjoholm（1999）、Dimelis 和 Louri（2001）、Javorcik 和 Spatareanu（2008）则从所有权结构研究了外资的控制权强弱对溢出的影响。另外一种研究思路是关于 FDI 的行业溢出差异，Gorg 和 Strobl（2005）则区分了 FDI 对高技术、低技术产业的溢出效应，发现只有高技术产业才存在溢出收益；Kinoshita（2001）认为 R&D 密集行业溢出效果不明显；Lundin 等（2007）同样认为市场竞争并没有促进内资企业的 R&D 投资。

[②] 金融市场在经济发展中的作用的研究可以追溯到 20 世纪 60 年代，Goldsmith（1969）、Mokinnon（1973）、Shaw（1973）提出的金融深化和金融抑制理论对于理解发展中国家的金融市场对经济的约束作用起着开创性的研究。Durham（2004）、Alfaro 等（2003）则将金融市场纳入到 FDI 溢出的分析过程中，强调金融市场效率在促进 FDI 溢出中的重要作用。

[③] 从外资存在的溢出渠道来看，一是竞争性溢出，二是模仿溢出，三是劳动力流动溢出，四是垂直溢出，以往的研究主要集中于分析这些溢出的程度及对当地溢出条件的分析，如当地发展水平、人力资本存量、开放度等，而没有考虑到这四种溢出形式均涉及内资企业为了获得溢出而进行的投资问题。

述了金融市场在促进 FDI 纵向溢出方面的作用。[①]

结合国内研究，从现有国内外学者的研究 FDI 绩效来看，关于内外资关系主要还是分析外资对就业、工资、技术、生产率和经济增长等方面的影响，溢出效应是核心问题。国内研究大多采用了生产率指标和外资数据进行溢出检验，基于不同的检验方法和数据特征得出的结论同样具有不确定性，但对约束条件的检验却并不常见，尤其是对市场结构和金融市场约束的研究具有很大的欠缺。

罗长远等（2003）以中国为例进行了尝试，他们发现，在金融体系不能有效整合大量分散的中小资本的情况下，FDI 会对那些实力最弱的资本产生挤出效应。罗长远（2006，2007）进一步研究认为那些得到较强金融支撑的私人资本在与 FDI 的竞争中存活的可能性更大，它们更可能得到 FDI 在随后的外溢过程中带来的好处。而那些力量薄弱的私人资本在这两方面都处于不利地位。这也就意味着 FDI 对国内资本的影响取决于金融支持的力度，或者说金融市场在放大 FDI 对国内资本形成方面起着联结作用。赵奇伟和张诚（2007）采用我国1997—2004 年31 个省市区的面板数据的实证结果也表明，金融深化程度是 FDI 溢出效应的决定因素之一，我国的金融深化程度滞后是造成 FDI 溢出效应为负的原因之一。而且，金融深化程度的不同也是造成 FDI 溢出效应跨区域差异和阶段性变化的重要原因。钟娟和张庆亮（2010）利用中国 1983—2007 年的时间序列数据研究发现：FDI 确实对中国的技术进步有明显的积极作用，并存在显著的技术溢出效应，而 FDI 技术溢出存在显著的金融发展"门槛效应"。

[①] Edison 等（2002）、Carkovic 和 Levine（2002）、Hermes 和 Lensink（2003）、Azman - Saini（2010）的研究同样证实了只有当金融市场发展水平超过某一临界值时，外资带来的技术溢出效应才是正向的；Hermes 和 Lensink（2003）认为 FDI 和金融市场在促进技术进步方面是互补的，金融市场效率提高将有利于 FDI 流入，同时也将提高本国技术水平；Borensztein 等（1998）认为 FDI 流量只不过是 FDI 的一部分，还有一些外资是通过债务关系存在于东道国，因此国内金融市场的质量同样会影响到 FDI 的数量及 FDI 溢出效果。单纯只考虑 FDI 流量可能会低估 FDI 的影响。而 Rowland 和 Tesar（2003）的研究则强调完善的金融市场将鼓励 FDI 企业进行高风险投资。

第二节　FDI 挤出效应存在的可能

经济学界针对同一问题得出的结论往往大相径庭，外商直接投资与增长之间的关系通过上述的文献梳理也可以看出相同的问题。外商直接投资究竟通过什么样的渠道对经济增长产生影响，存在着不同的机制对这一问题给予解释，比较一致的观点认为 FDI 对经济增长的影响主要通过两种途径，一种是沿着 Chenery 等（1966）的思路采用新古典两缺口分析框架，在索洛模型基础上，将资本和劳动两要素假设扩展为资本、劳动、技术和外商直接投资以及其他变量矩阵等多要素模型，在技术进步外生的情况下，认为 FDI 无非弥补本国储蓄和外汇缺口进而增加一国的资本存量，提高人均资本水平和本国的投资率，而投资率的上升所产生的水平效应必然会提高人均产出水平，资本积累成为经济增长的主要动力。

但这种分析方法往往认为 FDI 与国内资本是同质无差异的，并没有考虑到外资与内资的相互关系问题，逻辑暗含假定了外资的进入并不会减少东道国国内资本的形成，外资和内资是一种互补而非替代关系，因此并不会发生挤出效应。但诸多的实证研究证实了 FDI 对国内资本形成存在挤出效应。[①]

以 Johnson（1975）的研究为出发点的新增长理论看来，FDI 是资本、专利和相关技术的结合体，单纯的资本积累效应对经济增长的贡献只可能是短期的，FDI 对经济增长的贡献更主要体现在维持经济增长的可持续性方面，主要途径在于促进东道国的技术进步和知识积累、强化内外资的前后向联系，进而克服资本积累的报酬递减特征，提高本国资本的边际产出和生产率并加速本国资本形成，从而对经济增长的影响更加深远。[②]

这种分析逻辑肯定了 FDI 对技术进步和知识积累的积极影响，但忽视

---

① 关于 FDI 对国内资本存在挤出效应的研究文献可以参考 DeMello（1999）、Aitken 和 Harrison（1999）、Harrison 和 Mcmillan（2003）、Blonigen 和 Wang（2004）的研究，这些研究针对不同国家样本采用不同的检验方法得出的结论认为，FDI 对国内资本形成可能存在挤出效应。

② Koizumi 和 Kopecky（1980）、Blowstrom（1986）、Das（1987）、Wang 和 Blomstrom（1992）、Coe 和 Helpman（1997）、Javorcik（2002）的研究都证实了 FDI 通过促进技术进步和知识积累等途径对东道国经济增长存在长期而非短期影响。

了技术和知识的可获得性以及东道国对技术溢出的接受能力，如果内外资企业存在着较大的技术差距或者东道国获得相应技术的渠道受到限制和阻碍、现有人力资本水平也无法对技术和知识溢出加以接收，那么 FDI 的技术进步和知识积累效应可能并不明显，意味着 FDI 对东道国的技术进步和生产率的影响在一系列因素的约束下即便不是可以忽略不计也可能是微不足道的。① 进言之，FDI 对经济增长的影响效果取决于 FDI 和国内投资的关系，只有在两者是互补的情况下，FDI 对经济增长的贡献才是最优的，而当一国缺乏必要的资本、技术和知识存量时，溢出效应较少或不存在溢出效应的情况下，FDI 对本国资本形成存在某种程度的挤出效应。② 另外，外资带来的新技术可能会加速本国传统技术的落后，因此会对国内投资产生挤出效应并降低国内储蓄率和投资率。Kokko（1994）的研究则认为，外资企业往往具有规模优势，从而获得规模经济，这将有可能对国内企业产生挤出效应。Apergis 等（2006）认为 FDI 对内资产生挤出还是挤入效应取决于东道国的区位及其发展水平。Hale 和 Long（2006）的研究更进一步认为 FDI 对国内资本形成产生挤出效应③，Aitken 和 Harrison（1999）把这种效应称为市场窃取效应。这正如 Dunning（1981）的研究阐述的那样：东道国对他们所吸引的外资通常存在着两个方面的担心，一是外商直接投资的数量、类型和转移资源的使用所带来的收益很可能低于其他资源配置的方式；二是外资企业相对于国内企业而言往往具有更强的谈判能力。

而基于发展中国家和转型国家的企业微观面板数据研究显示，FDI 流入实际上可能会损害同一产业内的国内企业的生产率或者会降低一国的投

---

① Haddad 和 Harrison（1993）、Blomstrom 等（1994）、Coe 等（1995）、Borensztein 等（1998）、Aitken 和 Harrison（1999）、Okamoto 和 Sjoholm（1999）、科宁斯（2001）、哈斯卡尔等（2002）的研究都证实，只有当一国具备一定的发展水平（如人力资本存量状况）时，外商直接投资才可能对经济增长产生积极作用。

② 弗里（1992）、Lipsey（2000）、金和西奥（2003）、Driffield 和 Hughes（2003）、Agosin 和 Mayer（2005）、Ang（2009）的研究都证实了 FDI 溢出过程中所必要的各种支撑条件，这些条件的完善程度直接决定着溢出的程度以及 FDI 最终的经济绩效。

③ 杨新房等（2006）则认为挤入和挤出效应并存，总体上存在净挤入效应；杨柳勇和沈国良（2002）、王志鹏和李子奈（2004）、程培堽等（2009）、冼国明和孙江永（2009）、方友林和冼国明（2008）等的研究证实了外资对国内资本在不同地区或不同行业具有一定的挤出效应。孙本芝和刘碧云（2009）认为外资通过不对称地位使国内企业始终处于利益链的低端，出现内资企业被排挤的效应。

资水平和资本形成。[①] Bosworth 和 Collins（1999）利用 23 个工业国和 62 个发展中国家的样本数据检验了资本流入对东道国产生的影响，结论认为：FDI 与国内投资之间存在着互补关系，但模型在控制了其他变量后，FDI 将对发展中国家的国内投资产生挤出效应。还有的研究探讨了税收激励下 FDI 对国内产业结构（如价格、产出、利润、进入与退出，技术转移）的影响，结论认为，如果政府对外资企业采取更多的税收减免措施，这将增加总产出降低价格，更多的外资企业将进入而东道国企业将退出。Uzawa（1969）和 Lucas（1988）认为知识内生于劳动，Reis（2001）将这一观点纳入布兰查德—雅里模型以分析外商直接投资与东道国经济增长之间的关系，结果发现，在均衡时，R&D 部门中的外资企业将完全替代国内企业，并且，只有当世界利率低于国内利率时，FDI 才会对经济增长产生积极作用。Agosin 和 Mayer（2000）发展了一个理论模型，用于检验 FDI 流入对东道国投资的影响，借以判断 FDI 对国内投资究竟是挤入还是挤出效应，随后，Agosin 和 Machado（2005）利用拉美、非洲和亚洲 12 个发展中国家的样本数据研究了 FDI 对国内投资的挤出和挤入效应，结果发现，虽然 FDI 对非洲和亚洲的总投资产生促进作用，但对拉美的实证结果却表明 FDI 对国内投资产生替代作用。Kumar 和 Pradhan（2002）同样证实了 FDI 倾向于对国内投资产生挤出效应。Titarenko（2005）利用 1995—2004 年的季度数据对立陶宛的研究表明，FDI 对国内投资产生挤出效应，即 FDI 的流入将替代国内投资。[②]

从溢出角度来看，诸多的研究认为，外资企业会给低收入发展中国家带来技术，然而，外资企业所带来的技术有可能是不适用的，因为只有国内企业在与外资企业竞争过程中对它们进行模仿或者是通过向外资企业提供投入品过程中学习这些技术时，国内劳动力才学会使用这些新技术，这时溢出效应才会发生；并且，技术转移的成本很可能会过高从而导致在产

---

① Aitken 和 Harrism（1999）、Konings（2001）的研究证实了 FDI 可能对东道国相同产业内的企业产生抑制作用，表现为投资挤出或者生产率抑制。

② Apergis 等（2006）利用 30 个国家的样本数据分析了 FDI 与国内投资之间的动态关系，结论显示，如果以总的资本形成来衡量投资，在单变量模型中，FDI 对国内投资产生挤出效应，而在多变量模型中，FDI 对国内投资产生挤出效应。Morrissey（2008）以 13 个拉美国家、8 个加勒比国家、8 个亚洲国家、10 个欧洲国家和 5 个非洲国家为样本，并根据政治体制将发展中国家分成不同的地区来分析 FDI 对私人投资的影响，认为 FDI 通常会对国内私人投资产生挤出效应，这些挤出效应在治理绩效越高的地区表现得越明显，在拉美地区的挤出效应要小于其他地区。

品生产过程中的技术转移的无法实现，这时的溢出效应将依赖于东道国原有的技术吸收能力。

从经济增长角度来看，大量的实证研究认为 FDI 与经济增长之间存在着正相关性，尤其是基于大样本国别数据的检验支持了这一观点，认为 FDI 与其他决定增长率的指标（如投资率、人力资本形成）之间存在着显著的正相关关系。总的来看，在这些已有的研究文献中，通过将 FDI 占产出比重作为衡量外资流入的指标，而这一指标的回归系数显著为正，暗示了 FDI 对增长率产生显著的促进作用。但是，这样的分析面临着两个重要的问题，从而使得 FDI 究竟如何促进经济增长这一机制问题以及 FDI 与经济增长指标之间的因果关系变得不再清晰，首先，在有关 FDI 与经济增长指标间的回归方程显示出来的正相关系数隐藏了 FDI 究竟是如何促进经济增长这一确切机制问题的，以及设计适当的政策以增强 FDI 产生的增长效应所需要的知识，而这正是维持长期经济增长的关键（Caves，1982）。其次，回归方程偶尔表现出来的 FDI 与经济增长之间的强正相关性也仅仅反映了变量间的因果关系，除此之外也看不出其他有意义的结论。从现有的回归方程来看，代表性的做法是采用一定时期内样本的平均增长率和 FDI 占收入比重作为基本变量，由于 FDI 很可能是在一个国家处于增长过程中流入，因此，FDI 与经济增长之间的影响应该是双向的，存在着互为因果的关系，因此，在采用一定时期平均增长率时，将会导致一国增长稳定时期与增长下降时期加以平均化，从而导致回归结果不显著。虽然也有简单二元格兰杰因果关系检验用于检验这一问题，然而，在面临非平稳数据时，这些检验给出了有争议的结果，而在最近的文献中，学者采用了国家面板数据模型，虽然这些方法总的来看可以克服非平稳面临的问题，可是，这些研究的结果并没有揭示特定国家经济增长的渠道和效应。①

基于上述的分析可以看出，FDI 对国内投资的实证研究结果仍然是不

---

① Chakraborty 和 Basu（2002）对印度研究时却发现，FDI 对 GDP 增长并不产生影响。博伊德和史密斯（1992）认为，在既有的贸易、价格、金融和其他扭曲条件下，FDI 将损害资源配置并降低经济增长率。Carkovic 和 Levien（2006）则认为，上述研究所得出的关于 FDI 对增长产生的积极影响在很大程度上归因于有偏的估计方法，当采用不同的估计方法（如 Arellano - Bond GMM）时，他们发现 FDI 与经济增长之间只存在着弱的相关关系。Blonigen（2005）认为，将发达国家与发展中国家混合的样本选择在检验 FDI 与经济增长关系时是不恰当的。

明确的，事实上，由于不同国家和地区的政策差异、国内企业反应的差异、FDI 流入的类型以及计量方法的差异，对于不同国家、不同地区的实证结果不尽相同，如果 FDI 对国内投资产生挤出效应或者无法对资本形成产生促进作用，这将对东道国从 FDI 中所可能获取的收益提出质疑。

第四章 FDI 对国内资本形成的挤出渠道

第一节 竞争性挤出效应

外资流入一方面为东道国经济发展提供必要的资本，同样也改变了市场结构，竞争程度的提升将对东道国企业的生产率产生激励，但竞争不可避免地对国内企业的投资和资本形成产生压力，甚至产生挤出效应，尤其是在外资与国内资本质量不同的情况下，这种资本方面的差异或者是技术差距会对国内企业产生不利影响。

从现有的文献来看，竞争效应所带来的生产率改进主要遵循这样一种逻辑解释：外资企业进入导致当地产业竞争程度提高，当地企业不得不更有效利用现有技术和资源，也可能引入新技术以维持市场份额。并且，竞争程度的提高也可能消除垄断利润并提高一国福利水平。然而，Aitken 和 Harrison（1992）、Kokko（1992）的研究指出，竞争效应仍然存在着损害东道国利益的可能，尤其是在当地企业并不具备足够的效率与外资企业进行竞争时，这种可能性是存在的。这时，当地企业可能被挤出市场，垄断租金将由国内垄断企业转向外资垄断企业。最近对发展中国家和转型国家的微观数据研究为这种可能提供新的证据。Aitken 和 Harrison（1999）以及 Konings（2001）基于国别的实证研究表明，FDI 实际上对东道国同一产业内的国内企业生产率产生伤害作用，这主要归因于不断上升的竞争压力对国内企业所产生的挤出效应。Kokko（1994）对墨西哥的研究同样发现，当地企业的生产率明显落后于那些使用先进复杂技术的外商投资企业，尤其是在外资企业市场份额高的行业中表现得更为明显，这种技术差距加上高市场份额将阻止知识向当地企业的溢出，反而会对当地企业产生损害作用。

格拉斯和萨基（1999）已经证实，FDI 可能将一国相同产业内的东道国企业挤出市场从而造成一国福利净损失。王平和 Blomstrom（1992），格拉斯和萨基（2002）进一步认为，外资企业进入初期将增加国内产业的竞争程度，这将激励国内企业采用新技术或者降低 X 非效率。如果外资企业进入替代一些无法与外资企业进行竞争的国内企业，这将最终导致外资企业的市场集中程度的提升和市场结构的垄断性增加，这时，FDI 带来的竞争实际上最终会损害东道国经济。①

而外资企业相对于国内企业所具备的竞争优势更大程度上体现在其所拥有的无形资产方面（如累积的管理经验、生产进程和产品技术）。鲍温和戈莱茨基（1991）的调查显示，进入者往往比现有企业具有更高的生产率，并且，外资企业特别倾向于比国内现有企业拥有更高的生产率。坎特威尔（1995）争论过，如果国内企业并没有落后外资企业太远，它们将能够开始追赶进程并从 FDI 流入过程中受益。但是，当地企业可能远远落后于外资企业，对它们而言，从外资企业知识中受益是不切实际的，甚至会拉大与外资企业的差距。外资的进入除了对生产率产生影响之外，对国内企业投资同样产生影响。诸多的实证研究证实了 FDI 对国内投资产生的抑制效应。② 随后的研究还证实，在外资集中度比较高的行业，由于内外资企业之间存在着明显的技术差距，发生溢出几乎不太现实。Kokko（1994）对墨西哥和 Kokko 等（1996）对乌拉圭的研究表明，只有当外资企业所占市场份额较小时，溢出效应才有可能发生；反之，随着外资企业市场份额上升，当超过一定的临界值时，挤出效应将会发生。Aitken 和 Harrison（1999）认为，跨国公司的进入带来的竞争程度的提高可能将国内企业挤出市场。Markusen 和 Venables（1999）的研究认为，FDI 对东道国经济主要产生两个主要的效应：联结效应和竞争效应，联结效应体现了

---

① 隐含在 FDI 产生正向影响这一结论背后的假设认为，东道国企业已经足够成熟并能够与外资企业进行竞争，对于那些处于发展初期的企业而言，其并不具备减少低效率，借用技术或者其他形式的追赶能力，导致其在与外资企业竞争过程中处于劣势地位。

② Demello（1996）发现 FDI 与国内投资对发展中国家而言是负相关的。Blonigen（2004）的研究发现两个重要的结论，FDI 对经济增长的正向冲击只有在利用总数据时对发展中国家才是存在的，并且，FDI 对国内投资产生的挤出效应对发展中国家普遍存在。Helleinen（1984）指出，FDI 常常对东道国企业家产生不利影响，从而减少其投资行为，同样会减少国内储蓄。Titavenko（2006）利用立陶宛 1995—2004 年的数据估计其投资函数，结果显示 FDI 对国内投资产生挤出效应。Tomsik（2002）对捷克、波兰和匈牙利三国的研究同样证实，外商直接投资在作为外生变量情况下，对波兰国内投资产生挤出效应，而对其余两国产生挤入效应。

外资企业对当地中间投入品需求，竞争效应体现了跨国公司迫使国内企业退出市场。其以东亚国家的经验为例分析了这两大效应的变动，其认为，跨国公司是这些国家实现工业化的催化剂，但过了特定的时期，由于激烈的竞争，国内企业将退出原有的产品市场。

因此，随着 FDI 而来的竞争程度的提高可能会降低当地企业市场份额，增加他们的生产成本，进而降低其生产率，另外，当地中间品企业虽然可能从外资企业对中间品的需求增加过程中获得收益，但是，随着当地企业退出市场，中间品企业的收益也将变得不明显。

第二节 并购与纵向一体化

兼并与收购是外资企业进入东道国市场的重要方式，横向并购将导致国内企业数量下降，市场集中程度提高，这种市场结构的变化一方面导致国内企业的租金转向外资企业，另一方面也会增加国内企业进入这一市场的成本。纵向并购则会造成外资在产业链上的全面整合，市场的不确定性和多变性决定了企业需要不断调整其与上下游企业间的关系，并利用其在产业网络中的联系来降低其信息搜寻的成本，增强获取新的技术机会和信息的能力。通过信息在产业网络中的不断传递，企业可以获得市场中与自己知识存量相关的新知识，选择在产业链条中重新定位，以提高企业间的交易效率，节约交易时间，降低交易成本，最终获得较高的经济租金。Stevenson 和 Jarillo（1990）对美国的实证研究发现，那些对外部资源使用充分的公司在一个十年观察期中的成长比只聚焦于内部资源的公司明显更为活跃。外资企业的产业链上下游资源融合将带给其相对于国内企业而言更高层次的竞争优势，使得国内企业在面临外资企业竞争时，往往处于不利地位。

自 20 世纪 90 年代中期以来，跨国并购已经成为直接投资的主要形式，根据杨中侠（2003）的研究，[①] 我国利用外商直接投资的重点开始由原来的三资为主转向并购为主。自 2001 年以来，跨国公司已经成功收购了我国的大型企业，如法国阿尔卡特收购上海贝尔、美国艾默生收购安圣电气、格林柯尔入主科龙电器及证券市场的外资加盟等实现了从资金到资

---

① 参见杨中侠《外资并购在中国》，《资本市场》2003 年第 1 期。

本的飞跃。随着我国加入 WTO 开放力度加大、政策进一步解冻，外资在中国的并购已初露端倪。近年来有关外资并购的法规条件不断出现，并逐渐升温，如表 4 - 1 所示。

表 4 - 1　　　　　　　　　　有关外资并购的法规条件

年份	名称	内容
2001	关于上市公司涉及外商投资有关问题的若干意见	允许外资非投资性公司如产业资本、商业资本通过受让非流通股的形式收购国内上市公司股权，实现买壳上市。取消 7 项行政审批权，对外资并购上市创造条件
2002	外资投资股份有限公司在境内首次公开发行股票招股说明书特别规定	允许外资企业上市融资
2002	新的《外商投资产业指导目录》	开放原先禁止外资进入的电信、燃气、给排水等行业，限制类减少了近 2/3
2002	《外资参股证券公司设立规则》《外资参股基金管理公司设立规则》	外资进入证券和基金领域
2002	《外商投资民用航空业规定》	外商可以通过购买股票参与投资等新的投资方式参与投资民航业

这些法规条件的实施也是为了迎合外商直接投资方式变化的需要，根据联合国贸发会议的统计，最近 20 年全球并购金额以年均 42% 的速度上升，1998 年全球外国直接投资 6640 亿美元，比上年增长 39%，而跨国并购总额达 4110 亿美元，占全球 FDI 的 63.8%；1999 年全球 FDI 总额为 8440 亿美元，跨国并购为 7200 多亿美元，占整个国际直接投资的 85% 以上；2000 年跨国并购规模达到 11000 亿美元。跨国并购成为经济全球化中最引人注目的现象。

而跨国并购对东道国市场结构的影响也引起了学者们的注意，一些研究揭示，根据邓宁 OLI 范式，对于跨国公司的三种优势而言，垄断优势是决定其 FDI 最根本的因素，跨国公司通过并购的方式维持既有优势和创造新的垄断优势，其直接效应就是跨国公司在世界范围内形成对诸多产业的产业控制，使东道国企业面临着更多的挑战（张小蒂和王焕祥，2004）。由于外资企业相对于国内企业具有技术机会优势，市场结构的深化将导致国内产业面临着不同的市场结果。跨国并购不但增强了跨国公司国际融资和资本的扩张能力，更重要的是通过企业买卖或"一揽子要素"的产权交易，提高了跨国公司在国际范围内重组企业资产的能力及其效率。交易整合优势是一种更高层次的优势，跨国公司可以根据内外因素相对重要性的变化对其进行整合，从而使得跨国公司的既有优势成为一种动态可变的整体性优势（张小蒂和王焕祥，2004）。

跨国并购所造成的垄断倾向则可能对国内投资产生挤出效应，李佩璘（2008）认为，跨国公司并购在促进中国战略产业发展的同时，其对中国本土企业生存与成长的抑制、所造成的产业垄断以及对中国产业安全与国家经济安全的影响等问题不容回避。何大安（2006）以流通产业为例论述了外商直接投资形成自然垄断的可能性，认为：（1）跨国公司在华流通产业中的投资具有长期的战略考虑，它们选择以根据地为依托的辐射战略，有计划有目的地占领我国的流通市场，如沃尔玛选择北京、深圳、昆明、大连等地为中心，将其经营理念、企业文化、管理手段辐射到华北、华南、东北等地区；（2）依据中国的实际，改变其在国内的经营策略，实行适合我国国情的本土化战略以求迅速占领流通市场，如家乐福就改变了其在国内销售高品质商品的策略，在我国实行"站式购全"的经营手段；（3）利用强大的资本实力，采取前期不追求盈利甚至亏损的反商业原则，以挤垮竞争对手的策略占领市场。很明显，跨国公司的这些行为方式，隐含着在我国流通产业建立规模经济的企图。

拥有垄断优势的跨国公司跨越歧视市场壁垒，保持稳定的加工市场集中度和寡头竞争稳定性，排斥中小规模厂商，一旦它控制市场就可能压制竞争，降低市场效率，破坏市场结构。目前，我国正处在高速增长时期中的一个重要阶段，由于国内市场对外资大规模开放，使许多正在迅速成长之中的优势企业面临实力更强大的跨国公司的竞争，其中相当一部分企业很可能会将外方收购作为求生存、发展的途径，从而对国内企业产生"挤出效应"（王春波和胡剑波，2010）。加之跨国公司拥有服务于特定市场的净所有权优势，如技术优势、管理优势、规模或垄断优势、品牌优势、融资能力等，并且还享有内部化优势，即比起把这些所有权优势出售或租借给外国企业来说，自己利用这些优势更加有利。在拥有上述优势之后，跨国公司通过跨国并购的方式，将其与国外生产要素投入相结合，充分利用世界各国的区位优势，就足以跨越东道国的市场进入壁垒，取得明显的有别于东道国市场原有企业的市场势力，反过来更加促进了东道国产业集中度的提高，使市场的寡占性更显突出。

第三节　融资竞争

从现有的研究来看，较快的经济增长总是与较高的金融发展水平相联系。熊彼特最早指出了金融发展对企业创新、经济发展的促进作用，金和莱文（1993）、拉詹和津加莱斯（1998）分别从国家和行业层面证明了金融发展对经济增长的促进作用。而中国的金融市场发展水平极为滞后，金融市场的改革和市场化程度远远弱于产品市场和劳动力市场。卡尔和徐立新（2000，2003）甚至认为，中国金融业改革在20世纪90年代中期有逆转的趋势。作为成长速度最快的民营企业，却成为遭受融资歧视、融资约束最严重的部门。金融市场是影响企业行为的重要因素，在外资流入的情况下，企业面临的融资约束必然会增加其参与竞争的成本。另外，并不是所有的外商直接投资都表现为东道国的资本净流入，很多投资是在东道国当地融资。以2004年为例，美国在华跨国公司子公司多于50%以上的资产是债务融资，其中64.1%债务便来自中国当地的融资。如果外资企业向东道国银行大量借贷作为针对汇率波动的套期保值工具或是对人为降低的国内利率的反应，那么，很可能将国内民营企业挤出资本市场，从而加剧民营企业的融资约束。另外，外资企业也可能通过产品市场对国内民营企业产生挤出效应，即由于外资企业明显的竞争优势而抢占民营企业原有的市场份额，从而降低民营企业的盈利，进一步恶化其融资困境。Harrison 和 Mcmillan（2003）运用1974—1987年来自非洲科特迪瓦的企业层面数据进行的经验分析发现，国内私营企业相比外资企业更受融资约束；外资企业长期在东道国银行部门的借贷将提高利率水平，从而加剧了国内企业的信贷约束，对国内私营企业产生了挤出效应。[1]

---

① 当然，也有学者研究认为 FDI 流入对国内企业融资困境起到缓解作用。早期的研究发现：由于受到信贷歧视，民营企业被迫与外资合作来缓解其融资约束。Guariglia 和 Poncet（2008）基于中国省际面板数据进行的经验分析支持了上述观点，他们的研究表明：FDI 降低了银行部门低效率产生的成本，并提供资金给那些由于银行部门扭曲而造成借贷能力不足的当地企业。Hericourt 和 Poncet（2009）运用中国企业层面数据所做的经验研究也得到相同观点：FDI 有助于民营企业规避金融障碍，从而使得后者获得快速发展。国内学者冼国明和崔喜君（2010）最早从产品和金融市场角度探讨了 FDI 对中国民营企业融资约束的缓解效应，研究发现，FDI 通过产品市场缓解了民营企业的融资约束，而在金融市场却对中小型和劳动密集型民营企业产生了挤出效应。

从图 4-1 中可以看出，1994—2001 年，外资企业在国内银行部门的贷款额呈现出较快的上升趋势，虽然之后开始下降，但在 2006 年之后又呈现出上升趋势，表明外资企业开始在国内金融市场融资，在我国实施贷款总量限定的情况下，必然对国内企业的贷款产生影响。

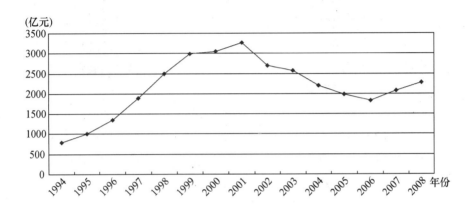

图 4-1 外资企业国内银行贷款额

中国企业特别是民营企业面临融资约束是中国引资的微观基础，金融市场扭曲则是中国大规模引资的制度基础；通过引入 FDI，大大缓解了中国企业面临的融资约束，因此，FDI 是否缓解了中国企业的融资约束成为经验分析中的一个重要问题。但由于外资企业在法律地位上优于民营企业，同时外资企业还可以从国外母公司获得直接注资，因而外资企业在融资方面更具有优势，这将使得国内企业在面临国内融资约束条件下与外资企业进行竞争，其压力要大于外资企业。

实际上，辛森早在 1950 年就已经注意到了 FDI、金融市场与国内投资的关系，其认为，由于外资企业有更多的机会以更有利的条件接触国际资本市场，这将使得外资企业相对于国内企业而言在大型项目的融资上具有优势，并能够充分利用相对成本、消费者偏好和市场条件变化。这将意味着，外资企业通过融合国内外两个市场的要素同当地企业进行竞争，在其面临融资约束较低的情况下，它们使用廉价的借贷以挤出国内企业，即使这些国内企业拥有很高的生产率。

袁锦（2006）通过建立一个内资企业与外资企业两阶段的博弈模型，阐述了在内资企业面临融资约束的情况下，外资对国内投资挤出效应的发生机制，其结论认为：（1）内资企业面临的融资约束使其在与外资企业的竞争中处于后来者的地位，由于产品市场上转换成本的存在，内资企业在竞争中处于不利的地位，转换成本越大，挤出效应越为明显；（2）当外资企业已在市场上占据垄断地位，内资企业作为后来者进入该市场时，外资企业可以凭借其市场优势地位构建价格壁垒阻止内资企业进入，只有当内资企业的成本优势足够大时，才能够突破外资企业的价格壁垒进入该市场；（3）民营企业在外源融资方面受到的约束是导致其在竞争中处于不利地位的重要原因，而这一融资约束产生的根源则是国内融资体系在资金配置结构上的严重失衡。

此外，诸多的研究同样证实金融市场是决定 FDI 溢出效应大小的重要因素，完善的金融市场有利于放大 FDI 溢出效应，而在金融市场不完善的情况下，融资约束程度越高，溢出效应越弱，同时还将导致国内企业竞争力下降，FDI 对国内企业越容易产生挤出效应。

第四节　贸易条件效应

外资流入对一国贸易条件将产生影响，影响的渠道主要表现为三个方面：一是产出效应，外资流入势必导致一国总产出增加，价格下降。二是行业分布效应，如果外资流向一国具有比较优势部门，导致出口增加，出口竞争的加剧将使得出口价格下降；反之，外资流向进口部门，将产生进口替代效应，这时进口品价格将下降，从而改善一国贸易条件。三是转移定价效应，外资企业通过转移定价也会导致贸易条件下降。通过这三个方面的效应，外资流入可能会导致一国贸易条件的下降，贸易收益减少，从而会对国内出口部门企业的生产产生不利影响（如图 4-2 所示）。

从图 4-2 可以看出，我国的价格贸易条件在波动中呈现下降的趋势，意味着在国际贸易的交换过程中我国的换汇成本在不断上升。从价格贸易条件的具体表现来看，1980—1986 年间，贸易条件呈现整体下降趋势，其间，1986 年为最低点，价格贸易条件只有 84；1987—1989，1995—1998 年间呈现短暂的上升趋势，1998 年以后呈现显著的下降趋势，2002 年之后的价格贸易条件全部小于 100，表明出口价格相对于进口价格的下降趋势更加明显。这种价格贸易条件恶化而外汇收入不断积累的过程，实际上意味着我国在国际交换领域的交换能力在增强，但交换收益却不断下降的事实。

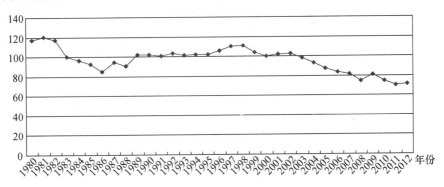

图 4 - 2 净贸易条件指数（2000 年 = 1）

资料来源：世界银行《世界发展指数 2013》。

黄平和索瓦罗（2003）研究认为，中国传统的引资模式使外资主要流入劳动密集型出口部门，这种偏向劳动密集型产业的出口导向，使得出口部门出现超额供给，当资本增加时，劳动力会以更大的比例增加，资本流入劳动力密集型出口部门，在我国不是表现为出口品中资本要素比例的增长，而是表现为劳动力的更大量的供应，表现为出口更多的劳动密集型产品。加之我国长期以来，在劳动力密集型部门实行出口导向型的发展战略，这造成了我国出口部门的偏向增长，在国际需求结构不变或者在国际市场的需求增长慢于出口的增长时，必然形成超额供给，而进口部门出现超额需求，进一步加剧了价格贸易条件的恶化趋势。[①] 有关实证研究结果表明：FDI 可以减少发展中国家价格贸易条件的波动性，但是对发展中国家的价格贸易条件并没有产生显著的影响；而对发展中国家的收入贸易条件，FDI 有明显的改善作用。刘渝琳和杨小玲（2007）、冯晓玲和张凡（2011）运用协整和格兰杰因果检验证明，中国收入贸易条件与实际利用 FDI 之间存在长期稳定的正相关关系，而价格贸易条件与 FDI 流入呈现负相关。

其实，巴格瓦蒂等早在 1978 年就已经发现 FDI 可能会降低一国贸易条件，他们的研究结论认为：外商直接投资的效果依赖于一国究竟是采用

---

① 李慧中和黄平（2006）的研究给出相类似的结论。强调外资的分布对国内劳动密集型产品供给增加进而对价格下降产生的作用，而外资的分布则与外资来源有关，由于流入外资主要来源于港澳台地区，其比较优势也决定了其主要流向劳动密集型制造业，加之其主要具备两头在外的特征，导致其对出口的影响较大。

进口替代还是出口促进这样的贸易模式，在出口促进的贸易模式下，FDI流入将导致出口的偏向增长，这将恶化一国贸易条件。对中国的实证研究认为，造成贸易条件恶化的主要原因在于出口主要依赖于外资企业和劳动密集型产品。还有的研究认为外资主要流向劳动密集型出口部门，而这并没有导致资本密度的上升而是劳动密集型产品出口的增加，并且，出口导向的策略将导致出口部门的偏向增长，这将导致出口的过度供给，贸易条件下降正是这种外资流向的结果。

FDI 对贸易条件的负效应将会对东道国产生不利影响。由于贸易条件反映了一国的出口价格与进口价格的比值，因此，贸易条件的下降意味着一国出口购买力的下降，在其他条件不变的情况下，这将直接造成一国实际收入水平的下降，进而提高了其他投资品的进口价格，因此会妨碍国内企业的市场机会进而影响到长期经济增长。[①]

第五节　外资与劳动力流动

外资流入在要素市场上将从两个方面对国内企业产生影响：一是工资成本变动。由于外资企业的平均工资水平要高于国内企业，外资进入将导致一国平均工资水平的上升，造成生产成本增加，这将对劳动密集型产业内的企业产生不利影响。二是劳动力流动。由于外资企业支付相对更高的工资，将导致国内企业的劳动力，尤其是高生产率的劳动力流向外资企业，进而造成国内企业生产率的下降和产出的减少。[②] 工资成本上升以及劳动力流向外资企业这两大效应将对国内企业生产产生挤出效应。

从表 4 - 2 可以看出，从 1995 年以来，国内各类型企业的工资水平与

---

① DeLong 和 Summers（1991）、Levien 和 Renelt（1992）、Barro（1996）、Mendoza（1997）、Harrison 和 Rodriguez - Clare（2009）从 FDI 对资本品价格的影响来分析其对国内投资以及经济增长的影响，通过对贸易条件变动的分析，这些研究得出的结论基本上都认为 FDI 将导致进口品价格上升从而对国内资本形成产生不利影响。

② 从劳动力流动来研究外商直接投资的经济效应，另外一个方面的研究认为，国内劳动力流向外资企业，在其积累了一定的经验后可能重新流向国内企业或者是建立自己的企业，从而产生溢出效应，这将对国内企业生产率提升产生促进作用，但外资企业往往为了防止劳动力流出，会支付更高的报酬，这时的劳动力逆向流动可能并不会发生，或者流动的程度相对较弱，溢出效应并不明显。

外资企业的工资水平呈现出上升趋势，尤其是股份制企业的工资水平已经超出港澳台和外资企业，内资企业的工资水平已经在接近港澳台企业的工资水平，这也在很大程度上佐证了港澳台企业主要分布于竞争性较强的劳动密集型产业。从理论上而言，内资企业的工资水平上升如果是外资流入带来的示范效应所引致，势必对内资企业的生产成本带来冲击，这一方面会刺激内资企业改进生产率，另一方面则可能会对那些生产率改进较慢的企业产生挤出效应。诸多的理论和实证研究也证实了这种结果存在的可能性。

表4－2　　　　　按登记注册类型分城镇单位就业人员平均工资　　　单位：元

年份	国有企业	股份合作企业	联营企业	有限责任公司	股份有限公司	其他内资企业	港澳台企业	外商投资企业
1995	5553	7260	6074			6483	7711	8812
1996	6207	7620	6879			7025	8557	10084
1997	6679	7712	7370			7183	9553	11216
1998	7579	6051	8431	7762	8829	6183	10330	12927
1999	8443	6709	9494	8658	9734	8571	11349	14353
2000	9441	7479	10608	9750	11105	9888	12210	15692
2001	11045	8446	11882	11024	12333	11888	12959	17553
2002	12701	9498	12438	11994	13815	10444	14197	19409
2003	14358	10558	13556	13358	15738	10670	15155	21016
2004	16445	11710	15218	15103	18136	10211	16237	22250
2005	18978	13808	17476	17010	20272	11230	17833	23625
2006	21706	15190	19883	19366	24383	13262	19678	26552
2007	26100	17613	23746	22343	28587	16280	22593	29594
2008	30287	21497	27576	26198	34026	19591	26083	34250
2009	34130	25020	29474	28692	38417	21633	28090	37101
2010	38359	30271	33939	32799	44118	25253	31983	41739
2011	43483	36740	36142	37611	49978	29961	38341	48869
2012	48357	43433	42083	41860	56254	34694	44103	55888

资料来源：《中国统计年鉴》（2013）。

Ramstetter（1999）在对亚洲 23 国外资企业和本国企业的研究中发现，外资企业的工资普遍高于本国企业的工资。Haddad 和 Harrison

（1993）的研究发现，摩洛哥的外资企业的员工工资比本国企业员工工资平均高 70%，其中，企业规模是产生这种差别的重要因素，但剔除了企业规模因素后，外资企业的工资仍然比本国企业高 30%。Lipsey 和 Sjoholm（2001）在对印度尼西亚的工资外溢研究中，采用了印度尼西亚中央统计办公室提供的 1996 年的数据，在数据中将印度尼西亚所有制造业中雇员超过 20 人的企业都列入样本范围，共包含了 18652 个本国所有的企业。研究结果表明，在印度尼西亚制造业，外资企业的平均工资比国内企业的平均工资约高 50%，即便排除掉产业、区域、工厂类型和工人特征等因素后，外资企业的蓝领工人仍然比国内企业高 10% 以上，而白领的工资比国内高 20% 以上。Heyman 等（2007）研究了瑞典企业被外资获取所有权后员工工资的变化情况，他们发现，当外资企业获取瑞典企业所有权后，工资的变动主要集中于 CEO 和管理者阶层，提高了他们的工资水平，但其他员工受到的影响或者较少，或者存在一定的负影响。而外资企业管理层员工工资的提高也影响到了国内企业，国内企业也产生了相似的变化。Lipsey 对美国的研究发现，在 1987 年，美国制造业中，外资企业的员工工资平均比本国企业高 6%—7%，其他行业中，外资企业员工工资则比本国企业高 12%—15%。Lipsey 在随后进一步的研究中也得出了相似的结论。在 1987—1992 年，所有行业中外资企业的工资都比本国企业工资高，在 1987 年，外资企业工资高出 23%，1992 年高出 15%。David 和 Blonigen（2000）对美国南卡罗来纳州制造业的一项研究表明，外商拥有的企业的增加与该行业该地区所有工人的实际工资上升有密切的联系。

在上述情况下，外资的存在都会提高内资企业的工资水平。Gordon 和 Li（1999）则通过对中国的经验研究发现国有企业存在熟练工人流入外资企业的现象，而且外资企业的生产率高于国有企业。李雪辉和许罗丹（2002）的研究发现，FDI 通过提高当地熟练工人的工资可以提高外资集中地区的工资水平。杨泽文和杨全发利用分行业、分地区的数据分析，结果表明 FDI 对于各地区不同行业的实际工资水平均存在正效应。① 葛赢（2006）采用城市层面数据直接测验 FDI 对城市工资真实水平影响。实证

---

① 此外，以全国或单个省份或城市为对象研究外资对中国工资水平的影响，这些研究包括：杨泽文和杨全发（2004）、宣烨和赵曙东（2005）、黄旭平和张明之（2007）。

研究结论显示 FDI 的进入增加了中国城市的平均工资水平。即使在控制了城市资本劳动率，产业结构和人力资本储备后，FDI 对城市工资水平的影响依然是很显著的。

另外，从要素流动角度来看，外资企业通过支付更高的工资吸引本地更优秀的专业人才，并通过继续支付高薪来减少人才流失和降低劳动流动成本；并且，外资企业具备的高收入效应将导致高质量生产要素向外资企业流动，从而导致国内生产率的下降。Gorg 和 Greenaway（2004）认为，如果外资企业和内资企业在同一个劳动力市场上竞争，那么内资企业就会被迫支付高工资来防止员工外流到外资企业中。因此，内外资企业之间的工资竞争将导致整体工资水平上升。Gallagher 和 Zarsky（2006）进一步认为，如果外国投资者从国内企业雇用企业家和技术工人，将导致逆向知识溢出。

第五章 金融市场与 FDI 挤出效应

第一节 金融市场与外商直接投资绩效

金融发展和经济增长之间的关系得到大量学者的研究，至少不全是因为这两者之间的关系对于发展政策具有重要的含义。最早研究可以追溯到 Schumpeter（1911）对金融市场、创新与企业家行为之间的关系做出创造性解释，认为企业家是技术创新的内生主体，信用创造则是企业家创新的前提，信用体系的缺失将导致企业家创新动力的弱化进而影响到经济增长。依此逻辑，信用体系的发展将加速企业家形成速度和创新的动力，金融市场则无疑是信用体系构成的核心内容，金融市场效率的改进将提高企业家的投资水平和创造力，金融市场效率越高的地区企业与金融市场结合越紧密，企业发展越快。这意味着，储蓄转换为投资的过程实质上是经济资源实现收益增长与各种收益率趋同的过程。因此，金融市场发达的国家要比不发达国家具备更快的增长率，并且一国技术创新速度和经济增长模式高度依赖金融市场发展，金融市场不仅对于将储蓄转换为资本积累而且对于内生在 FDI 中的技术溢出具有重要意义。

可以说，Schumpeter（1911）开启了金融市场和经济增长之间关系的研究。此后，戈登史密斯、麦鑫农和肖及其追随者的研究都强调了金融中介改进对于资本积累的重要性，政府对银行体系的限制（利率上限、高准备金要求和定向信贷）将影响到金融市场的发展进而影响到经济增长，金融自由化对于经济发展具有重要作用。相似的结论同样得到内生增长理论的支持，不同的内生增长理论模型得出的基本结论认为金融中介对于经济稳定增长具有积极效应，对金融市场的干预将对经济增长产生不利影响;[①] 金融摩擦将扭曲资本配置和企业家才能,并最终影响到人均产出、资本产出比、投资率和部门生产率。

同样地,FDI、金融市场和经济增长之间存在着长期相关关系,当一个国家存在着良好的金融市场时,不仅有利于吸引外资流入,而且能获得更多的 FDI 收益。即金融市场将使得一国获得相应比较优势,这对于提高其吸收能力具有积极作用,Azman - Saini 等(2010)的研究证实了一国只有其金融市场效率达到一定程度时,FDI 对经济增长的影响才是积极且显著的。金融市场不完善以及金融市场扭曲将导致资本流入对经济增长的影响是负面的。这些研究都表明:FDI 有关的吸收能力与一国金融体系的发达程度呈正向关系,金融体系越发达,FDI 的技术、效率、管理等扩散效应就越大,FDI 促进经济增长的效果越明显。下面将具体讨论不同理论模型在解释金融市场的约束下 FDI 对经济增长的影响效果。

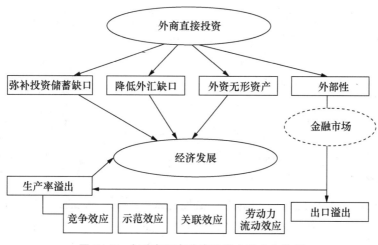

图 5 - 1 金融市场在外资溢出中的中介作用

---

① 在 Mckinnon(1973)和 Shaw(1973)的理论框架下,Boyd 和 Prescott(1986)、King 和 Levien(1993)的实证研究支持了银行体系在经济发展中的积极作用;Atje 和 Javanovic(1993)、Asli 和 Levien(1996)、Levien 和 Zervos(1996,1998)证实了资本市场在经济发展中的作用;Demetriades 和 Hussein(1996)、Luintel 和 Khan(1999)、Arestis 等(2001)则认为金融发展和经济增长之间存在互为因果的关系。在内生增长理论框架下,Gello(1989)、Roubini 和 Sala - i - Martin(1992)、King 和 Levien(1993)支持了金融市场的积极作用。雷斯图恰和罗杰森(2008)论证了金融市场扭曲从微观角度对总体生产率的影响。Caprio 和 Honohan(2001)对金融发展与经济增长的关系进行了全面的文献概述。

第二节　劳动力流动模型

劳动力流动模型强调人力资本积累和企业家形成在 FDI 溢出过程中的重要作用，基本的观点认为劳动力从 FDI 企业获得知识积累达到一定水平时，就有可能转向现有国内企业或建立自己的企业，而这势必涉及融资问题，意味着，金融市场不完善将限制人力资本积累和企业家形成，从而降低 FDI 溢出的效果。

Kaufmann（1997）的模型考虑了劳动力从 FDI 企业流向国内现有企业时的溢出问题，溢出和非溢出均衡都有可能存在，溢出均衡取决于需求参数和国内企业的技术能力；Fosruri 等（2001）通过构建两期劳动力流动模型分析了劳动力从 FDI 企业流出建立自己企业时的溢出问题。① 而 Alfaro 等（2003，2004）则将劳动力流动溢出受金融市场约束的观点纳入其分析框架内，基本内容包括以下几个方面：

1. 企业家形成是 FDI 溢出的重要形式

根据 Demello（1997）的研究，FDI 通过两种渠道对经济增长产生影响：一是新技术的吸收和采用；二是知识转移，对劳动力的培训是知识转移的重要形式。当劳动力在现有的企业中通过培训或"干中学"获得的知识积累水平和个人适应市场能力值超过建立新企业对劳动力的能力要求时，如果成为企业家的净收益超过其现有的收益，其就会从 FDI 企业中流出而建立一个新的企业，这时 FDI 溢出将成为现实。从现实的角度看，当劳动力从现有企业流出成为企业家建立自己的企业，而新企业的建立势必涉及投资，如果新建企业所需的投资额大于其自身拥有的财富总额，就需要向金融市场进行融资，这时，金融市场在 FDI 溢出过程中起着相当重要的联结作用，这一联结作用直接决定了 FDI 溢出的效果，一方面表现为促

① 该模型中，第一期中，FDI 企业对劳动力进行培训，而劳动力则建立自己的企业；第二期中，FDI 企业和劳动力建立的企业在市场上竞争技术劳动力。基本结论认为，只有当 FDI 企业支付更高的报酬时才能阻止劳动力流出，无论哪种情况，国内经济都将从 FDI 流入当中受益。Markusen 和 Trofimenko（2009）的研究则将局部均衡扩展到一般均衡，此外，代表性的研究包括 Boyd 和 Prescott（1986）、Greenwood 和 Jovanovic（1990）、King 和 Levien（1993）、Glas 和 Saggi（2002）、Gorg 和 Strold（2005）、Balsvik（2006）、Blake 等（2009）。

进本国资本积累的形成，另一方面表现为新企业技术水平提升，从而对整体生产率产生影响。

2. 融资成本影响潜在企业家知识积累水平

根据完全竞争短期均衡，结合柯布—道格拉斯生产函数，通过引入融资成本变量得出劳动力成为企业家的最低能力值要求。从下式可以看出，如果劳动力从 FDI 企业中流出建立自己的企业从而成为企业家需要具备一定的能力，只有当其积累的知识水平超过门槛值时，劳动力转换为企业才成为现实，而这一门槛值受融资成本（金融市场效率）的影响。

$$\varepsilon_t^* = \left[\frac{(1+r+\delta)\ (S-b_{t-1})\ +\beta A^{\frac{1}{\beta}}\left(\frac{(1-\beta)}{R}\right)^{\frac{1-\beta}{\beta}}+\ (1+r)\ b_{t-1}}{B\left(\frac{A\ (1-\beta)}{r}\right)^{\frac{\theta}{\beta}}S^r} \right]^{\frac{1}{1+\theta}} ①$$

从上式可以看出，$\partial\varepsilon_t^* / \partial\delta > 0$ 表明融资成本的上升导致了企业家建立企业所需最低能力值的上升，这必然不利于企业家的形成。只有当劳动力的实际能力 $\varepsilon_{it} > \varepsilon^*$ 时，劳动力才会选择成为企业家建立自己的企业，即使劳动力的实际能力很高，但如果金融市场效率低下导致融资成本高昂，那么新建企业可能变得无利可图，因此劳动力放弃建立企业所需要知识的积累将变得更为理性，其将仍然选择在原有企业工作，从而导致新建企业数量减少；另外，融资成本 δ 与劳动力选择建立新企业的数量成反比关系，δ 值的上升必然会提高劳动力建立新企业的门槛，从而降低建立新企业的数量，选择在 FDI 企业工作的人数则会上升。反之，δ 值的下降将使劳动力选择建立新的企业的人数增加，这时通过劳动力流动和企业家形成发生的 FDI 溢出效应将被强化。

3. 融资成本影响 FDI 的边际社会产出

通过上面分析可以看出 FDI 企业资本存量的增加通过两种途径对产出增长产生影响：增加自己企业的产出和通过企业家形成促进其他企业的产出，FDI 企业自身产出的增加主要体现为资本积累效应，其他企业产出的增加为企业家形成的结果，因此一个国家的总产出为：

---

① ε_t^* 表示企业家最低能力值，A 和 B 表示生产率参数，θ 表示新建企业外资企业数量参数，β 表示劳动在产出中的份额，S 为固定资产投资，b_{t-1} 表示初始财富，r 表示市场利率，i 表示实际贷款利率，实际贷款利率和市场利率差额 $i-r=\delta$ 表示贷款成本，反映金融市场效率。

$$\frac{\partial Y_t}{\partial K_t^{FDI}} = \underbrace{\frac{\partial Y^{FDI}}{\partial K_t^{FDI}}}_{\text{资本积累效应}} + \underbrace{\frac{\partial [\, (1 - \varepsilon_t^*) B (K_t^{FDI})^\theta S^r\,]}{\partial K_t^{FDI}}}_{\text{技术扩散效应}}$$

$$= r + (1 - \varepsilon_t^*) B\theta (K_t^{FDI})^{\theta - 1} S^r > 0$$

上式表明 FDI 企业对整个经济体产出的影响包括两方面，一方面是其资本 K_t^{FDI} 的增加将直接导致 FDI 企业本身的边际产出的增加，这体现为资本积累效应；另一方面通过劳动力流动将促进新建企业数量增加，进而增加其他企业的边际产出。因此，一个 FDI 企业投资的增加将导致本企业和其他企业的产出同时增加，即增加了整个社会的边际产出。

为了分析金融市场边际社会产出的影响，进而揭示金融市场效率的变动对边际社会产出的影响，考虑到融资成本上升必然会提高劳动力建立企业所需能力值，这必然不利于企业家形成，因此，融资成本变动的总效应从下式中可以看出：

$$\frac{\partial^2 Y_t}{\partial K_t^{FDI} \partial \delta} = - B\theta (K_t^{FDI})^{\theta - 1} S^r \frac{\partial \varepsilon_t^*}{\partial \delta} \left[1 + \frac{(1 - \varepsilon_t^*)(1 - \theta)}{\varepsilon_t^*} \right]$$

由于 $\partial \varepsilon_t^* / \partial \delta > 0$，因此 $\partial^2 Y_t / \partial K_t^{FDI} \partial \delta < 0$，意味着融资成本的上升减少了单位资本的边际社会产出，根本的原因在于融资成本的上升提高了劳动力选择建立企业的最低能力值，从而导致企业家数量的下降，减少了企业形成数量，使得单位 FDI 对社会产出的贡献下降。[①]

总的来看，融资成本的下降将降低劳动力建立企业的门槛，因而将增加劳动力建立新企业的机会，新建企业引致的 FDI 溢出效应将转化为现实，这意味着融资成本的下降将增加企业单位资本的边际社会产出，企业家形成引致的溢出效应使得企业投资的社会收益超过其个体收益。因此，金融市场效率的提高将使得 FDI 企业对经济增长的贡献远远超出单纯的资本积累效应，其更重要的作用在于增强了企业家形成由潜在转化为现实的能力，从而放大了金融市场对经济增长的影响。[②]

结合上述观点，Alfaro 等（2003，2004）构建回归检验模型对其观点加以检验：

---

① Fosfuri 等（2001）、Glass 和 Saggi（2002）的模型具体分析了市场条件尤其是市场竞争对劳动力流动方向和流动密度的影响。

② Boyd 和 Prescott（1986）、Greenwood 和 Javanovic（1990）、King 和 Levien（1993）的研究都证实了金融市场不完善对于人力资本积累的不利影响。

$$GROWTH_i = \beta'_0 + \beta'_1 FDI_i + \beta'_2 (FDI \times FINANCE_i) + \beta'_3 FINANCE_i$$
$$+ \beta'_4 CONTROLS_i + \nu_i$$

结果证实了其理论模型推论结果，金融市场在 FDI 促进经济增长过程中起着重要作用。这也证实了既有的观点：相对于其他 FDI 激励措施（如私有化、经济自由化），金融市场效率改进更能吸引并提高 FDI 质量，同时金融市场效率改进对于促进 FDI 溢出产生显著影响。[①]

从劳动力流动模型的理论基础和逻辑过程来看：（1）该模型是建立在阿罗的"干中学"模型以及 Lucas（1988）、Romer（1990）、Grossman 和 Helpman（1991）的人力资本模型基础上的，强调"干中学"效应和人力资本积累对于劳动力质量进而对经济发展的影响；（2）溢出渠道在于劳动力流动，而工资差异是劳动力流动的动因，只有当 FDI 企业工资水平超过劳动力新建企业的净收益时，劳动力流动才成为可能，而新建企业的净收益取决于金融市场的融资成本，金融市场能否将储蓄低成本转换为投资决定了劳动力流动的意愿和速度进而影响到溢出效果；（3）劳动力流动发生的溢出属于间接溢出，这与大多数研究着眼于其他溢出（如竞争溢出、示范溢出等）直接探讨溢出对生产率的影响存在显著区别。

第三节　纵向溢出模型

纵向溢出包括后向溢出和前向溢出，强调国内企业与 FDI 企业之间的关联程度对于溢出效果的影响。文献研究大都集中于分析纵向溢出对东道国上游中间品生产厂商的影响。基本的观点认为 FDI 企业与东道国企业之

---

① 采用 Alfaro 等（2003，2004）的理论假设，Hermes 和 Lensink（1999）的理论研究以及 Omran 和 Bolbol（2003）对阿拉伯国家、Hale 和 Long（2006）、Ljungwal 和 Li（2007）对中国的案例研究采用类似的分析方法阐述了金融市场演化在 FDI 和经济增长关系中的作用，结论强调金融发展达到一定门槛水平后金融变量与外资的联合项才能对经济增长产生正向影响，从而证实了劳动力流动在 FDI 溢出过程中存在性问题。而 Carkovic 和 Lovien（2005）的研究则认为金融市场在强化 FDI 的增长效应中并不明显。这也间接印证了 Aghion 等（2005）的观点：金融市场只有在技术不发达国家才会对经济增长产生正向影响。

间的关联程度决定了溢出的效果。① 比较一致的检验模型为：

$$Horizontal_{jt} = \left[\sum\nolimits_{i \, for \, all \, i \in j} Foreign \; Share_{it} \times Y_{it} \right] \Big/ \left[\sum\nolimits_{i \, for \, all \, i \in j} Y_{it} \right]$$

$$Backward_{jt} = \sum\nolimits_{k \, if \, k \neq j} \alpha_{jk} Horizontal_{kt}$$

从上述检验模型得出的结论基本都认为：（1）纵向溢出要比水平溢出更能体现 FDI 对经济增长的影响。外资企业为了保持其资产优势往往会抑制技术向其他行业内东道企业的溢出，但却有动力向上游中间品厂商转移技术；从外资企业的投资模式来看，国内市场导向型的外资企业比出口导向型的外资企业更能够拉动上游产业的发展，这种结果表明以往有关 FDI 与经济增长相关指标之间进行的直接检验很可能存在方向性错误，并导致其研究结果出现较大偏差。（2）外资进入可以提高当地后向产业关联的效果的前提条件是外资企业的技术优势要低于某一临界值，如果内外资企业的技术完全相同则必然会提高纵向溢出程度，并且技术溢出的效果与当地市场规模成正比关系；另外，对中间品需求增加将刺激上游企业数量扩张并提高行业竞争程度，这将导致中间品成本和价格下降，从而有利于最终产品部门的价格下降，结果最终表现为提高行业效率和消费者剩余增加。

　　而 Alfaro 等（2006）的研究则将金融市场纳入关联模型中，分析了金融市场是如何影响产业关联及后向溢出效果。在其小国模型中，FDI 企业和行业内当地企业从事最终产品生产并在市场中竞争技术劳动、非技术劳动和中间投入品；为了从事中间品生产，当地企业必须提供不同种类和高质量的中间品，这就需要前提投资以采用新的生产技术并雇用更多的技术劳动力，而投资势必涉及金融市场融资问题；金融市场越发达，中间品厂商就越容易出现，中间品的多样化将导致最终产品部门的纵向溢出效应；反之则意味着金融市场摩擦将弱化后向溢出效应。其基本思想可以归纳为以下几点：

---

① 纵向溢出，尤其是后向溢出是 FDI 影响一国经济的主要渠道，水平溢出不明显的结果并不意味着 FDI 对经济增长的影响不存在。从后向溢出发生的渠道来看主要体现在：（1）为了得到高质量的投入品，外资企业对上游厂商的直接技术转移；（2）对投入品质量要求提高促使上游国内厂商改进技术和生产方法；（3）劳动力流动产生的间接溢出；（4）对中间品需求增加使得国内上游厂商获得规模经济；（5）上游中间品生产厂商之间的竞争强化效应。诸多研究从理论上阐述了纵向溢出存在的可能性，并结合不同国家的案例研究证实了 FDI 流入对上游企业生产率改进的影响，而 Blomstrom 和 Kokko（1998）、Gorg 和 Greenaway（2004）、Lipsey（2002）、Navaretti 和 Venables（2004）、Alfaro 和 Rodrignez – dore（2004）对纵向溢出渠道进行了详细的概述。

（1）中间品多样化对最终产品部门专业化的影响。结合 Ethier（1982）的研究，中间品部门的产品多样化程度越高，最终产品生产部门总产出也相应越大，这被以后诸多研究加以应用，并且，中间品多样化同样对于最终产品部门的专业化程度产生影响：

$$I_{t,d} = I_{t,f} = I_t = \left[\int_0^n x_{t,i}^a di, \right]^{\frac{1}{\alpha}}$$

其中，I 表示最终产品生产企业的生产率，$x_{t,i}^\alpha$ 表示最终产品部门在 t 时间对每一种中间品 i 的需求，$1/(1-\alpha)$ 为中间品替代弹性，α 越大表示中间品之间的替代弹性越大，产品差别程度越小，厂商之间的竞争性趋于增强；反之，α 越小产品替代性越小，产品差别程度越高，厂商之间的竞争性弱化，这将有利于中间品生产厂商的利润增加以及部门扩张。从上式来看，最终产品生产部门的生产率取决于 α，α 越大意味着中间品之间的替代弹性越大，产品种类多样化程度较低，从而导致最终产品生产企业的专业化程度较高，进而具有更高的生产率。

（2）中间品多样化程度对最终产品部门生产率和价格影响。如果每一种中间品单独纳入最终品生产函数，当其产量为 0 时意味着其边际产出趋于无穷大，每一家最终产品生产企业将使用相同数量的中间品。这时国内企业和外资企业的生产函数分别为：

$$Y_d = A_d L_d^{\beta_d} H_d^{\gamma_d} X_d^\lambda n^{\frac{\lambda(1-\alpha)}{\alpha}}$$

$$Y_f = \frac{A_f}{\varphi} L_f^{\beta_f} H_d^{\gamma_f} X_f^\lambda n^{\frac{\lambda(1-\alpha)}{\alpha}}$$

结合成本函数和对称均衡特征，国内企业和外资企业的产品价格分别为：

$$p_d = \frac{A_d^{-1} \beta_d^{-\beta} \gamma_d^{-\gamma_d}}{\lambda^\lambda} w_u^{\beta_d} w_s^{\gamma_d} p_x^\lambda n^{\frac{\lambda(\alpha-1)}{\alpha}}$$

$$p_f = \frac{\varphi A_f^{-1} \beta_f^{-\beta_f} \gamma_f^{-\gamma_f}}{\lambda^\lambda} w_u^{\beta_f} w_s^{\gamma_f} p_x^\lambda n^{\frac{\lambda(\alpha-1)}{\alpha}}$$

从上式可以看出，中间品多样化程度越高，中间品替代弹性越小，这将导致内外资企业的产出同时增加，并且可以降低产品价格。[①]

---

① 这一结果同样得到了 Lau（1980）、Rodriguez - Clare（1996）、Roy 和 Viaene（1998）、Pack 和 Saggi（2001）、Lin 和 Saggi（2005）等研究的支持。

（3）金融市场对企业家能力要求。从上边分析可以看出，贷款利率上升将导致投资成本上升，对于企业家而言，只有当投资利润率的折现值 v 和其现有财富水平 A_t 相等时，投资才是可行的，对于给定的个人财富水平，如果劳动力选择成为企业家进入中间品生产部门，也就意味着其利润折现必须等于其现有的个人财富。在均衡增长路径下满足下式：

$$\frac{\pi}{v} + \frac{\dot{v}}{v} = r \quad \text{且 } v = A_t$$

可以看出，如果贷款利率 r 上升，在 v 以及 $\frac{\dot{v}}{v}$ 保持不变的情况下，只有获得更高的利润水平才能满足等式要求，即企业家必须具备更高的能力的情况下进入中间品生产部门才是划算的，这也就意味着利率水平的上升将提高企业家最低能力值，势必减少一国企业家数量从而降低中间品部门的产出水平，并弱化产业关联程度，约束外资企业与内资企业间可能存在的关联溢出效果。

（4）金融市场与中间品部门变动。外资企业进入导致对中间品需求增加将激励更多国内企业进入中间品生产部门，只有当其提供的中间品与既有产品存在较大差异时，进入才是可行的，但只要进入中间品生产部门获得的利润为正，中间品部门的规模将不断扩张。与 Grossman 和 Helpman（1991）的模型假设两种投入品劳动和知识不同的是，为了论证金融市场在企业投资决策过程中的作用，Alfaro 等（2006）的研究只考虑资本投入，当然，其研究结果并不依赖于这一假设。将金融市场纳入产业关联角度来分析 FDI 绩效，其联结点在于：当企业家进入中间品生产部门时，如果初始投资额大于其自有财富，势必涉及向金融市场进行融资，借贷利差反映了企业的融资成本。在一般均衡条件下的均衡增长路径中，中间品生产部门的投资增长率反映为：

$$\frac{\dot{n}}{n} = \frac{(1-\alpha)\lambda}{\theta i a}[p_d Y_d + \tilde{p}_f \tilde{Y}_f] - \frac{r}{\theta}$$

从上式并结合其他条件可以看出：

（1）λ 的上升（中间品投入品成本占最终产品成本的比重）将导致中间品生产部门投资率上升，这一结论实际上论证了最终产品市场随着外资进入而扩张导致对中间品需求上升的问题，λ 越高表明 FDI 对中间品需求越大，从而带动中间品生产的扩张。

（2）α 下降（中间品替代性越低）将促进中间品部门投资率上升，原因在于替代性下降可以保证新进入企业获得较高利润。

（3）A_f 的上升将导致资源从国内企业转移到外资企业，短期将导致国内企业产出下降，这将意味着由于后向关联间接带来的最终产品生产企业之间存在的水平溢出在短期并不明显，这也为大多数有关水平溢出的检验并不显著甚至是负向提供了理论支持。但从长期来看，国内企业和外资企业都将从高增长率中受益。

（4）贷款利率 r 对增长率产生负面影响，原因在于利率的上升意味着进入中间品生产的机会成本不断随之提高，从而导致中间品部门投资率及产品多样化程度下降；实际借款利率 i 上升同样对增长率产生负面影响，反映了金融市场低效率导致的初始投资成本（如税收、利率上限、法定准备金政策和中介费用的高低）的高昂，同样会对投资产生约束作用，进而约束产业关联程度。因此，改进金融市场效率显然会提高内外资企业间的产业关联度。[①]

在其理论基础上，借用金和莱文（1993）的方法通过面板数据证实了金融市场在产业关联和后向溢出过程中的作用机理存在性，从而保证了理论和实证结果的一致性，这也在某种程度上弥补了以往研究溢出问题经常出现的理论与实证结果偏差性问题。并且将人力资本在产业关联过程中的作用进一步加以强调，实际上从深层次讨论了金融市场与人力资本的联合效应在内外资产业关联过程中的作用。从中还可以得到几点启示：

（1）该模型是建立在芬德利（1978）产业关联模型基础之上，同样强调产业关联在溢出和增长过程中的作用，重要的是阿法罗（2006）的研究则进一步将产业关联的机理以及金融市场在这一过程中的作用加以突出，出发点在于论证中间部门扩张与产业关联的内在逻辑，强调中间品部门的扩张的过程在于企业家不断显现[②]，而企业家的显现则与投资、金融

---

① Campos 和 Nauro（2008）的研究更为乐观地证实了这样的结论：东道国的金融市场相对较为发达，则当地供给者有条件更新技术、设备以更好地提供投入品。从而，金融市场的发展事实上预示东道国存在着潜在的优良的中间产品供给者。

② 这一逻辑过程实际上是对 Borensztein 等（1998）的人力资本积累模型的肯定，只不过更加强调人力资本积累对于企业家形成进而对产业关联程度的影响；而 Hobday（1995）利用东亚以及 Gorg 和 Strobl（2002）利用爱尔兰的数据证实了外资对于企业家形成产生的挤入效应。

市场相关，这一点对于发展中国家尤其是金融市场效率低下的国家而言具有重要的政策含义：中间品部门的发展决定了一国配套能力水平进而影响外资的增长效果，单纯依赖于外资量的扩张对于增长而言并不是最优的结果。

（2）该模型同样可以看作是"累积循环"在开放条件下的扩展，强调货币外部性对于产业发展的重要意义，即一个产业的发展通过影响生产条件从而对其他产业产生拉动作用，虽然累积循环理论关注的是一个地区的产业发展，但同样强调在缺乏产业关联的情况下，FDI 对经济的影响是有限的甚至是负面的，这种结果被称为"飞地经济"。Alfaro 等（2006）的研究实际上强化了这一结论：从短期来看，如果外资企业实现技术效率改进将可能对国内产出产生挤出效应；从长期来看，如果国内金融市场效率得以改进，内外资企业都将从产业关联程度提高中获得收益，从而更大程度上促进经济增长。反之，金融市场效率低下状况的持续将降低产业关联程度，长期对国内企业投资和产出产生不利影响。

（3）中间品部门的扩张是产业关联程度的决定性因素，而中间品部门的扩张导致的结果是产品多样化，这也是企业家选择进入中间品部门的前提条件，只有这样才能保证进入利润的折现能够大于其现有财富状况，而产品多样化的分析思路则来自 Grossman 和 Helpman（1990）关于产品多样化与技术进步的研究，Alfaro 等（2006）则将外资企业与金融市场纳入统一框架来解释这两者的联合作用对多样化与技术进步的影响，只不过其假设了外资的总量既定的情况下中间品部门的发展对于产业关联程度的影响，在外资可变的情况下势必涉及长期内生增长理论，Aghion 等（2005）采用了这一方法论证了信贷市场约束对技术转移的影响，最终论证了金融市场差异和 FDI 规模对于转型路径和收入水平的影响。

第四节　融资约束模型

传统的融资约束模型认为，对于发展中国家而言，资本的稀缺性对于经济增长的影响长期得到关注，一个重要的共识是，金融制度扭曲将进一步加剧资本的稀缺性，信贷约束成为企业普遍面临的外部融资困境，从而导致投资不足或者是无效投资过多；另外，即使一国具有高储蓄率，金融市场扭曲同样会使得其不具备将储蓄转换为投资的渠道，资本的稀缺性仍然存在。

根据 Harhoff 和 Korting（1998）调查，大多数企业将外部融资困境作为企业投资和创新活动的主要障碍。这一发现表明，无论是对于现有还是新成立的企业家的投资以及企业的 R&D 活动而言，融资约束都是不得不面对的问题①，对于中小企业而言，这种情况表现得尤其突出。② 在这种情况下，外资的进入将呈现双重功效，不仅带来了外国的储蓄，同样绕过了低效的东道国金融市场将储蓄顺利转换为投资，从而减轻一国融资约束。从这个角度来讲，外资企业充当了金融机构和金融中介的替代物。③

然而，并不是所有的外商直接投资都代表净现金流，而是需要向当地金融市场进行融资，如果这种情况真实存在将意味着，外资企业和内资企业在金融市场融资方面存在着竞争关系，外资的进入导致国内企业面临的外部融资难度加大，这时国内企业就可能被挤出市场。Harrison 和 McMillan（2001）的研究证实了这一结果的存在性。通过扩展的 Euler 方程构建包括相邻时期调整成本的最优增长路径：

$$(1-\delta)(1-\gamma_{it})\beta_{t+1}^{t}E_{t}\left(\frac{\partial R}{\partial I}\right)_{i,t+1}=\left(\frac{\partial R}{\partial I}\right)_{it}+\left(\frac{\partial R}{\partial K}\right)_{it}$$

等式右边表示 t 期投资的边际成本，等式左边表示 $t+1$ 期投资的边际调整成本折算为 t 期时的净现值。γ_{it} 表示融资约束。可以看出，企业面临的融资约束程度越高，γ_{it} 值越大，表明企业 t 期面临着越高的投资边际成本，实际上意味着企业面临着更高的折现率，在调整成本不变的情况下要

① Holtz - Eakin（1994）的研究分析了融资约束对新企业建立的影响；Himmelberg 和 Petersen（1994）、Hau（2002）分析了融资约束对 R&D 的影响。

② 针对中小企业融资现状，早在 1931 年，英国麦克米伦报告就指出了中小企业融资中面临的这一难题，认为中小企业融资存在着长期资金缺乏的"麦克米伦缺口"：认为中小企业发展过程中存在着资金缺口，即资金的供给方不愿意以中小企业所要求的条件提供资金。此外，Bauclerl 和 Zeigler（1992）的调查表明小企业的贷款成功率相当低下；Berger 和 Udeu（1998）、Hall（1992）的研究证实外部融资对小企业的投资行为产生重大影响；各种情况表明，企业尤其是中小企业主要依赖内部融资（Bates，1971）。

③ Rajan 等（1997）的研究为这一观点提供了理论支撑，Hausmann 和 Fernandez - Arias（2000）的实证研究表明，外资比重越高意味着投资地金融市场的不完善程度相对越高，证实了上述理论观点的现实存在性。Poncet 和 Hericourt（2009）采用相同的方法利用中国的数据检验结果同样认为私营企业随着外资的进入其融资约束问题有所降低，并且很好地促进了中国的经济增长。

求企业必须具有更高的边际产出，从而表明了融资约束程度上升将导致投资水平下降的结果。因此，外资的进入对 γ_{it} 值产生的影响方向直接决定了融资约束程度的上升还是下降。

通过构建回归方程加以检验：

$$\gamma = \beta_1 DAR_{ijt} + \beta_2 COV_{ijt} + \beta_3 DAR_{ijt} \times FDEBT\_\ Sector_{jt}$$
$$+ \beta_4 COV_{ijt} \times FDEBT\_\ Sector_{jt} + \beta_5 FDEBT\_\ Sector_{jt}$$

结果显示：国内企业比外资企业面临更多的融资约束，外资的进入明显强化了国内企业的融资约束程度，从而对国内企业的外部融资产生挤出效应，具体而言，融资约束问题与企业大小和利润率情况无关，而与企业性质相关，国有企业由于预算软约束现象面临的融资约束问题受外资的影响较小，私营企业受到的融资约束问题则进一步加强。这也就意味着最难以获得金融支持的私营企业有可能被挤出市场。这也证实了 Gallagher 和 Zarsky（2004）关于低效率将强化国内金融市场对于国内企业的资本短缺程度的观点。

另一种研究思路则是将市场竞争和信息不对称问题引入到融资约束模型中，由于外资企业拥有更高的市场预算、有效的管理经验、廉价的技术和宽泛的产品种类，国内企业很难与其竞争，在信贷部门很难了解企业的利润率的情况下，将降低国内企业的预期收益率，从而减少了对国内企业的贷款，在利率水平固定不变的情况下将导致国内企业的资产贬值，这时国内优秀的企业选择与外资企业合作或者被其收购，进一步导致剩余国内企业预期收益率水平下降，贷款难度加大，而外资企业对借贷者而言吸引力加大，结果必然是国内企业的产出水平下降，这种现象在外资密集度越高的行业表现越明显。

Bailliu（2000）在封闭条件下的内生增长理论基础上借助于简单的 AK 模型分析了金融发展和资本流动的潜在影响，封闭条件下的均衡增长率为：

$$g = A\left(\frac{I}{Y} - \delta\right) = A\varphi s - \delta$$

通过这一方程，可以揭示金融发展影响经济增长的两个渠道：一是随着银行等金融中介的完善发展和效率改进，使银行部门的借贷利率差额缩小，使储蓄更好地被转换为投资；二是随着金融中介效率提高，资金将流向边际产出大的企业，从而提高资本的分配效率，分配效率的提高意味着经济具备更高的增长率。并且金融中介将更好地进行风险分享从而鼓励风险较高但具有较高生产率的投资。这一结果与 Greenwood 和 Jovanovic (1990) 强调金融中介通过提高资本分配效率影响经济增长的作用相吻合。

在开放条件下，如果资本进行跨国流动，并通过金融机构进行投资，这将意味着更多的储蓄可以被用于投资。资本市场均衡将为：

$$\varphi^*(S_t + NCF_t) = I_t^*$$

稳定增长率将为：

$$g^* = A^* \frac{I^*}{Y} - \delta = A^* \varphi^* \frac{S + NCF}{Y} - \delta = A^* \varphi^* s^* - \delta$$

通过比较封闭和开放条件的稳定增长率，可以发现资本流入（包括国外贷款、FDI 和援助）影响经济增长原因在于外资流入往往是通过国内金融市场进行的，金融市场的完善程度决定了将储蓄转换为投资的力度。具体可以通过以下渠道表现：一是资本流入可以提高储蓄率，使得 $s^* > s$，在流入资本只可以进行投资不可消费的情况下，储蓄率上升必然可以提高投资率，并且不影响国内金融市场的贷款融资；二是资本流入可以提高溢出效果，在流入形式为 FDI 的情况下，金融市场效率提高使得 FDI 的技术溢出可以提高经济的总体效率，意味着生产率参数 $A^* > A$，这将提高一国经济增长率；三是如果资本流入金融部门将导致金融中介数量上升从而提高其运营效率，从而使得储蓄更有效地转换为投资并且资本被用于边际产出更高的企业，提高储蓄用于投资的比率 Φ^*。

通过上述三个渠道可以发现，金融市场发达的国家意味着资本流入将提高其储蓄率、技术水平和储蓄转换为投资的比率，从而保证储蓄能够更大程度上被用于生产率高的企业的投资，从而更快促进经济增长。

Rutkowski（2006）的研究将外资的影响分为三种可能：一是外资流向金融部门，这将直接增加一国可借贷资本的数量；二是流向非金融部门，将导致对金融部门资金的需求；三是外资企业进入提供了向国外进行融资的可能。因此，外资进入对国内企业融资产生的影响是不确定的，只有当前两种效应总和大于第二种效应时，国内企业融资约束程度才有所下降，反之，外资进入将导致国内企业融资难度上升，如下式所示：

$$\frac{\Delta L_D}{\Delta FDI} = \frac{\Delta \overline{L}}{\Delta FDI} - \frac{\Delta \overline{D}_F}{\Delta FDI} + \frac{\Delta L'_F}{\Delta FDI}$$

通过使用中东欧 13 个国家的数据检验，结果同样显示，国内企业比外资企业面临更大程度上的融资约束问题，但外资的进入降低了其本身的融资约束问题，但并没有恶化国内企业的融资约束。这一结论实际上验证了这样的结果：FDI 将减轻一国总体的融资约束程度。

而 Gall 等（2009）的研究更加全面地考虑了信贷市场不完全时 FDI 的动态影响。基本的思想认为，由于外资企业能够更便利地接近信贷市场，这使得其可以采用不同的工资合同，这将改变国内企业的工资结构和财富分配，在信贷市场不完全时，财富分配将影响一国经济的增长潜力，并且，在信贷市场不完全时，高度依赖外资的国家在面临外资逃离时经济复苏的难度将加大，经济具有更大的波动性。所以，改善一国金融市场效率无疑对于企业外部竞争以及由此产生的内部合约的选择具有积极意义。显然，Gall 的研究更加关注信贷市场不完全时 FDI 引致的财富分配和增长问题。[①]

总的来看，融资约束模型关注的问题在于金融市场不完全时及国内企业对外资企业的行为做出反应时，融资问题对企业相关合约选择的影响，如工资合同，这时不同合约的选择对企业的绩效将产生不同的影响，最终对经济增长的短期和长期增长状况产生影响。另外，模型更加关注的是外资企业在金融市场与国内企业进行融资竞争时，由于金融市场不完全，如利率上限、资本总量控制等因素的存在，加之信息不完全、道德风险问题，使得外资企业更容易获得贷款人的支持，而国内企业则面临更强的外部融资约束，从而导致国内企业将主动选择与外资企业进行合作，从某种程度上产生了对国内企业的挤出效应。[②]

---

① Gall（2008）的研究已经对信贷市场不完全与收入不平等问题进行了分析，认为在信贷市场不完全程度相当高时，信贷市场的微小改进都有可能导致高效的资本分配方式被挤出，人均收入差距拉大。

② 与融资约束模型相关的是市场竞争模型，市场结构模型主要关注两个问题，一是 FDI 如何影响东道国市场结构变动；二是市场结构变动对技术溢出或技术扩散产生的影响。总的来看，这类模型很少涉及金融市场在技术扩散过程中的作用，而市场结构变动势必涉及企业的竞争行为改变，这一改变同样对其投资行为产生影响，结合 Hermes 和 Lensink（2003）的观点，无论是哪一种技术扩散模型，都离不开金融市场的作用，市场竞争显然也是 FDI 溢出的渠道之一，金融市场的完善程度对于提高国内企业的竞争水平起着决定性作用，毕竟，与竞争相关的企业设备投资、R&D 投资和人力资本投资都离不开外部融资。因此，金融市场的发展状况影响着市场结构的演变进而影响着溢出的效果。Brander 和 Lewis（1986）、Maksimovic（1988）的研究着重分析了金融选择对产品市场竞争的影响。大多数实证文献都认为 FDI 进入将降低市场集中度并提高技术溢出效果进而提高生产率和增长率，也有些实证研究认为市场集中度上升可以提高企业进行创新和 R&D 的能力。

第五节　创新模型

技术创新对于经济增长的意义被理论界广泛接受并加以强调，FDI 对于发展中国家而言是一种接受技术扩散的重要渠道。因此，FDI 带来的技术通过模仿、"干中学"等方式转移给国内企业，或者是通过市场竞争促使国内企业进行技术创新都将对国内企业生产率和产品多样化产生影响，而国内企业的技术创新模式选择、创新强度依赖其外部金融市场的约束。这正是创新模型在分析 FDI 绩效时的基本逻辑思路。

Parente 和 Prescott 在 1994 年研究的"干中学"理论基础上讨论了技术创新路径和时间与经济增长之间的关系，在模型某些参数、技术和专业化分布的初始状态给定情况下，人均收入和企业产出都与企业的创新成正比关系，但企业的创新决策和增长状态依赖其资本市场的完善程度，即资本市场决定了"干中学"、技术扩散和经济增长之间的联系程度；Colombo 和 Mosconi（1995）则进一步认为"干中学"过程中的知识累积效应是技术扩散的递增函数，进一步论证了"干中学"对于技术扩散的影响；Rajan 和 Zingales（1998）认为在资本市场不完全的情况下，对于外部融资依赖较高的行业，尤其是 R&D 比重高的行业，其发展速度明显慢于其他行业，Fisman 和 Love（2003）再次确认了这一结果并进一步强调金融市场对企业适应全球冲击中增长机会而非简单的金融中介的作用；Loof 和 Heshmati（2004）同样强调金融市场发展对 R&D 投资进而对生产率的重要影响。这些研究无非表明这样一个结论：知识积累在技术扩散中起着重要作用，而金融市场则是约束企业 R&D 投资和技术扩散的条件。

Jasen（1995）的研究则将 FDI 纳入到技术创新分析框架、证实了对于出口导向型的国家而言，金融发展和深化在 FDI 促进国内企业投资尤其是 R&D 投资中的重要作用，证实了 FDI 对于放大技术创新活动范围和能力的重要意义。

Barro 和 Sala-i-Martin（1995）对金融市场、FDI、技术创新之间的关系进行了详细的论述，Hermes 和 Lensink（2003）在此基础上认为金融市场是 FDI 对经济增长产生显著影响的前提条件，完善的金融市场有利于 FDI 内生的技术扩散得以实现。在其三代理人（最终品生产商、创新者和消费者）模型中，技术创新通过资本品种类加以表现，在外资自由进入的均衡情况下，国内企业 R&D 投资的回报率表示为：

$$r = \left(\frac{1}{\eta}\right) L A^{1/(1-\alpha)} \left(\frac{1-\alpha}{\alpha}\right) \alpha^{2/(1-\alpha)}$$

η 表示研发成本，L 表示劳动力投入，A 表示技术水平，上式表明，R&D 回报率与研究成本成反比关系，而研发成本与 FDI 数量成反比关系，即外资数量的增加将降低国内企业的研发成本，反映了模仿成本要低于技术创新成本，随着外资企业数量增加，模仿的可能性也在上升。这一观点与 Borensztein 等（1998）相同。

另外，R&D 回报率与技术水平 A 成正比关系，技术水平提高将增加 R&D 回报率。而技术水平 A 则与金融市场有关，诸多研究证明金融市场通过提高一国技术水平来促进其经济增长。因此技术水平 A 是金融市场发展的函数：$A = h$（H）且 $\partial A / \partial H > 0$，进而表明 R&D 回报率为：

$$r = \left(\frac{L}{f(F)}\right) h(H)^{1/(1-\alpha)} \left(\frac{1-\alpha}{\alpha}\right) \alpha^{2/(1-\alpha)}$$

结合消费增长的欧拉条件 $gc = (1/\theta)(r-\rho)$，θ 为边际效用替代弹性，ρ 为折现率，在均衡条件下消费增长率等于产出增长率，最终可以得到方程：

$$g = (1/\theta) \left[\left(\frac{L}{f(F)}\right) h(H)^{1/(1-\alpha)} \left(\frac{1-\alpha}{\alpha}\right) \alpha^{2/(1-\alpha)} - \rho \right]$$

从上式可以明显看出 FDI 对经济增长率 g 产生正向影响，以及 FDI 对经济的影响依赖金融市场发展。具体而言，FDI 降低了企业成立初期的投资成本和研发成本并提高了 R&D 的回报率 r，这将提高一国储蓄率和消费、产出增长率。技术水平越高、金融市场越发达，上述效应将越明显。

在此理论基础上，通过对 67 个国家的数据进行检验发现，37 个国家的检验结果支持其理论观点。这一结论给我们的启示是：金融市场通过技术创新影响经济增长，而技术创新与 FDI 数量正相关，因此，FDI 流入与金融市场效率提高共同决定了一国技术创新的能力和水平，从而在更大程度上提高 FDI 影响经济增长的效果。具体来看金融市场在 FDI 和技术创新中的联结作用，需要理解以下四个方面：

（1）金融市场通过影响配置效率使得资本流向高效率部门（R&D 部门），因此，金融市场通过两个渠道对经济增长产生影响：一是动员储蓄进而增加金融资源用于投资的水平；二是对投资项目进行监督从而降低信息收集成本，提高融资项目的效率。①

（2）升级现有技术或采用新技术相关的投资要比其他投资具有更大的风险，金融体系可以有效降低这种风险，这将激励国内企业家升级现有技术或采用新技术，尤其是当这些技术是由于外资企业带来时，金融市场降低市场风险的功能将提高 FDI 技术扩散的效果并提高经济增长水平。这一结论同样适用于分析其他 FDI 溢出渠道对技术创新的影响。金融市场越发达，降低投资风险的功能越完善，从而越有利于 FDI 带来的技术创新的实现。

（3）当考虑到不同的 FDI 溢出渠道时，无论是示范效应、竞争效应还是关联效应，在更新原有技术或采用新技术时，都将涉及投资问题，投资进一步涉及外部融资，因此，国内金融体系无论是银行部门还是资本市场的发展至少在某种程度上决定了国内企业实现其投资目标的可能性。

（4）金融部门的发展同样决定了外资企业扩展其创新活动时能够获得的东道国资本量，这将进一步影响其对国内企业产生的技术溢出范围和程度。根据 Borensztein 等（1998）的观点，FDI 只不过是外资流入的一种表现形式，还有一部分是通过债务或股权融资的方式进入东道国，这时，金融市场的可用性和质量将会对 FDI 流向及其所引致的技术扩散效果产生影响，金融市场越发达、越便利于投资，FDI 流入的量将会越上升，技术扩散效果将越明显。由此可见，FDI 和国内金融市场是互补的，共同作用促进了技术扩散的进程，进而对经济增长产生积极影响。

第六节　总结性评论

第一，将金融市场纳入 FDI 技术溢出过程的分析，强调的是金融市场作为一种市场环境或接受能力在 FDI 技术溢出过程中的约束作用，分析的结论基本都认为金融市场对于技术溢出效果产生影响。无论是劳动力流动模型、产业关联模型、融资竞争模型还是技术创新模型，金融约束在其中都起到相应的联结效应。金融市场越发达，技术溢出的效果越明显。作用

---

① 这一结论支持了 Greenwood 和 Jovanovic（1990）、Levien（1991）的研究结论，即金融市场越发达，储蓄动员能力越强，监督融资项目的效果越理想，对经济增长的贡献越大。

机制在于：金融市场效率改进将促进劳动力流动、产业关联程度上升、融资约束程度下降以及技术创新水平上升，这些变动都将对一国生产率改进提供激励。①

第二，上述金融约束模型总的来看都是研究金融约束下 FDI 对技术溢出或技术扩散以及 R&D 的影响，由于对生产率的核算方法方面的差异使得采用相同的检验方法可能得出不同的结论。因此，本书研究的出发点在于 FDI 对国内资本形成的影响，主要讨论金融市场约束下 FDI 对投资流量和资本存量变动的影响，采用区域、行业面板数据对金融市场、FDI 和资本形成之间的关系进行总体分析和区域比较分析。罗长远（2005）的研究在某种程度上关注到了这一问题，但其分析方法、变量采用流量以及时间段划分的随意性使得其结果的有效性还有待进一步验证。

第三，国外研究金融市场在技术扩散中的作用，更多强调储蓄率变动的影响，尤其是融资约束模型更加关注两种情况：一是资本稀缺国家 FDI 是如何提高其储蓄率的，储蓄率的提高对于资本范围的影响；二是 FDI 如何提高储蓄投资转换率。这两种情况都将对国内企业决策行为（如资产结构、所有权安排）产生影响，进而影响到内外资企业的市场绩效。但对于中国而言，在金融抑制（如资金总量控制、利率非市场化、政策性歧视）比较明显且具备高储蓄率情况下，外资的流入是如何影响企业投资的，这仍是一个没有给予解释的问题。就国内学者的研究而言，虽然罗长远等（2003，2006）以中国为例进行了尝试，但其分析方法、变动形式和时间段划分的随意等问题导致其结果还有待进一步加以验证。

第四，以往的文献更多关注于金融市场对溢出效果的影响，如劳动力流动模型关注的是劳动力流动过程的金融约束问题，技术进步模型关注的是 R&D 过程中的金融约束问题，而对市场结构变动的影响关注得较少，尤其是将金融市场和市场结构相结合来探讨不同市场结构情况下金融约束对于企业投资的影响。本书则力图从这一角度对内外资关系进行研究，比较分析外资进入导致的市场结构变动对企业投资行为及其福利效应的

---

① 国内学者的相关研究基本采用上述四个模型结合中国数据进行相关检验。任永菊和张岩贵（2003）、阳小晓和赖明勇（2006）、李建伟（2007）、刘舜佳（2007）、赵奇伟和张诚（2007）、单盈颖（2008）、孙立军（2008）、赵燕（2009）、鞠磊（2009）从不同角度对金融市场在 FDI 促进经济增长过程的作用进行探讨，基本的结论都认为金融市场的门槛效应对于 FDI 溢出效果产生约束强，进而强调改善金融市场效率对经济增长的意义。

影响。

　　第五，就检验模型来看，关于金融市场在技术扩散中的作用大都采用金融市场与 FDI 的联合检验。[①] 而联合检验在某种程度上可能偏离研究方向。以 Alfaro 等（2003，2004）的研究为例，分析重点在于金融市场对于劳动力流动进而对技术进步的影响，而采用联合检验判断 FDI 对经济增长的影响的结果只是一个综合结果，最终效应并不能全部归结于劳动力流动，这是问题的一个方面；另一方面，诸多研究结果认为只有当一个国家跨过金融门槛水平时，FDI 对其的影响才是最优的，但对于这一门槛水平值却并没有给予证实，如果要解决这一问题，Hansen（1999）的门限模型则提供了一种解决方法，可以具体判断金融水平的门槛值对 FDI 绩效的影响。

---

　　① 如 Alfrao 等（2003）、Omran 和 Bolbol（2003）、Choong 等（2004）、Hale 和 Long（2006）、Ljungwal 和 Li（2007）、Villegas – Sanchez（2008）、Baharumshah 和 Almasaied（2009）、Ang（2009）的研究都采用了联合变量来判断金融市场与 FDI 的共同作用对于经济增长或生产率的影响。

第六章 FDI 在中国的动态演变

第一节 FDI 模式演变

随着外商对我国市场知识和信息的积累，外商对华投资策略发生了很大的变化。与此相适应的是外商对华投资结构的变化，主要表现在投资模式、投资规模、投资行业和投资区域等方面。数据显示，外商对华投资遵循着演化的方法，在不同的时期选择不同的投资结构。

改革开放以来，外商对我国的直接投资得到了巨大的增长，我国在1979 年以前几乎没有外商直接投资，而到 2012 年，我国累计利用外商直接投资总额达到 1117.16 亿美元，1979—2012 年累计吸收外商直接投资达到 12761.08 亿美元。一度成为仅次于美国的第二大 FDI 东道国。外商直接投资在我国经济发展过程中的作用日益凸显出来，外商投资的大规模流入成为我国经济增长的重要动力，且外资的流入所伴随的技术溢出和管理溢出有助于提升我国产业结构水平以及企业的竞争力。而外资对我国经济的影响在不同的阶段其表现是不一样的。自外资进入以来，我国的微观和宏观环境发生了很大的变化，外商投资企业对我国的投资策略也发生了很大的转变，与此相适应的是外资在进入模式、投资规模、产业分布、区位选择上表现出新的特点，这就意味着，外商对我国直接投资正经历着一种结构上的变化，由低级阶段向高级阶段发展，这种投资结构上的变化也反映出外商在我国投资采取一种逐步演化的方法。

一 外商投资策略变化

自外资进入我国以来，外商投资企业大都经历了试探性投资、战略性投资和市场领导型投资三种投资策略，这三种策略是一个连续的相互衔接的过程，根据经济环境的变化，外商采取不同的投资策略。

　　试探性投资策略是外商进入我国市场所采取的最初始的公司策略，最主要的目的是了解公司如何在我国市场运营和管理，并评估我国市场的风险和潜在的收益，为进一步的投资做铺垫。因此，外资企业主要以办事处的形式存在，投资金额和投资规模都很小，即使有一部分以生产型企业存在，也往往是同我国有贸易往来的企业在中国的投资，可以说是对以往贸易方式的一种扩展和替代，目的是要实现产品当地化，其投资行业也局限于一般的加工制造业。

　　随着对我国市场熟悉程度的增加，投资者选择战略性投资策略。和试探性阶段相比，外商在华投资金额有很大幅度的上升，目前在我国的外资企业大都处于这一阶段，一方面，投资者更加注重对企业的经营管理；另一方面，投资者之间的竞争开始加剧，力图获得对我国市场的先占优势以获得更多的市场机会和更高的收益，投资的领域也从制造业拓展到服务业、产品设计和流通等领域。同时，外商投资企业开始增加生产规模和生产能力，以增强竞争优势，获得比竞争对手更大的市场份额。

　　之后，外商开始进入更高层次的投资阶段：市场领导型投资阶段。投资的目标在于占领市场，树立行业领导者地位，同其他竞争对手展开更加全面的竞争，与此相对应的是，外商尤其是大的跨国公司对华的投资额大幅度上升，一些早期进入我国的跨国公司已经进入这一阶段，以摩托罗拉为例，1987 年在北京设立第一个办事处，到 2000 年 6 月，该公司在华共成立 1 家控股公司、1 家独资公司和 7 家合资企业，已投资 15 亿美元，并带动供应商投资 40 亿美元；2000 年 8 月，又宣布在华增资 160 亿元人民币，使投资总额达到 34 亿美元，到 2006 年，在华累计投资达到 100 亿美元。①

　　二　外商投资结构变化

　　根据我国对外资的分类，外资进入我国主要采取合作经营、合资经营、独资经营、合作开发等模式。外商投资模式呈现一个非常明显的特点，合资经营和合作经营两种方式所占比重出现先上升，然后趋于下降，独资经营方式一直处于上升状态，2000 年以前，合资经营在所有的投资模式中居主导地位，无论是投资的项目数、合同金额，还是实际投资金额，都远远超过合作经营和独资经营。2000 年，独资经营在投资金额上

---

①　史同伟：《世界 500 强及其在我国的投资分布》，山东人民出版社 2002 年版。

首次超过合资经营，之后，外商以独资经营方式进入中国的速度在加快，在外资总额中所占比重不断上升，到 2012 年，独资经营方式在三种投资项目数中所占比重达到 81.82%，实际利用外资金额比重达到 78.20%。从表 6 - 1 也可看出外商独资企业比重不断上升的趋势。

表 6 - 1 外商直接投资结构变动 单位：个、亿元

年份	合资企业		合作企业		独资企业	
	项目数	实际金额	项目数	实际金额	项目数	实际金额
1995	20455	190.78	4787	75.36	11761	103.17
1996	12628	207.55	2849	81.09	9062	126.06
1997	9001	194.95	2373	89.30	9602	161.88
1998	8107	183.48	2003	97.19	9673	164.70
1999	7050	158.27	1656	82.34	8201	155.45
2000	8378	143.43	1757	65.96	12196	192.64
2001	8893	157.39	1589	62.12	15643	238.73
2002	10380	149.92	1595	50.58	22173	317.25
2003	12521	153.92	1547	38.36	26943	333.84
2004	11570	163.86	1343	31.12	30708	402.22
2005	10480	146.14	1166	18.31	32308	429.61
2006	10223	143.78	1036	19.40	30164	462.81
2007	7649	155.96	641	14.16	29543	572.64
2008	4612	173.18	468	19.03	22396	723.15
2009	4283	172.73	390	20.34	18741	686.82
2010	4970	224.98	300	16.16	22085	809.75
2011	5005	214.15	284	17.57	22388	912.05
2012	4355	217.06	166	23.08	20352	861.32

资料来源：历年《中国统计年鉴》、《中国对外经济统计年鉴》。

投资演化论的核心观点认为，随着投资者对东道国当地市场的信息和知识的积累，投资结构则越趋向于高级化，因此，对东道国市场信息和知识的了解成为投资结构变动的主要原因。对当地市场知识的缺乏成为投资的障碍，而知识的积累是一个连续的演进过程，主要通过"干中学"这种模式获得，通过"干中学"，外商可以获得市场经验和知识，这有利于

降低风险和提高企业运行效率。Shaw 和 Mayer（1994）对中国的外商投资企业研究表明：凡是采取演化投资策略的外商投资者大都获得了成功，而投资结构相对僵化的外商成功的比例相对较小。这也表明，了解投资国当地市场信息和搜寻市场机会对外商来说是至关重要的，随着外商对我国市场投资时间的延长，有关我国市场的知识也在增加，其投资结构相应地发生着变化。

一般而言，外商独资企业的经营风险、资金成本要高于合资、合作企业。而在中国转型经济中，由于面临诸多的不确定性和制度上的歧视，外商采取独资经营所面临的风险和成本进一步增大。我国外商独资经营企业所占比重的增加则表明，随着外商对我国市场知识和经验的积累，其降低风险和减少不确定性的能力也在相应提高，独资经营方式就变得更加有利，因为独资经营既可以增强其对企业和市场的控制能力，也可以避免企业的专有技术和专有知识向外扩散，保持其在技术上和产品上的垄断地位。

三　FDI 投资主体变化

改革开放至 20 世纪 90 年代初，由于外商投资过程中的诸多不确定性因素及信息成本对于 FDI 的制约作用，不同文化的投资者显然寻求文化上相近或易于接受作为首选的投资地。港台地区与广东、福建等地区不仅地域上相邻，而且不少投资者与当地有着血缘、亲缘、地缘等一系列社会关系，这种社会资本成为海外华人进入广东和福建的一个条件，可以大大降低交易成本和回避市场风险。因此，这一时期，港澳台地区资本在我国利用外资中居于绝对主导地位，且主要集中于广东和福建两地。

从行业分布来看，向广东和福建转移的大多是港澳台地区的劳动密集型制造业和房地产业。而在制造业中，外资主要集中于食品加工、医药、家用电器、建筑材料、纺织品、玩具和其他轻工业领域，且很多项目都集中于来料加工和来件装配（李新春，1999）。据 1992 年年底的统计表明，在制造业的外商投资中，有 75% 集中于电子、机械、轻工、纺织和医药五大产业。仅轻工、家电和机械三大加工工业就集中了制造业外商投资的 64%（丁海，1994）。总体上说，这些行业的产品结构处于较低层次，技术水平含量不高，也不需要大规模的资本。对这些产业，灵活的、非正式的社会关系网络和投资优惠政策的作用十分突出，并不需要高素质的人力资源和加工业基础相配套。因此，这一时期，港澳台资本在我国利用外资中居于绝对主导地位，且主要集中于广东和福建两地。欧美日等国的对华投资仍处在探索性阶段，总的投资量也不大，且以设备租赁、食品加工和资源利用为主（史同伟，2002）。

表 6 - 2   外商直接投资来源   单位：万美元

年份	中国港澳台	欧洲	美国	日本	全部
1995	2379009	460251	308373	321247	3780569
1996	2493990	512152	344417	369214	4213516
1997	2431594	443899	323915	432647	4525704
1998	2184514	430933	389844	340036	4546275
1999	1927039	479713	421586	297308	4031871
2000	1814384	476539	438389	291585	4071481
2001	2001836	448398	443322	434842	4687759
2002	2229995	404891	542392	419009	5274286
2003	2149394	427197	419851	505419	5350467
2004	2266218	479830	394095	545157	6062998
2005	2070096	564310	306123	652977	6032459
2006	2297165	571156	286509	459806	6302053
2007	3011479	436511	261623	358922	7476789
2008	4351669	545937	294434	365235	9239544
2009	4877073	549529	255499	410497	9003267
2010	6369775	592183	301734	408372	10573235
2011	7336402	587654	236932	632963	11600985
2012	6891382	629050	259809	735156	11171614

资料来源：历年《中国统计年鉴》、《中国对外经济统计年鉴》。

随着外商对我国市场经验的增加和知识的积累，外商开始逐步扩展其在华投资，从表 6 - 2 可以看出，自 1992 年以来，外商对华直接投资呈现出非常明显的特点：港澳台资本虽然在总量上仍在增加，但在总额中所占比重在 1995—2005 年间不断下降，随后又呈现出上升的趋势。其投资的产业结构也没有发生大的变化，与此同时，欧美日等国对华投资增长速度加快，且大型跨国公司在总投资中所占比重也在不断上升，投资最密集的行业有微电子业、汽车制造业、家用电器业、通信设备业、办公用品业、仪器仪表业、制药业、化工业等，大都是技术、资金密集型的行业，其中世界 500 强在华投资的行业主要集中在电子及通信设备、机械、交通运输设备、化学原料及化学制品等资本、技术密集型行业和成长性较好的行业（王洛林等，2000；史同伟，2002）。对于这些行业，大型跨国公司比较注重的是以工业基础、技术和服务水平为主的综合区位优势，优惠政策的作用已经大大下降。

第二节　外商投资规模演变

从外资流入的总量上来看，外商投资额一直处于增加趋势，虽然 1999 年和 2000 年实际利用外资额有所下降，但 2001 年起又很快恢复并达到更高的水平，外商投资增加的趋势并没有发生变化。从 1979—2012 年合同外资金额的年平均增长率保持在 30% 以上，实际使用外资金额的年平均增长率也在 20% 以上。尤其是在 20 世纪 90 年代以来，合同外资年平均增长率达 49.21%，实际利用外资金额年平均增长率达 36.16%，从图 6 - 1 可以看出，其中港台资本无论是在总量还是比重方面都居于主导地位。

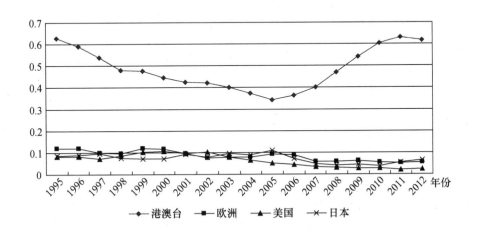

图 6 - 1　各种外资来源所占比重

从投资项目来看，单个项目的投资规模呈上升趋势，单个项目的平均外资金额从 1995 年 99.80 万美元增加到 2012 年的 442.83 万美元，从图

6-2可以看出，外商直接投资企业的单个项目平均投资额总体呈现上升趋势，虽然在2000—2004年这5年间的平均投资额有所下降，但在2004年之后，单位项目的投资额快速上升。而且，无论是港台资本还是外国资本，单个项目的投资额都在增加，尤其是以欧盟、美国和日本为代表的外国资本项目投资规模最大，而在这些项目中，跨国公司对华投资的所占比重不断增加，从而拉动投资规模的上升。

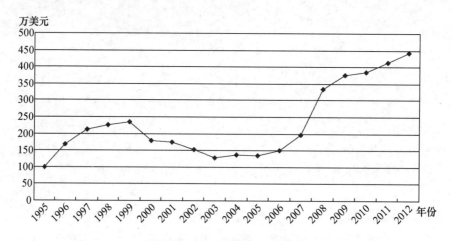

图 6-2　单个项目平均投资金额

从不同行业内外资企业的规模比较来看（见表6-3），如果用行业内外资企业数量和资产总额、主营业务收入总额和利润总额来计算外资企业平均资产、平均主营业务收入和平均利润，并以此来表示外资企业分行业规模，可以具有以下几个特点：（1）全部行业的外资企业平均资产为3.0281亿元，平均主营业务收入为3.9001亿元，平均利润总额为0.2454亿元，超过行业平均水平的有17个行业，[①] 表明外资在这些行业的投资规模要高于其他行业；（2）采矿业、石油加工、炼焦和核燃料加工业、电力、热力生产和供应业以及燃气、水的生产和供应业等行业，这些行业内的外资企业规模明显高于其他行业，原因在于这些行业具有较强规模经济特点，初始投资额相对较大；（3）从制造业来看，外资投资规模较大的有化学原料和化学制品制造业，医药制造业，化学纤维制造业，汽车制造

---

① 只有当平均资产和平均主营业务收入均超出行业平均水平时，才表明企业的规模超出行业平均水平。

业，铁路、船舶、航空航天和其他运输设备制造业以及计算机、通信和其他电子设备制造业等行业，这些行业要么是资本密集型产品，要么需要较高的技术水平，也是中国目前比较优势不明显的行业，外资在这些行业的规模高于行业平均水平，表明其在这些市场具有较高的垄断性；（4）外资企业平均资产低于行业平均水平、平均主营业务收入高于行业平均水平的行业有农副食品加工业和食品制造业，这些行业内外资企业的平均利润也要高于行业平均水平，表明这些行业内的外资企业的资本产出率和收益率要高于国内企业。

表 6－3　　　　外商投资企业分行业单个项目规模情况（2012 年）　　单位：亿元

行业	平均资产	平均主营业务收入	平均利润总额
全部行业	3.0281	3.9001	0.2454
煤炭开采和洗选业	45.5244	38.2639	6.9966
石油和天然气开采业	66.3936	57.8364	23.9882
黑色金属矿采选业	5.6895	6.5295	0.8103
有色金属矿采选业	3.4482	2.2087	0.6066
非金属矿采选业	1.3473	1.5272	0.1339
开采辅助活动	11.1200	11.6673	1.2418
农副食品加工业	2.9203	5.1511	0.2972
食品制造业	3.0075	4.0999	0.4106
酒、饮料和精制茶制造业	4.0966	4.8528	0.3937
烟草制品业	1.5900	1.6700	0.5000
纺织业	1.4825	1.7554	0.0955
纺织服装、服饰业	0.8233	1.2698	0.0820
皮革、毛皮、羽毛及其制品和制鞋业	1.1193	1.8748	0.1317
木材加工和木、竹、藤、棕、草制品	1.0920	1.5947	0.0903
家具制造业	1.1998	1.5355	0.0883
造纸和纸制品业	4.4330	3.0303	0.1897
印刷和记录媒介复制业	1.7346	1.6027	0.1628
文教、工美、体育和娱乐用品制造业	0.9158	1.6808	0.0864
石油加工、炼焦和核燃料加工业	14.5744	25.6103	0.1295
化学原料和化学制品制造业	3.7775	4.4544	0.2817
医药制造业	4.2466	4.2877	0.4981

续表

行业	平均资产	平均主营业务收入	平均利润总额
化学纤维制造业	6.3725	6.5567	0.3595
橡胶和塑料制品业	1.6874	1.8995	0.0970
非金属矿物制品业	2.4602	2.1491	0.1486
黑色金属冶炼和压延加工业	7.7459	10.0898	0.2181
有色金属冶炼和压延加工业	5.4233	6.4553	0.2506
金属制品业	1.5379	1.9674	0.1161
通用设备制造业	2.4946	2.7518	0.2047
专用设备制造业	2.4695	2.2563	0.1697
汽车制造业	6.2687	9.0727	0.8884
铁路、船舶、航空航天和其他运输设备制造	4.9742	4.3801	0.3456
电气机械和器材制造业	2.7745	3.5484	0.2009
计算机、通信和其他电子设备制造业	5.0262	9.3226	0.3530
仪器仪表制造业	1.8437	2.1983	0.1922
其他制造业	0.9600	1.1999	0.0747
废弃资源综合利用业	2.3734	3.1815	0.0693
金属制品、机械和设备修理业	4.8425	3.6988	0.0506
电力、热力生产和供应业	14.1520	6.3169	0.7275
燃气生产和供应业	6.5310	4.9065	0.5953
水的生产和供应业	7.5572	1.6553	0.2703

资料来源：根据《中国统计年鉴》（2013）计算。

第三节　FDI 行业分布

外商投资与经济增长和国内形成之间是一种正相关关系，但这种总量分析法容易忽视外商投资在结构上的特点，也就无法反映外资在不同产业上的影响方式和程度，而外资的进入首先要考虑的则是根据比较优势原则来选择产业的问题，因此，不同的产业中外资的影响就会有所差别，为了具体地分析不同产业中外资对国内资本形成的影响，需要对不同产业内部的外资分布进行分析。

从表 6-4 外商投资企业注册登记情况可以看出，2011 年，外商投资企业主要流向制造业，其投资总额占全部行业的比重达到 52.1%，注册资本占行业的比重为 49.7%，外方注册资本占全部行业的比重为 49.9%。制造业是外资主要投资部门。此外，房地产业、租赁和商务服务业、科学研究、技术服务和地质勘查业的投资额都超过千亿美元，也是除了制造业之外，外资的主要流向领域。

表 6-4　　　　按行业分外商投资企业年底注册登记情况（2011 年）

单位：亿美元

行业	企业数（户）	投资总额	注册资本	外方注册资本
总计	446487	29931	17294	13810
农、林、牧、渔业	6993	375	233	202
采矿业	991	165	102	70
制造业	181017	15595	8549	6895
电力、燃气及水的生产和供应业	3920	1476	613	368
建筑业	4812	713	470	243
交通运输、仓储和邮政业	10494	1078	600	338
信息传输、计算机服务和软件业	57836	912	564	541
批发和零售业	73163	1295	750	650
住宿和餐饮业	17481	378	209	167
金融业	6442	536	498	334
房地产业	17826	3999	2466	2105
租赁和商务服务业	37491	1601	1227	1082
科学研究、技术服务和地质勘查业	16212	1140	643	538
水利、环境和公共设施管理业	1021	193	104	88
居民服务和其他服务业	5001	102	60	50
教育	318	10	5	4
卫生、社会保障和社会福利业	229	29	14	10
文化、体育和娱乐业	2276	192	117	84
其他	2964	143	68	40

资料来源：《中国统计年鉴》（2013）。

从制造业来看（见表 6-5），截至 2012 年年底，从投资存量角度来看，在全部的 40 个行业门类中，外资企业资产比重超过全部行业平均水平的有 25 个行业。比重超过 30% 有 11 个行业，超过 40% 的行业有 4 个，分别为皮革、毛皮、羽毛及其制品和制鞋业，造纸和纸制品业，汽车制造业，计算机、通信和其他电子设备制造业，表明这些行业内，外资企业的比重已经接近内资企业，这增加了国内市场竞争程度，如果国内企业能够与外资企业进行竞争，则对于整体生产率的提高具有促进作用；反之，随着外资企业比重不断上升，外资存量有可能下降。

另外，外资企业资产额超过万亿的行业有化学原料和化学制品制造业、汽车制造业、电气机械和器材制造业以及计算机、通信和其他电子设备制造业，这些行业也是外资具有明显比较优势的行业，其中，计算机、通信和其他电子设备制造业中外资企业的资产占全部行业的资产比重更是达到 60.38%，主营业务收入比重达到 73.82%，表明外资企业在该行业中居于主导地位。

表 6 – 5　　　　　　　　按行业分外商投资和港澳台商投资

工业企业经济指标（2012 年）　　　　单位：亿元、%

行业	资产总计	占全部行业比重	主营业务收入	占全部行业比重
总计	172320.28	22.43	221948.78	23.88
煤炭开采和洗选业	1866.5	4.17	1568.82	4.61
石油和天然气开采业	730.33	4.15	636.2	5.45
黑色金属矿采选业	221.89	2.71	254.65	2.91
有色金属矿采选业	210.34	5.06	134.73	2.38
非金属矿采选业	95.66	3.65	108.43	2.57
开采辅助活动	122.32	4.81	128.34	6.87
农副食品加工业	5788.12	24.68	10209.5	19.58
食品制造业	3663.12	36.60	4993.71	31.54
酒、饮料和精制茶制造业	3097.03	27.71	3668.68	27.08
烟草制品业	1.59	0.02	1.67	0.02
纺织业	4672.8	22.82	5532.89	17.16
纺织服装、服饰业	3777.36	37.83	5825.69	33.70
皮革、毛皮、羽毛及其制品和制鞋业	2595.58	46.36	4347.65	38.58
木材加工和木、竹、藤、棕、草制品	645.38	14.53	942.47	9.17
家具制造业	1199.8	33.84	1535.51	27.08
造纸和纸制品业	4942.78	41.67	3378.73	27.03
印刷和记录媒介复制业	1072.01	28.35	990.44	21.84

续表

行业	资产总计	占全部行业比重	主营业务收入	占全部行业比重
文教、工美、体育和娱乐用品制造业	1985.39	39.03	3643.93	35.46
石油加工、炼焦和核燃料加工业	2608.82	12.46	4584.25	11.64
化学原料和化学制品制造业	13444.17	25.18	15853.22	23.40
医药制造业	4017.28	25.48	4056.12	23.39
化学纤维制造业	1841.66	32.10	1894.89	28.10
橡胶和塑料制品业	5799.44	35.91	6528.64	27.03
非金属矿物制品业	5803.53	16.39	5069.74	11.53
黑色金属冶炼和压延加工业	6111.52	10.50	7960.82	11.12
有色金属冶炼和压延加工业	3931.88	13.99	4680.09	11.34
金属制品业	4624.52	23.82	5916.09	20.35
通用设备制造业	9037.97	28.70	9969.6	26.21
专用设备制造业	6551.56	24.81	5986.06	20.85
汽车制造业	16210.93	40.13	23462.06	45.79
铁路、船舶、航空航天和其他运输设备制造业	3670.97	19.64	3232.48	20.53
电气机械和器材制造业	11744.42	27.75	15020.34	27.55
计算机、通信和其他电子设备制造业	28031.11	60.38	51992.19	73.82
仪器仪表制造业	1751.51	29.97	2088.36	31.37
其他制造业	396.48	23.05	495.54	23.90
废弃资源综合利用业	391.61	27.73	524.95	17.97
金属制品、机械和设备修理业	348.66	29.78	266.31	30.06
电力、热力生产和供应业	6538.23	7.10	2918.41	5.53
燃气生产和供应业	1763.37	39.43	1324.76	39.44
水的生产和供应业	1012.66	15.62	221.81	16.93

资料来源:《中国统计年鉴》(2013)。

第四节 FDI 空间分布

总体来看,外资已经进入我国的所有地区,但是外资在不同区域间的分布却是不均匀的,从表6-5可以看出,外资在中国的分布具有明显的地域特征,主要表现在以下三个方面。

表 6 - 6 各地区工业行业外资企业资产存量 单位：亿元

	2000 年	2005 年	2010 年	2011 年	2012 年
东部地区	21208.71 (82.48%)	53713.12 (83.52%)	117752.23 (79.27%)	127823.00 (78.91%)	134086.12 (77.81%)
中部地区	3571.32 (13.89%)	8621.86 (13.41%)	24796.05 (16.69%)	27419.91 (16.93%)	30480.76 (17.69%)
西部地区	934.02 (3.63%)	1973.50 (3.07%)	6004.07 (4.04%)	6744.82 (4.16%)	7753.38 (4.50%)
北京	1121.75	2302.56	4459.79	5025.54	5582.87
天津	1289.68	2382.30	4859.89	6184.58	6766.50
河北	474.41	1549.76	4220.60	5117.98	4999.36
山西	82.01	354.88	1143.90	1440.92	1755.77
内蒙古	99.73	799.34	1559.42	1532.41	1804.43
辽宁	1030.54	2214.10	5884.18	6179.60	6853.99
吉林	325.85	614.85	1782.31	2156.77	1703.85
黑龙江	237.76	434.62	1157.75	1214.80	1373.33
上海	4101.57	8401.40	13761.73	14766.76	15265.08
江苏	2904.26	10409.61	28023.91	31666.73	32719.27
浙江	1219.28	5098.38	12235.22	13949.73	14623.13
安徽	302.93	677.90	1818.69	2110.20	2257.09
福建	1810.54	3719.82	7562.52	8572.09	9353.89
江西	153.50	434.21	1863.10	1883.16	2043.98
山东	1145.04	3844.75	9455.49	9736.98	10962.94
河南	412.35	618.64	1933.62	2553.18	3497.36
湖北	497.66	1322.80	4121.69	4462.54	4734.76
湖南	115.70	412.20	1307.52	1115.40	1364.93
广东	7142.18	16004.54	33173.08	32802.61	33813.08
广西	235.36	521.25	1614.39	2117.68	2405.45
海南	77.95	217.07	609.48	653.25	685.82
重庆	213.96	519.13	1535.91	1856.05	2240.46
四川	262.28	582.87	1804.72	2374.03	2922.37
贵州	37.70	91.04	251.01	278.37	284.84
云南	119.66	218.16	500.80	561.37	613.11
西藏	0.78	4.67	7.85	9.88	10.28
陕西	194.97	236.76	900.78	872.04	952.19
甘肃	45.24	70.81	220.36	233.24	218.62
青海	6.69	110.91	390.58	123.70	166.63
宁夏	27.07	85.68	237.85	268.33	138.84
新疆	25.68	53.47	154.21	167.81	206.04

资料来源：2001 年、2006 年、2011 年、2012 年、2013 年《中国统计年鉴》，括号内为所占比重。

一　梯度性

由于不同的开放政策所导致的制度落差，原有经济基础和社会文化条件的差异以及与主要外资来源地的地缘、人缘、血缘联系的密切程度不同，外资金额在区域间的分布呈现一种由东向西的梯度递减分布。东部沿海地区集中了全国大部分的外资来源，中西部地区相对较少。2000 年，东部地区吸引的外资总量达到 21208.71 亿元，占全国的比重达 82.48%，2005 年达到最高比重为 83.52%，之后虽然开始下降，但比重仍然超过 75%，而地域广大的中西部地区的比重在 2012 年却分别只有 17.69% 和 4.5%。

外资在东部沿海地区的分布也是不平衡的，根据经济联系的程度以及地域上的特点，可以把沿海地区分为三大经济带：环渤海湾地区、长三角地区和珠三角地区。自 1992 年以来，环渤海湾地区和长三角地区所吸引的外资所占比重始终呈上升趋势，而珠三角地区吸引的外资则呈现一种先上升后下降的趋势，其所占比重先上升然后则下降。

二　转移性

随着外商投资策略变化，外商不断优化企业的区域分布，因而，投资在不同的区域间进行着转移，主要表现在我国各地区所吸引外资增长速度上的差异及其在外资流入总量中所占比重的变化上，一方面，外商在中西部投资规模相对增加，但增加幅度不大，外资主要流向东部沿海地区，这一趋势没有发生根本变化；另一方面，外资由珠三角地区向环渤海湾地区和长三角地区转移，考虑到珠三角地区是港台资本主要集聚地区，其在吸引港台资本总量上具有绝对优势，而珠三角地区吸引外资总量在全国的比重又呈现下降趋势，那么，其他国家的外商直接投资在沿海各经济区域间的转移将会更加明显。再者，外资在东部地区的投资比重自 2005 年以来呈现下降趋势，而中西部地区则处于上升趋势，在我国吸引外资中的比重分别增加了 3.8 个和 0.37 个百分点。外资在不同区域间的转移这一特征也反映出外商对华投资遵循着演化方式，外资首先投向经济发达、文化风俗相近、风险较低的区域，随着对其他市场的了解和经验的增加，投资开始向其他区域扩散。

三　集中性

外资区域分布同样显示出其本身也存在着集中性，由于不同外资来源地导致其更倾向于向本国资本集中地区流动。周颖等（2001）研究显示，我国 FDI 严重偏重于东部沿海，并有由东向西逐步西扩的趋势。同时，东部沿海 4 大投资区也很明显，分别是以港澳台投资为主体的珠江三角洲地区（广东），以台湾投资为主体的闽南金三角地区（福建），以美日欧投资为主体的长江三角洲地区（上海、江苏、浙江），以日韩投资为主体的环渤海经济区（山东、北京、天津、辽宁、河北）。动态来看 FDI 的空间分布，自 1978 年以来 FDI 首先进入到两个经济特区，然后是 14 个开放城市，接着是沿海各省，继而逐步向中西部扩展。

第五节　总结性评论

从外资投资策略来看，自外资进入我国以来，外商投资企业根据经济环境的变化，采取不同的投资策略。试探性投资策略最主要的目的是了解公司如何在我国市场运营和管理，为进一步的投资作铺垫。这时的外资进入我国可以说是对以往贸易方式的一种扩展和替代，目的是要实现产品当地化，其投资行业也局限于一般的加工制造业。随着对我国市场熟悉程度的增加，投资者选择战略性投资策略，投资者更加注重对企业的经营管理，另外，投资者之间的竞争开始加剧，力图获得对我国市场的先占优势以获得更多的市场机会和更高的收益，投资的领域不断拓展。同时，外商投资企业开始增加生产规模和生产能力，以增强竞争优势，获得比竞争对手更大的市场份额。之后，外商开始进入更高层次上的投资阶段：市场领导型投资阶段。投资的目标在于占领市场，树立行业领导者地位，同其他竞争对手展开更加全面的竞争，与此相对应的是，外商尤其是大的跨国公司对华的投资额大幅度上升。

从外资投资结构和主体来看，我国外商独资经营企业所占比重的不断增加，既可以增强其对企业和市场的控制能力，也可以避免企业的专有技术和专有知识向外扩散，保持其在技术和产品上的垄断地位。从投资主体来看，外资主要来源于港澳台地区，其投资比重呈现倒 U 形状态，先递减后递增，所占比重平均在 50% 以上，近年来更是达到 60% 以上，在吸引的外资中占主导地位。

从投资规模来看，单个项目的投资规模呈上升趋势，尤其是在 2004 年之后，单个项目的投资额快速上升。无论是港台资本还是外国资本，单个项目的投资额都在增加，尤其是以欧盟、美国和日本为代表的外国资本项目投资规模最大，而在这些项目中，跨国公司对华投资所占比重不断增加，从而拉动投资规模的上升。从不同行业内外资企业的规模比较来看，外资投资规模较大的有化学原料和化学制品制造业，医药制造业，化学纤维制造业，汽车制造业，铁路、船舶、航空航天和其他运输设备制造业以及计算机、通信和其他电子设备制造业等行业，这些行业要么是资本密集型行业，要么需要较高的技术水平，也是中国目前比较优势不明显的行业，外资在这些行业的规模高于行业平均水平，表明其在这些市场具有较高的垄断性，外资也具有向这些优势明显的行业扩大投资的倾向。

第七章 中国金融市场发展

第一节 中国银行业发展水平

诸多学者的研究采用不同的金融指标分析了金融市场在经济发展过程中的作用，大多数结论都认为金融市场发展水平对经济增长率和其他指标的影响是显著的。[①] 表7-1列出了相关研究的金融指标构建情况。

表7-1   **金融市场发展水平指标的构建方法**

代表性研究成果	金融指标选取
Vogel 和 Buser（1976）	储蓄率
Fry（1978）	实际利率（名义利率—通货膨胀率）
Gupta（1984）	广义货币存量 M2/GDP
jung（1986）	货币化水平 M1 和 M2 占 GDP 比重
Demetriades 和 Hussein（1996）	广义货币占 GDP 比重，对私营部门贷款占 GDP 比重

---

① 诸多学者的研究采用不同的金融指标分析了金融市场在经济发展过程中的作用，基本的结论都认为金融市场发展水平对经济增长率和其他指标的影响是显著的。Bencivenga 等（1996）理论上阐述了股票市场发展对于提高流动性从而降低资本成本的机制；Boyd 和 Smith（1998）、Levien（2002）、Beck 和 Levien（2004）认为股票市场在提供利润激励、风险管理和放大经济增长率方面的作用要优于银行体系；Atje 和 Jovanovic（1993）、Demirguc - Kunt 和 Levien（1996）、Levien 和 Zervos（1996，1998）都论证了股票市场在经济发展中的作用；Singh（1997）则认为三个原因导致股票市场对发展中国而言并不能起到促进长期经济的作用。另外，Boyd 和 Prescott（1986）、King 和 Levien（1993）、Demetriades 和 Hussein（1996）、Calderon（2003）强调了基于银行体系的金融效率对于经济增长的意义。Arestis 等（2005）则研究了股票市场和银行体系的结构对经济发展的影响；而 Arestis 等（2001）、Luintel 和 Khan（1999）认为金融市场和经济发展之间存在着双向因果关系。

代表性研究成果	金融指标选取
King 和 Levien（1993）、Gelb（1989）、Easterly（1993）、Getler 和 Rose（1994）、Roubini 和 Sala – Martin（1992）、Levien（1997）	银行和非银行金融中介的（现金 + 现金需求 + 利息）/GDP 比重；银行信贷/（银行信贷 + 央行资产）；对私营部门贷款/贷款总额；对私营部门贷款/GDP
Levien（1996，1998）	股票市场流动性、规模、波动性和一体化水平
Luintel 和 Khan（1999）	储蓄银行的储蓄额占名义 GDP 的比重
Levien（1998，1999）；Levien 等（2000）	银行和非银行金融中介的（现金 + 现金需求 + 利息）/GDP；银行信贷/（银行信贷 + 央行资产）、商业银行资产/（商业银行资产 + 中央银行资产）、私营部门贷款/GDP
Khan（2000）	对私营部门贷款占 GDP 比重（fd1）、fd1 + 资本化水平占 GDP 比重（fd2）、fd2 + 公共和私有债券市场化水平（fd3）、股票市场资本化水平
Calderon（2003）	M2/GDP、私营部门贷款/GDP
World Bank	银行资本回报率等 18 项指标

上述研究从不同角度提供了有关金融市场发展水平的指标构建方法，结合本书研究，从银行体系构建指标来衡量金融发展水平，可以从以下几个指标加以衡量。

贷款占 GDP 比重（loan）：结合我国的实际情况，由于存在长期隐性契约关系，银行部门的大量贷款被投入到国有部门，从这个意义来讲，该指标越大越不利于其他类型的企业尤其是私人企业的发展。但重要的事实在于，部分贷款通过国有部门间接地转移到私人部门，即资本的漏损效应是私人部门获得资本的重要间接渠道，这对于私有企业乃至经济发展都具有重要影响（卢锋和姚洋，2004）。用贷款来表示金融发展状况虽然存在一定的局限，但其合理性在于，间接融资是企业获得金融资源的主要配置方式，另外，这一指标可以较好地拟合贷款歧视（罗长远等，2007）。

$$loan_1 = \frac{贷款余额}{GDP}$$

$$loan_2 = \frac{\Delta \text{ 年末贷款余额}}{\text{GDP}}$$

$$loan_3 = \frac{\Delta \text{ 年末贷款余额}}{\Delta\text{GDP}}$$

储蓄投资转换率（*saveinvest*）：以年末金融机构贷款余额除以存款余额来表示：

$$saveinvest = \frac{\text{金融机构贷款年末余额}}{\text{金融机构存款年末余额}}$$

对私营部门贷款（*private*）：以金融机构对私营经济的贷款占其贷款余额的比重表示：

$$private = \frac{\text{私营经济贷款}}{\text{金融机构贷款余额}}$$

银行体系竞争程度（*bcompete*）：以四大传统国有商业银行的贷款余额占所有金融机构的贷款余额表示。一般而言，银行体系竞争程度的加强有利于提高私有部门从银行体系获得资本的可能性，并且融资成本也会随着银行业竞争的加剧而降低。

$$bcompete = 1 - \frac{\text{最大的 4 家商业银行贷款余额}}{\text{所有金融机构贷款余额}}$$

固定资产投资贷款（*investloan*）：可以用两个方面的指标来衡量固定资产投资贷款的经济含义，一是用固定资产投资贷款额占银行贷款总额的比重表示，二是用固定资产投资贷款额占固定资产投资比重表示。

$$investloan_1 = \frac{\text{固定资产投资贷款额}}{\text{银行贷款总额}}$$

$$investloan_2 = \frac{\text{固定资产投资贷款额}}{\text{固定资产投资总额}}$$

固定资产投资贷款额占银行贷款总额比重（*investloan_1*）用以反映银行体系的资金流向资本形成方面的程度，固定资产投资主要包括建筑安装工程、设备工具器具购置和其他费用，贷款额在某种程度上也体现了银行体系在资本积累过程中的作用。而固定资产投资贷款占固定资产投资总额的比重（*investloan_2*）则反映了固定资产投资对银行的依赖作用。

贷款占 GDP 比重指标（*loan_1*）反映了金融深化程度，衡量银行体系对经济增长的支撑作用；贷款净增加额占 GDP 比重指标（*loan_2*）反映了当年新增加贷款在经济增长过程中的作用；贷款净增加额占 GDP 增加额的比重（*loan_3*）是一个边际量，衡量的是一单位 GDP 的增加需要多少量的贷款，反映了贷款在经济增长过程中的效率。从图 6－1 中看出，年末贷款余额占 GDP 的比重保持相对平衡，围绕 100% 小幅度波动，由此导致贷款增加额与 GDP 比重同样保持稳定基本围绕在 25% 比重进行浮动，而贷款增加额与 GDP 增加额的比重则波动幅度相对较大，尤其是在 2009年，贷款额增加远超过 GDP 增加，两者之比达到 350%，这可能与 2008年金融危机相关的刺激性货币政策有关。

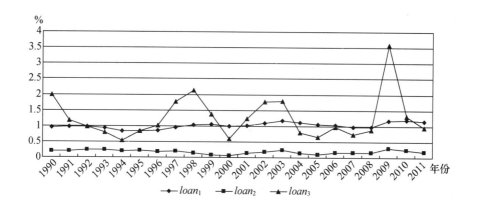

图 7－1　贷款余额占 GDP 比重

资料来源：历年《中国统计年鉴》。

储蓄是投资的根本源泉，高储蓄投资转化率可以促进资本形成，进而推动经济增长。而经济的持续增长与金融深化有密切的联系，金融深化对经济增长最基本的贡献就是动员储蓄，提高储蓄投资转化效率。金融抑制最直接的表现形式就是储蓄投资转换率不高，或者是转换效率比较低。虽然实施金融抑制并非政府非理性的结果，而是政府在某个历史时期根据经济发展的实际状况和面临的约束条件而采取的理性行为（王曙光，2003），货币机构经常采用的货币政策就是总量控制下的货币流向配给。一方面控制信贷规模，以此调整货币供应量，满足货币政策工具的需要；另一方面则对优先部门提供资金并控制资金成本，通过定向贷款确保资金流向优先发展或高度保护的部门，或者设立政策性金融机构直接参与信贷资金的分配。意味着在发展中国家的金融市场中金融中介的市场化程度较低，资金的流向非市场因素影响较大，从而导致在高储蓄率的情况下银行体系又存在大量闲置的资金，实体经济尤其是市场化较高的实体经济得不到金融支持，而信贷配给则进一步降低储蓄投资转换率。这实际也反映了金融抑制下储蓄的高度动员和低效运用的状况。图7－2 也可以看出我国的储蓄投资转换率呈现逐年下降的趋势。

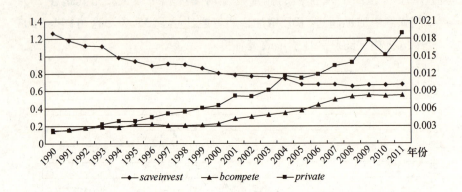

图7－2　储蓄投资转换率、私人部门贷款和银行竞争程度

资料来源：历年《中国统计年鉴》、《中国金融年鉴》，国泰安 CSMAR 数据库。*private* 指标对应次坐标，其他对应主坐标。

从私人贷款指标（*private*）来看，银行体系向私营企业的贷款比重呈现上升趋势，根据 King 和 Levien（1993）的观点，流向私有企业的资金增加意味着整个银行体系的资金使用效率在上升，降低呆账坏账率，实际上提高了私有部门的资本可获得性并降低了整个经济体系的融资成本。而在金融抑制下，政府控制贷款规模和方向，商业银行被要求在其投资组合中要对特定部门以一定比率的贷款，在这样的条件下，货币机构往往根据银行过去的市场份额决定银行未来贷款的最高限额，这会导致金融部门贷款分配的固定结构和资金的非均衡配置，使得资金流向特定的贷款人，[1]这种结果必然起到扶植国有企业和大企业目的，但对私营企业尤其是中小型私营企业的外部融资起着限制作用。尤其是在利率上限存在的情况下，私人投资的融资需求更可能得不到金融支持。

从银行体系的竞争程度指标（*bcompete*）来看，传统的四大行的垄断程度不断下降，表明银行体系的竞争程度在提升，从而有利于银行体系的效

---

① 根据 Felipe 等（1990）对拉美国家的研究，1986 年哥伦比亚大约30%的总贷款被直接分配了，在阿根廷这一比重超过40%，墨西哥超过25%，巴西超过80%。

率提高以及资本的配置效率和投资水平上升，提高储蓄投资转换率。而金融部门贷款分配的固定结构和资金的非均衡配置，直接信贷总额限定势必弱化金融市场竞争，从而降低金融机构运营效率和资本的无效率配置。

从图 7 - 3 可以看出，固定资产投资贷款占固定资产投资额的比重指标（$investloan_1$）虽然在 1990—1992 年间处于上升趋势，但自 1994 年始，基本呈现连续下降趋势，表明资本形成中企业主要依赖于自有资金及其他资金来源，而固定资产投资贷款占全部银行贷款的比重（$investloan_2$）则保持相对稳定，波动幅度相对较小，在 5%—10%，自 1999 年以来，基本处于上升通道。

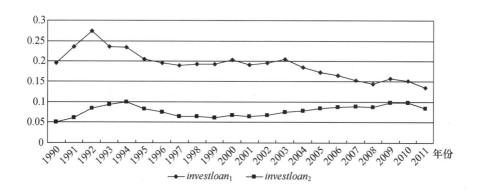

图 7 - 3　固定资产投资贷款指标

资料来源：历年《中国统计年鉴》。

除了上述这些用来反映银行体系在宏观层面的指标之外，综合国内外学者的研究，还有一些指标用来反映银行体系运营效率，包括资产收益率（roa）、净资产收益率（roe）、间接成本（$overhead$）、成本收入比（$costincome$）等指标。

从图 7 - 4 银行体系的微观运营效率来看，其间接成本和资产收益率保持平稳，都不超过 3%，净资产收益率呈现出明显的上升趋势，由 1999 年的 5% 上升到 2010 年的 20%，2011 年回落到 14% 左右。成本收入比呈现下降趋势，由 1999 年的 67% 下降到 2011 年的 38%，总体来看，银行体系的微观运营效率处于不断上升趋势，但考虑到我国银行体系的封闭性，及其收入主要来源于利差，因此，银行收益率的变动在很大程度上还无法真实反映其运营效率。

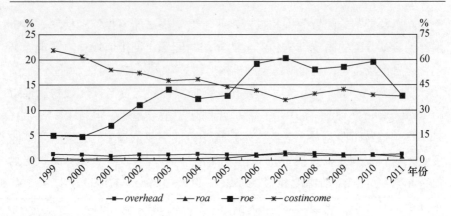

图 7 - 4   银行运营效率指标

资料来源：2013 年世界银行《Financial Development and Structure Dataset》。*costincome* 对应次坐标，其他变量对应主坐标。

第二节   资本市场发展

金融制度不仅仅是融资的制度，还是甄别企业效率高低的制度，企业信息显现得越充分，其从金融机构获取金融支持的可能性越高，一方面可以从银行部门获取其整合资源所需的间接资本支持，另一方面还可以为其进入资本市场提供可能，资本市场为企业竞争能力的增进提供了比银行部门更为有效的平台，这为企业提供了更为有效的信息流，对于提高资本和其他要素的交易效率、并购以及监督和激励等方面都具有不可或缺的作用，这反过来又为企业竞争力的进一步拓展提供激励，这种金融市场与企业竞争力的正反馈机制最终保证了企业竞争力不断积累。因此，资本市场具备重要的融资和资源配置功能，这些功能的高效发挥对企业竞争能力具有重要意义。

从股市与经济发展的关系来看，部分学者从理论层面对两者之间的关系进行阐述，认为股票市场主要从以下两个方面影响经济发展：（1）创造流动性；（2）分散风险。Levine（1997）认为股市提供的流动性可以让储蓄转变为流动资产（比如股权），同时公司通过发行股权获得长期资本，因此改善资本配置，促进长期经济增长。

　　根据大多数文献中的研究方法，总的来看；可以用以下几个指标来衡量股票市场的发展水平，Arestis 等（2001）采用股票市场资本化水平来衡量资本市场的发展水平，Levien（1997）、Bencivenga 等（1995）、Rousseau 和 Wachtel（2000）、贝克和莱文（2002）则采用股票市场转手率、股票市场交易额/GDP、股票市值/GDP 作为衡量指标，世界银行采用股票市场资本程度、股票交易额占 GDP 比重、股票市场换手率作为衡量指标，结合这些研究和我国的资本市场发展，可以通过这几个指标的变动来判断资本市场的发展。

表 7 - 2　　　　　　　　中国股票市场相关指标　　　　　　　　单位：亿元

年份	上市公司数量（个）	股票筹资额	股票市价总值	股票流通市值	股票成交金额
1992	53	94	1048	—	681
1993	183	375	3531	862	3667
1994	291	327	3691	969	8128
1995	323	150	3474	938	4036
1996	530	425	9842	2867	21332
1997	745	1294	17529	5204	30722
1998	851	842	19506	5746	23544
1999	949	945	26471	8214	31320
2000	1088	2103	48091	16088	60827
2001	1160	1252	43522	14463	38305
2002	1224	962	38329	12485	27990
2003	1287	1358	42458	13179	32115
2004	1377	1511	37056	11689	42334
2005	1381	1883	32430	10631	31665
2006	1434	5594	89404	25004	90469
2007	1550	8680	327141	93064	460556
2008	1625	3852	121366	45214	267113
2009	1718	6125	243939	151259	535987
2010	2063	11972	265423	193110	545634
2011	2342	5814	214758	164921	421645
2012	2494	4134	230358	181658	314667

　　资料来源：国泰安 CSMAR 数据库。

　　从表 7 - 2 来看，上市公司数量、股票市值、股票成交额都处于上升态势，尤其是股票市值和股票成交额，在 2008 年以前呈现出直线上升趋势，虽然在 2001—2002 年及 2005 年间有所下降，但在 2007 年达到峰值。虽然我国股市易受到政策的影响，但总的来看，股票市场处于不断完善过程中。而股市的发展对企业的竞争力提升以及经济发展都具有不可替代的作用，尤其是在要素配置效率和资产组合方面对于企业发展具有低成本的优势。而众多的研究也证实了股市与经济发展的相关关系。

　　Atje 和 Jovanovic（1993）采用 72 个国家的样本数据进行检验，发现股市规模的发展和经济增长存在着很强的正相关，股票市场交易率每增加 1%，经济增长率上升 0.083%。因此得出一国股票市场的相对规模有助于解释随后的人均国内生产总值增长的结论，支持了股票市场发展对经济增长有积极影响的观点。Levien 和 Ross（1996）在阿特耶和加弗瑞克对股票市场和经济增长的研究基础上，采用工具变量法，对 41 个国家数据建立多国回归经济计量模型，检验结果显示，即使是在控制了初始人均 GDP 水平、初始人力资本投资、政治稳定性和货币、财政和汇率政策尺度后，股票市场发展与经济增长仍然显著正相关。Levien 等人（1996）利用 41 个国家的数据，采用股市的规模、流动性、集中度、易变性以及国际一体化指标，也发现人均实际 GDP 和股票市场发展之间存在很强的正相关关系。Murinde（1996）将综合金融市场效应的内生增长经济模型作了扩展，纳入股票市场变量对 7 个太平洋地区的国家和地区进行估计和检验，结果也证实股票市场对经济增长有重大影响。

　　随后的实证研究更加侧重于动态上由时序数据和平行数据考察两者的因果关系。Ardstis 等（2000）采用时间序列方法对 5 个发达经济体的季度数据进行检验，Rousseau 和 Wachtel（2000）利用平行数据的检验方法检验了 40 个国家的观察值，都发现股票市场发展可以解释随后的经济增长。Gursoy 和 Musiumov（2000）收集了 20 个国家的数据，揭示了股票市场和经济增长之间有双向因果关系。而其对单个国家时序数据的分析并没有得出明确的结论，只表明发展中国家中股票市场与经济增长之间存在着很强的联系。Beck 和 Levien（2002）采用了广义矩法（GMM）发现股票市场对经济增长有积极的影响，而且这些结果并非是由联立、省略变量或未观测的国家的特定影响而引起的潜在的偏差所造成的。韩廷春（2001）采用我国 1978—1999 年的数据进行分时间阶段的回归分析，发现股市对我国经济增长的影响是显著的，虽然程度微弱。万寿桥和李小胜（2004）采用1985—2001年的数据在VECM模型的基础上检验发现我国股市发展与经济增长之间的关系是相互的。

从图7-5—图7-9来看，股票市值、股票流通市值和股票交易额占GDP的比重以及股票市场资本化程度呈现上升趋势，股票市场换手率处于下降趋势，意味着股市价值投资比重在上升，所有这些都表明股票市场的发展对于经济的影响程度日趋明显，其重要性不断提升，从世界范围来看，在进入工业化中后期，股票市场对于企业间的资源融合作用是其他市场行为都不可比拟的，企业间的资源重整、兼并、收购等行为通过股票市场具有速度快成本低的优势，这对于企业竞争力提升具有重要作用。

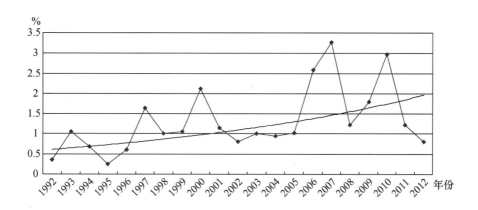

图7-5 股票筹资额占GDP比重

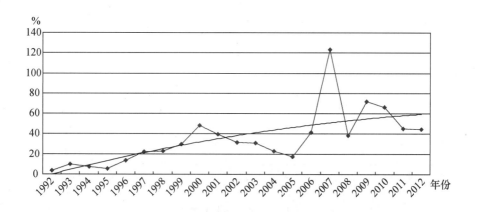

图7-6 股票市价总值占GDP比重

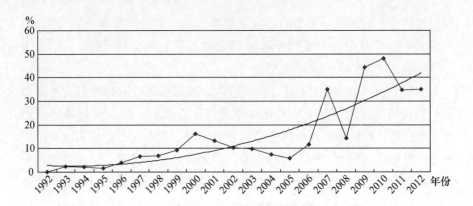

图 7 - 7　股票流通市值占 GDP 比重

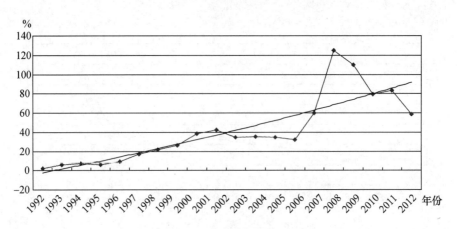

图 7 - 8　股票市场资本化程度

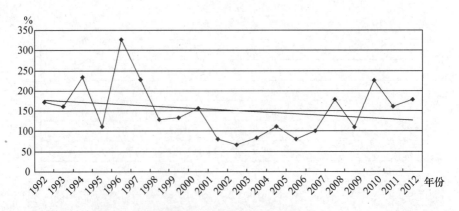

图 7 - 9　股票市场换手率

资料来源：世界银行金融结构数据库。

而以股票市场为代表的资本市场对企业竞争力的拓展有以下促进作用①：（1）获取比单纯依靠银行信贷更高的资金融通效率。（2）企业通过上市规范运作、信息披露、接受相关部门监管等，有利于建立归属清晰、权责明确的现代产权制度和科学、合理、规范的现代企业制度，提高企业家的经营和管理水平。（3）资本市场是企业"一揽子"生产要素优化配置不可或缺的平台，企业的资产重组、并购都需依靠它。与单纯依靠银行融资方式相比，资本市场对企业家的激励和约束效果更加显著。（4）在市场经济中，企业要成长壮大，就必须高度重视产品、服务与市场需求的紧密结合。但企业生产经营的努力难以仅通过财务核算来确定，通过市场交易则能更充分及时地反映出来。在资本市场中，千千万万投资者按市场经济原则来比较、筛选，并对相关企业的产品、项目及企业的整体价值形成综合判断后所致的投资决策及其在公司市值上的反映，可产生源源不断的信息流，这是其他任何评估系统所难以提供也难以替代的，并因此可使企业家资源获得内生性的拓展。（5）在市场经济中，企业家经营努力后所获取的绩效与回报及其保障（如剩余索取权），是企业家精神培育和企业家才能发挥的主要动力源泉，也是企业家持续不懈经营努力的重要驱动力，而这离不开资本市场。因此，相对完善的资本市场对企业家所产生的激励是内在的、持久的。同时，这一市场也是实现企业家优胜劣汰的重要途径。应该指出，资本市场的经济功能绝不仅仅是为企业提供融资，更重要的是其通过"一揽子"要素较高效率的交易而产生的信息流，在动态评估企业家时才能发挥独特的重要作用。

第三节　金融市场结构演变

从金融市场发展的历程来看，随着经济发展，金融市场的结构相应也在发生变化，由传统的银行体系主导资本配置逐步转向资本市场主导，这一发展模式的转变是与金融制度创新、企业所有制结构、企业形式、企业发展空间的变动相适应的，随着我国金融制度的发展和变迁，必然会对金

---

① 张小蒂、贾钰哲：《中国动态比较优势增进的机理与途径》，《学术月刊》2012 年第 5 期。

融结构产生影响。从理论层面而言，金融制度是一种节约交易费用和提高金融资源配置效率的制度安排，其对金融市场结构变迁的决定作用主要是通过金融制度对金融市场发展的影响而发生的。金融制度内容的安排将会直接影响金融市场结构调整和优化的全面性。金融市场结构优化的目的在于最大限度地发挥金融市场的整体功能和提高金融市场的核心竞争力，不断提高金融市场的运行和交易效率。

对于我国而言，金融市场结构主要表现为以股票市场为代表的资本市场和以银行为代表的间接融资市场，这两种资本配置渠道之间的结构比例对于降低融资成本、提高交易效率、拓展企业发展空间起着重要的作用。结合已有的研究文献，可以通过以下四个指标来衡量一国金融结构的发展水平：股票筹资额/银行贷款增加额、股票市值/银行贷款余额、股票市场资本化程度/银行贷款余额、股票交易额/银行贷款余额。从国外金融市场的发展来看，这四个指标的上升意味着资本配置效率的提高，企业的竞争力也处于不断提升的状态。图 7 - 10 给出了这四个指标的变动趋势。

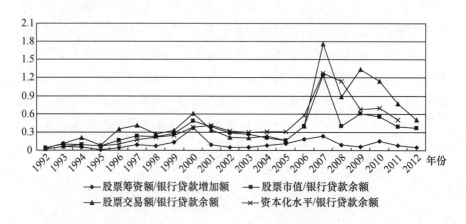

图 7 - 10　金融结构指标变动趋势

资料来源：国泰安 CSMAR 数据库、世界银行金融结构数据库。

从图 7 - 10 中可以看出，股票市值、股票交易额、资本化水平与股票筹资额的比值虽然处于波动状态，但总体上处于上升趋势；股票市场筹资额与银行贷款增加额的比值却始终处于低位，表明企业主要的融资渠道还是来源于间接融资，股票市场规模的扩张主要处于交易过程，一方面是上市公司数量过少，另一方面则是定价过高，导致市场交易额的上升，这种情况意味着我国的金融市场结构还不甚合理。

合理的金融市场结构是指金融市场中的各子市场和组成要素之间的相互适应、相互配合和相互协调的过程。具体表现为各子市场能够适应经济发展的需要、各子市场之间均衡发展以及各子市场内部组成要素比例的合理搭配等。它反映了金融市场和国民经济发展之间的综合协调特征，有利于金融市场整体功能的发挥和金融效率的提高；这种不合理的金融市场结构导致金融市场结构初级化，而金融结构高级化是指金融市场结构层次由简单到复杂、由低级到高级、由封闭到开放的转换和提升的过程。具体表现为金融市场主体的日益成熟、金融工具的不断丰富、交易价格的逐步合理、交易组织方式的不断改进创新和金融市场结构纵向层次的提升等。它反映了金融市场在国民经济发展中的深度和广度特征。另外，金融市场结构的不合理和初级化也导致金融市场的整体效率不高，金融市场效率的高低也直接反映出金融市场结构的合理化程度。因此，金融市场效率是制约金融市场结构优化的关键因素。金融市场效率具体包括市场运营效率、市场交易效率、市场定价效率、资金配置效率以及竞争效率与信息集散效率等。衡量金融市场效率高低的标准，就是看其能否将资金配置到回报率最高的产业部门和企业，促进实体经济的快速发展。这说明，金融交易的机制或效率直接决定着一国金融市场的均衡结构，这种结构总是随着金融交易效率的变化而变动。

第四节　区域金融市场发展

考虑到我国经济发展水平的差异性，区域经济具有相当的复杂性和多样性，并对宏观经济政策产生巨大的影响，在各地区技术、经济与社会发展不平衡的格局下，便需要形成按经济区设立区域金融市场，以适应经济商品化和货币化发展的要求，促进资金的横向融通和直接筹集建设资金，以促进区城经济的发展。

我国经济的非均衡状态还表现为未存在完善的统一市场，缺乏灵敏的价格体系。在市场不完善和价格不能起到自行调节供求作用的条件下，各种经济力将会根据各自的具体情况而调整到彼此相适应的位置，并在这个位置上达到均衡。显然，在非均衡背景下达到的均衡，并非市场完善前提下的均衡，而是市场不完善前提下的均衡。这就决定了我国金融市场的生存与发展，也是置于这种非均衡的经济状态下的。

而金融市场与区域经济之间存在一种紧密联系，二者呈现一种相互促进、相互制约的互动关系。金融市场通过对资本资源的合理配置和信息公开来推动区域经济的发展，提高市场机制的运行效率；但它同时也受到经济发展水平和经济政策的制约。金融市场的发展反映了实体经济的发展，并对其具有反向能动作用，即产业资本和资金资本的结合，可以使经济呈现出几何级数的增长。表 7-3—表 7-7 从不同的角度考量了区域金融发展状况。

表 7-3   **各地区贷款余额占 GDP 比重**

	1990 年	1995 年	2000 年	2005 年	2010 年	2011 年
东部地区	0.9039	0.8141	0.9878	1.0877	1.2560	1.2224
中部地区	0.8666	0.8798	0.9691	0.7997	0.8403	0.8078
西部地区	0.9172	1.0710	1.1290	1.0806	1.0347	1.1668
北京	1.1443	1.1800	1.9003	1.9789	2.0369	1.9957
天津	1.3375	1.1953	1.0950	1.1310	1.3946	1.3175
上海	1.2342	1.1293	1.2491	1.5550	1.6294	1.5964
江苏	0.7155	0.5578	0.6977	0.8278	1.0168	0.9747
浙江	0.6833	0.5913	0.8832	1.2340	1.6336	1.5866
福建	0.7313	0.5617	0.6478	0.7733	1.0335	1.0345
广东	0.8128	0.9263	1.0908	0.9197	1.0019	0.9804
山东	0.7721	0.6317	0.7447	0.7286	0.7843	0.7755
河北	0.7043	0.5539	0.5815	0.6407	0.7726	0.7401
山西	0.8314	1.1367	1.3291	0.9996	1.0471	0.9939
内蒙古	0.8547	0.9566	0.8711	0.6629	0.6785	0.6774
辽宁	1.0705	1.0316	1.1128	0.9889	1.0126	1.0272
吉林	1.1922	1.1456	1.3585	0.9206	0.8314	0.7689
黑龙江	0.9753	0.8920	0.9980	0.6635	0.6973	0.6963
安徽	0.6779	0.7065	0.8218	0.8063	0.9266	0.8973
江西	0.7909	0.8845	0.8686	0.7442	0.8208	0.7840
河南	0.8271	0.7262	0.8622	0.7022	0.6873	0.6500
湖北	0.8889	0.8298	0.9855	0.8573	0.8853	0.7978
湖南	0.6972	0.6633	0.6767	0.6836	0.7184	0.6844
广西	0.7266	0.7049	0.7756	0.7673	0.9384	0.9083
四川	1.0240	1.1477	1.0319	0.9131	1.1131	1.0707
贵州	0.7070	0.8070	1.0339	1.1642	1.2489	1.1999
云南	0.6096	0.7566	0.9884	1.1516	0.1463	1.3622

续表

	1990 年	1995 年	2000 年	2005 年	2010 年	2011 年
陕西	0.9528	1.0923	1.2157	1.0126	1.0098	0.9668
甘肃	0.9356	1.2211	1.1123	0.9946	1.0758	1.0893
新疆	0.8940	1.0350	1.0290	0.8725	0.9146	0.9486
青海	1.0326	1.3069	1.3219	1.1753	1.3497	1.3359
宁夏	1.1823	1.2015	1.2990	1.3612	1.4196	1.3607

资料来源：历年《中国统计年鉴》，各省份统计年鉴。

表7-4　　　　私营企业贷款占全部金融机构贷款总额的比重　　　单位：亿元

	1990 年	1995 年	2000 年	2005 年	2010 年	2011 年	2011 年总额
东部地区	0.0378	0.0316	0.0334	0.0272	0.0495	0.0529	17672.1327
中部地区	0.0030	0.0022	0.0048	0.0089	0.0269	0.0319	4010.8232
西部地区	0.0064	0.0052	0.0086	0.0061	0.0114	0.0123	630.9504
北京	0.0120	0.0024	0.0132	0.0123	0.0099	0.0127	413.0099
天津	0.0002	0.0031	0.0084	0.0082	0.0050	0.0067	99.9239
上海	0.1132	0.1059	0.0998	0.0692	0.0097	0.0107	327.8998
江苏	0.0000	0.0010	0.0046	0.0104	0.0689	0.0913	4369.9672
浙江	0.0548	0.0312	0.0254	0.0390	0.0541	0.0563	2888.7302
福建	0.1097	0.0713	0.0842	0.0286	0.0865	0.0851	1545.7400
广东	0.0112	0.0344	0.0264	0.0389	0.1440	0.1410	7356.2000
山东	0.0012	0.0031	0.0048	0.0109	0.0175	0.0191	670.6617
山西	0.0019	0.0007	0.0045	0.0113	0.0218	0.0199	0.0000
内蒙古	—	0.0014	0.0075	0.0102	0.0279	0.0372	362.0531
辽宁	0.0003	0.0003	0.0050	0.0147	0.0207	0.0257	586.2920
吉林	0.0003	0.0008	0.0043	0.0207	0.0749	0.0787	639.6185
黑龙江	0.0120	0.0020	0.0056	0.0073	0.0273	0.0333	604.5890
安徽	0.0010	0.0004	0.0042	0.0057	0.0177	0.0221	302.9539
河南	0.0057	0.0061	0.0029	0.0031	0.0282	0.0411	719.2770
湖北	0.0015	0.0011	0.0037	0.0067	0.0105	0.0105	164.3133
湖南	0.0022	0.0038	0.0040	0.0067	0.0213	0.0335	451.0020
广西	0.0047	0.0050	0.0063	0.0024	0.0189	0.0170	180.7244
四川	0.0008	0.0002	0.0059	0.0050	0.0123	0.0131	295.7564
贵州	0.0043	0.0072	0.0113	0.0055	0.0103	0.0109	74.3000
陕西	0.0194	0.0104	0.0116	0.0056	0.0060	0.0071	85.9180
甘肃	0.0031	0.0032	0.0078	0.0122	0.0170	0.0177	96.6874
新疆	0.0047	0.0050	0.0063	0.0024	0.0113	0.0125	78.2885

资料来源：历年《中国统计年鉴》，各省份统计年鉴。

表 7 - 5　　　　　　　　　　　四大国有商业银行贷款比重

	1990 年	1995 年	2000 年	2005 年	2010 年	2011 年
东部地区	0.8121	0.6245	0.6219	0.5113	0.4733	0.4636
中部地区	0.8946	0.7159	0.6503	0.5522	0.4567	0.4330
西部地区	0.8956	0.7502	0.7050	0.6300	0.4882	0.4499
北京	0.8768	0.6381	0.5093	0.4005	0.4914	0.4735
天津	0.8957	0.7316	0.6970	0.5285	0.4471	0.3310
上海	0.7041	0.4980	0.5048	0.4244	0.4511	0.3479
江苏	0.7938	0.5895	0.6077	0.5237	0.3330	0.4853
浙江	0.7793	0.6344	0.6887	0.5273	0.4594	0.4428
福建	0.7813	0.6728	0.7690	0.6813	0.6101	0.6452
广东	0.9572	0.5433	0.5286	0.4070	0.4813	0.5077
山东	0.7672	0.5688	0.4615	0.4435	0.4473	0.4291
河北	0.7538	0.7440	0.8304	0.6659	0.5387	0.5092
山西	0.9909	0.6211	0.8440	0.6190	0.4484	0.4295
内蒙古	1.0000	0.9208	0.8893	0.8403	0.5050	0.4906
辽宁	0.7913	0.4766	0.4731	0.4524	0.3942	0.3589
吉林	0.9834	0.5714	0.5324	0.4319	0.4321	0.4321
黑龙江	0.9058	0.5296	0.5528	0.5797	0.4743	0.4369
安徽	0.8986	0.8320	0.5421	0.5335	0.4602	0.4358
江西	0.7575	0.8351	0.6524	0.5250	0.4540	0.4419
河南	0.8233	0.7910	0.4946	0.4385	0.4236	0.4148
湖北	1.0000	1.0000	0.9009	0.4423	0.4755	0.4454
湖南	0.8710	0.6614	0.5908	0.5761	0.4618	0.4385
广西	0.8192	0.6355	0.6813	0.6358	0.4945	0.4383
四川	0.8281	0.6046	0.5572	0.5301	0.4742	0.4492
贵州	0.9412	0.8910	0.7114	0.6431	0.4768	0.4444
陕西	1.0000	0.8335	0.7548	0.6066	0.4484	0.4206
甘肃	0.8897	0.7865	0.8204	0.7343	0.5393	0.4849
新疆	0.8192	0.6355	0.6813	0.6358	0.5025	0.4504

资料来源：历年《中国统计年鉴》、《中国金融年鉴》、《中国人民银行区域金融运行报告》，各省份统计年鉴。

表 7 - 6　　　　　　　固定资产投资贷款额　　　　　　　单位：亿元

	1990 年	1995 年	2000 年	2005 年	2010 年	2011 年
东部地区	335.3636	1734.8454	3203.3626	8561.1189	20283.4935	19860.3956
中部地区	258.4131	1173.7211	1758.2883	4434.3823	13388.4202	14137.4479
西部地区	173.5701	530.4859	1035.3158	2214.0343	8049.7099	7034.3696
北京	22.8000	122.7000	373.8000	1055.8492	2218.7000	1853.6000
天津	16.9000	78.8554	111.4802	422.7194	1684.2559	1687.2480
上海	62.5200	278.1200	379.2100	955.2900	1568.7900	1330.9900
江苏	45.4700	270.1600	489.0400	1264.4900	3343.4700	3751.2400
浙江	17.1380	146.4870	393.8012	1433.9951	2442.7586	2607.1273
福建	22.8800	113.1900	181.7600	531.2600	1543.1700	1630.8400
广东	73.9200	376.1100	584.3400	1366.0900	3171.7600	2827.1500
山东	38.7756	202.6830	368.7412	962.0752	2149.0490	2516.4403
河北	34.9600	146.5400	321.1900	569.3500	2161.5400	1655.7600
山西	32.1680	77.2341	131.2842	403.6141	991.1157	918.2575
内蒙古	13.2199	58.3256	76.1680	517.5125	1115.8800	1272.9200
辽宁	54.2955	178.3371	252.2219	516.8000	2485.7000	2691.3000
吉林	18.6452	70.9316	114.9800	234.4000	543.6100	461.6500
黑龙江	24.9727	81.4730	122.7861	164.5324	530.9293	510.3397
安徽	19.1245	89.2179	159.2274	487.4000	1201.3998	1213.9795
江西	16.0343	52.2011	104.1895	305.2771	781.7388	741.1341
河南	26.9100	186.6300	237.2200	681.5400	1574.3000	2100.7400
湖北	22.2200	192.7200	243.9000	474.2100	1768.7900	1707.4600
湖南	26.1200	101.2400	213.4100	346.4400	1227.9900	1316.4500
广西	4.7030	85.4107	102.9012	302.6562	1166.9666	1203.2171
四川	43.2200	145.1800	260.1596	559.2800	2532.9700	2291.6500
贵州	28.7712	39.4444	118.3300	305.4100	852.6200	952.7200
云南	15.7374	79.7980	152.4937	500.7788	1399.3200	1066.8700
陕西	27.5476	81.2332	168.0172	360.9576	1457.2867	994.1717
甘肃	19.1644	60.5525	116.3800	174.0600	650.1700	488.6780
新疆	29.4985	81.8914	134.6175	167.7020	575.0361	667.9368
青海	4.3800	21.9800	36.2500	63.8400	178.5100	215.5000
宁夏	5.2510	20.4064	49.0678	82.0059	403.7971	356.8431

资料来源：历年《中国统计年鉴》，各省份统计年鉴。

表 7 - 7   储蓄投资转换率

	1990 年	1995 年	2000 年	2005 年	2010 年	2011 年
东部地区	1.1367	0.8352	0.7461	0.6865	0.7235	0.7382
中部地区	1.5100	1.1769	0.9352	0.6979	0.6744	0.6867
西部地区	1.2551	1.1125	0.9058	0.7516	0.7137	0.7300
北京	0.6411	0.5044	0.6156	0.5160	0.4561	0.4569
天津	1.5801	1.0315	0.8168	0.7771	0.8085	0.8810
上海	1.2998	1.0121	0.7759	0.7203	0.6544	0.6393
江苏	1.1753	0.8214	0.7104	0.6998	0.9736	0.9717
浙江	1.0200	0.8018	0.7430	0.8079	0.8474	0.8585
福建	1.0625	0.8105	0.7831	0.6993	0.8319	0.8627
广东	1.1104	0.7751	0.6930	0.5797	0.5889	0.6007
山东	1.2502	0.9137	0.8311	0.7824	0.7474	0.7591
河北	1.0910	0.8466	0.7457	0.5959	0.6037	0.6137
山西	1.1361	0.9494	0.9333	0.5966	0.5187	0.5339
内蒙古	1.6076	1.4477	1.0556	0.7849	0.7705	0.8064
辽宁	1.3774	1.0992	0.8836	0.6650	0.6828	0.7405
吉林	2.0107	1.6467	1.1853	0.7805	0.7501	0.7473
黑龙江	1.6856	1.1417	0.9435	0.5963	0.5633	0.5966
安徽	1.5200	1.1507	0.9595	0.7197	0.6998	0.7076
江西	1.5629	1.1189	0.8846	0.6791	0.6587	0.6443
河南	1.3015	1.0181	0.9166	0.7432	0.6856	0.6570
湖北	1.8024	1.3205	0.9780	0.6903	0.6554	0.6540
湖南	1.4028	1.1365	0.8360	0.6939	0.6792	0.6924
广西	1.2033	0.9161	0.7110	0.7273	0.7549	0.7737
四川	1.3207	1.1198	0.8981	0.6807	0.6314	0.6438
贵州	1.2737	1.0736	0.9622	0.8295	0.7805	0.7826
云南	0.9423	0.7788	0.8062	0.7757	0.7880	0.7889
陕西	1.3852	1.0322	0.8236	0.6179	0.6085	0.6161
甘肃	1.1935	1.0840	0.8348	0.6642	0.6230	0.6515
新疆	1.2033	0.9161	0.7110	0.7273	0.5606	0.6037
青海	1.2883	1.7273	1.2441	0.8711	0.7857	0.7897
宁夏	1.4341	1.1682	0.9666	0.8463	0.9320	0.9642

资料来源：历年《中国统计年鉴》，各省份统计年鉴。

从贷款余额占 GDP 的比重来看，这一指标在很大程度上可以反映金融深化的程度，并且这一指标有一半以上的省份超过 1，考虑到 GDP 的增长速度，意味着贷款的增长速度要快于 GDP 增长，这种情况可以从两个层面加以解读，一方面，金融市场尤其是信贷市场在经济发展过程中的作用日益突出；另一方面，宽松的货币政策导致货币投放量不断增加，尤其是在 1997 年亚洲金融危机和 2008 年美国金融危机之后，刺激性的货币政策导致银根松动，量化宽松的货币政策表现出来的结果便是贷款投放量的扩张。

从区域比较来看，东部地区的贷款余额占 GDP 的比重在 2000 年以后明显超过中西部地区，这反映了我国的资本主要向东部经济发达地区流动这样的事实，考虑到东部的经济增长速度在近年来要慢于中西部地区，表明东部地区信贷扩张对经济的拉动作用呈现边际递减的规律。

从私营企业从银行部门获取的贷款来看，一是获取的贷款占全部银行贷款的比重普遍不高，2011 年，比重最低的天津只有 0.67%，最高的广东也只有 14.1%，表明私营企业从银行获得贷款的规模要远低于其他类型的企业；二是私营企业贷款所占比重呈现上升趋势，表明私营企业获得贷款的增长速度要快于贷款总量的增长。

从区域比较来看，2011 年，东部地区的私营企业获得贷款的比重为 5.29%，中部地区为 3.19%，西部地区为 1.23%，从贷款总额来看，东部地区达到了 17672.1327 亿元，中西部地区分别只有 4010.8232 亿元和 630.9504 亿元，东部地区的私营企业平均贷款额就已经超过了整个西部地区，这也与区域经济发展现状相适应，东部地区的私营企业无论在数量还是在发展水平上都远高于中西部地区，私营企业的工业总产值占 GDP 的比重东部地区要高于中西部地区，其对经济增长的贡献相对明显，这种情况同样印证了这样一种观点，金融市场越发达的地区，私营企业的形成速度、发展规模相应也就越高。

从银行业的市场结构来看，四大国有商业银行的贷款比重呈现下降趋势，1990 年各地区四大行的贷款比重基本都在 80% 以上，到 2011 年，这一比重下降到 45% 左右，东中西部地区呈现出相同的规律，这种市场结构的变化是随着股份制商业银行、城市商业银行、保险信托等金融机构的不断产生而发生。虽然四大行的市场份额仍然占主导地位，但多种金融机构的出现必然导致市场结构的竞争性有所提高。

从宏观层面来看，银行业竞争程度的提高有助于提升信贷的配置效率，从整体上使得资本流向生产率高的行业和企业，增加了生产率高的企业获得资本的可能性，从而优化信贷结构，这对于提升企业的竞争力将起到促进作用；从微观层面来看，竞争程度的提高将激励银行部门遵循市场准则，按照成本—收益来确定其市场行为，从而有利于提升整个银行业内部的资本回报率、资产收益率等财务指标，进而对关系型信贷起到约束作用，减少银行业的呆账坏账率。

从固定资产投资贷款来看，各个地区和省份在固定资产投资资金来源中，银行贷款构成了相对重要的组成部分，呈现出普遍上升的趋势，而固定资产投资意味着企业的资本形成，从银行贷款的高低决定了企业资本形成的水平，这也就意味着，越容易从银行获得贷款，就越有利于一个地区的资本形成。银行业的效率越高的地区，其资本形成速度相应也就越快。

从区域比较来看，东部地区的固定资产投资中资金来源于银行贷款的总量要远高于中西部地区，意味着东部地区的资本形成得到银行部门的支撑作用要高于中西部地区，表现出来的结果便是东部地区的投资水平，包括基本建设投资和更新改造投资水平要高于中西部地区，而我国经济增长更加依赖的便是投资，因此，我国区域之间发展水平的差异，在很大程度上是投资水平差异，这依赖于区域金融市场发展对投资的支撑作用。基于这样的理解，区域经济发展差异间接反映了金融发展水平的差异。

总体来看，我国的储蓄投资转换率处于下降趋势，表明以银行体系为主导的金融市场在提高资本配置效率方面的效果并不理想。资本配置效率不高意味着资本无法从低收益行业流向高收益行业，实际上限制了高收益行业的发展。韩立岩等（2002）使用中国 39 个工业行业的数据度量资本配置效率后发现，中国的资本效率属于很低的水平，金融市场应有的资本高效优化配置机制没有建立起来。在信贷市场上，银行信贷资金的配置效率低，在资金需求量旺盛的情况下银行体系中却存在着大量信贷资金的闲置，其中相当多的部分在银行内部循环，这说明银行对于资金的配置存在着很大的不合理性。潘文卿和张伟（2003）的研究进一步表明，中国的信贷行为对资本配置效率的提高起抑制作用。他们在将中国的信贷市场进一步分解成国有银行的信贷和非国有银行金融机构的信贷与投资两个市场后发现，导致中国信贷市场与资本配置效率不相关甚至负相关的主要原因在于国有银行的信贷行为。尽管中国的金融业经过多年的发展与改革，已建立了银行、证券、保险、信托投资公司、财务公司、信用社等多种金融机构。但银行特别是国有银行的垄断格局并未被实质性打破。国有银行改革的相对滞后，降低了整个社会的资本配置效率。积极稳妥地发展各种非国有银行类型的金融机构，使其在中国的信贷与投资市场上占有更大的规模。这将更大地提高中国的资本配置效率。

第八章　FDI 挤出效应的实证检验

第一节　挤出效应的总体检验

根据经验判断和以往的研究，给出本章的命题：

命题 1：外资对国内资本形成的影响取决于中国金融市场能否有效整合金融资源，以及金融市场的运营效率能否降低融资成本并为国内资本形成提供有效的资本供应，如果金融市场整合效率和运营效率低下，将导致溢出效果不明显，甚至存在挤出效应。

命题 2：我国存在着不同程度的信贷歧视和信贷规模约束以及资本市场不完善，不同类型企业的资本形成受到外资的影响存在着差异，最难获得金融体系资金支持的企业最有可能受到外资的挤出。

命题 3：外资在我国投资具有明显的行业倾向，外资规模不断扩张的行业以及外资具有明显比较优势的行业很可能存在着较为明显的挤出效应。

鉴于目前在检验外商直接投资与国内资本形成的关系方程中，大多数采用流量指标，即用 FDI 与相关指标的检验来判断其对相关指标的影响程度，我们打算采用存量与流量相结合的方法来判断 FDI 对国内资本形成的影响，通过省区的面板数据来判断 FDI 是否对国内资本形成产生挤出效应，构建以下三个检验方程：

$$\log(dcapital_{it}) = \alpha_0 + \alpha_1 \log(fcapital_{it}) + \alpha_2 \log(finance_{it}) + \xi$$

$$\log(dinvest_{it}) = \beta_0 + \beta_1 \log(finvest_{it}) + \beta_2 \log(finance_{it}) + \xi$$

$$\log(dvalue_{it}) = \gamma_0 + \gamma_1 \log(fvalue_{it}) + \gamma_2 \log(finance_{it}) + \xi$$

$dcapital_{it}$、$fcapital_{it}$ 分别表示 i 地区 t 时间的国内企业与外资企业的资产，$dinvest_{it}$、$finvest_{it}$ 分别表示 i 地区 t 时间的国内企业与外资企业的固定资产投资，$dvalue_{it}$、$fvalue_{it}$ 分别表示 i 地区 t 时间的国内企业与外资企业的工业总产值，$finance_{it}$ 表示 i 地区 t 时间的金融市场发展水平，这些指标包括储蓄投资转换率（$saveinvest$）、私营企业贷款比重（$private$）、贷款占 GDP 比重（$loan$）、固定资产投资中贷款比重（$investloan$）、银行业竞争程度（$bcompete$）、股票市值占 GDP 比重（$stockvalue$）、股票交易额占 GDP 比重（$stocktrade$）。

$finance_{it}$ 表示 i 地区 t 时间的金融市场效率，分别用贷款占 GDP 比重、储蓄投资转换率、私营企业贷款比重、银行业竞争程度、固定资产投资贷款占金融机构全部贷款比重和股票市值占 GDP 比重加以表示，为了避免回归过程中产生的自相关性，在回归检验过程中，每次用一个指标来代替 $finance$。

在省份的选择上包括全国 25 个省、自治区和直辖市，考虑到数据的可获得性，未包括重庆、青海、宁夏、海南、西藏和云南（资料来源：《中国统计年鉴》、各地区统计年鉴、《中国工业经济统计年鉴》、《中国金融年鉴》、《中国人民银行区域金融运行报告》、国泰安 CSMAR 数据库、ESP 数据平台）。根据 Hausman 检验，选用固定效应模型。回归结果见表 8-1—表 8-3。

表 8-1　　外资资产对国内企业资产的挤出效应（1993—2011 年）

	log（dcapial）						
α_0	1.63	1.41	1.97	0.69	2.01	1.9	1.38
	-25.72	-17.48	-21.07	-4.11	-16.48	-12.02	-16.52
log（fcapital）	0.76	0.65	0.8	0.75	0.72	0.68	0.79
	-25.92	-17.3	-21.24	-18.58	-19.11	-17.88	-20.61
log（$loan_1$）		-0.15					
		（-0.83）					
log（saveinvest）			1.3				
			-9.47				
log（private）				-0.19			
				（-5.21）			
log（bcompete）					0.92		
					-6.27		
log（investloan）						0.25	
						-3.54	
log（stock）							-0.14
							（-4.86）
F 值	36.17	17.35	24.43	20.02	20.43	18.3	22.87
R^2	0.67	0.51	0.6	0.55	0.55	0.52	0.59

注：括号内为 t 值，以下均相同。

表 8 - 2　　外资产值对国内企业产值的挤出效应（1993—2011 年）

	log (value)						
γ_0	3.9 -24.05	3.82 -23.59	3.75 -16.33	3.19 -8.06	3.72 -22.02	3.58 -19.26	3 -14.36
log (fvalue)	0.71 -27.61	0.71 -28.12	0.74 -17.13	0.75 -21.75	0.73 -21.65	0.7 -25.82	0.8 -15.84
log (loan₁)		-0.69 (-3.49)					
log (saveinvest)			0.24 -0.93				
log (private)				-0.07 (-1.50)			
log (bcompete)					0.12 -0.59		
log (investloan)						-0.15 (-1.93)	
log (stock)							0.02 -0.49
F 值	52.64	52.36	50.63	48.92	52.24	52.76	46.92
R^2	0.74	0.75	0.74	0.74	0.75	0.75	-0.75

表 8 - 3　外资固定资产投资对国内企业固定资产投资的挤出效应（1993—2011 年）

	log (dinvest)						
β_0	3.47 -31.78	3.3 -30.87	3.94 -36.09	4.87 -23.81	3.26 -29.64	3.06 -24.02	2.54 -26.17
log (finvest)	0.86 -36.49	0.91 -39.81	0.69 -24.86	0.84 -34.09	0.86 -30.26	0.9 -36.88	0.66 -27.04
log (loan₁)		-0.06 (-0.46)					
log (saveinvest)			-1.59 (-11.32)				
log (private)				0.27 -9.87			
log (bcompete)					-0.45 (-3.27)		
log (investloan)						-0.15 (-2.84)	
log (stock)							0.27 -16.09
F 值	78.01	84.19	114.58	103.65	85.6	84.96	146.91
R^2	0.83	0.83	0.87	0.87	0.84	0.84	0.9

从表 8 - 1 至表 8 - 3 的回归结果来看，外资流入无论是对于国内企业的资产、工业总产值还是固定资产投资都产生积极作用，因此，基于这三个变量的分析，可以在某种程度上认为外资对国内企业的投资、产出并没有产生挤出效应。

具体而言，从表 8 - 1 的回归结果来看，变量 log（fcapital）的系数全部为正，表明外资资产的增加将会对国内企业资产增加产生溢出而非挤出效应，外资的流入在国内资本形成过程中起着促进作用，这也印证了钱纳里提出的两缺口模型，即外资进入在弥补国内资本短缺方面的重要作用，从这个角度而言，外资进入对于中国经济增长起着积极作用。另外，从具体的变量关系来看，外资资本存量每增加一个百分点，国内资本相应会提升 0.76 个百分点，而在引入金融市场相关变量后，外资资本对国内资本的影响作用变化差异较大，具体而言，储蓄投资转换率（saveinvest）和股票市值占 GDP 比重（stock）的提升将导致外资对国内资本形成的作用分别提升 0.04 个和 0.03 个百分点，而贷款占 GDP 比重（loan）、私营企业贷款比重（private）、银行业竞争程度（bcompete）和固定资产投资贷款（investloan）这些指标的引入将导致外资对国内资本形成的促进作用下降。因此，提升直接融资比重及银行储蓄投资转换率这些宏观指标对外资的积极意义目前来看要大于其他微观指标。

从表 8 - 2 的结果来看，引入金融市场相关控制变量后，外资对国内企业总产值的促进作用都有所提升，尤其是资本市场发展指标和对私营企业贷款比重指标引入后，外资对国内企业产值的促进作用提升更为显著。因此金融市场发展对于国内企业产出的促进作用相对明显。从表 8 - 3 的结果来看，贷款占 GDP 比重提升和企业固定资产投资贷款比重上升对于提升国内企业固定资产投资的作用相对明显，同时，外资流入在更大程度上促进国内企业固定资产投资，这也就意味着，外资流入在促进国内企业固定资产投资方面的作用在贷款总额和获得固定资产投资所需要的贷款比重上升情况下，效果更为明显。

第二节　外资对不同类型国内企业的挤出效应

由于不同类型的企业所受到的约束条件不同，其在面临外资进入时表现出来的结果差异较为明显，本节将检验外资对不同类型的国内企业的挤出效应，检验方程如下：

$$\log(dvalue_{it}) = \alpha_0 + \alpha_1 \log(fvalue_{it}) + \beta_2 \log(finance_{it})$$

$$\log(dcapital_{it}) = \beta_0 + \beta_1 \log(fcapital_{it}) + \beta_2 \log(finance_{it})$$

其中，$dvalue_{it} \in (gyvalue_{it}, jtvalue_{it}, syvalue_{it}, glvalue_{it})$，$gyvalue_{it}$、$jtvalue_{it}$、$syvalue_{it}$、$glvalue_{it}$分别表示 i 地区 t 时间的国有企业、集体企业、私营企业、股份制和联营企业的工业总产值，$fvalue_{it}$ 表示 i 地区 t 时间的外资企业工业总产值，$finance_{it}$ 表示 i 地区 t 时间的金融市场效率，用上一节分析指标分别代替进行检验。

$dcapital_{it} \in (gycapital_{it}, jtcapital_{it}, sycapital_{it}, glcapital_{it})$，$gycapital_{it}$、$jtcapital_{it}$、$sycapital_{it}$、$glcapital_{it}$分别表示 i 地区 t 时间的国有企业、集体企业、私营企业、股份制和联营企业的资产。回归结果见表 8-4—表 8-11。

表 8-4　　外资资产对国有企业资产的挤出效应（1993—2011 年）

	log（gycapital）					
α_0	0.24 -2.66	0.21 -2.33	1.43 -17.28	1.64 -11.61	1.39 -6.46	3.5 -18.38
log（fcapital）	0.57 -13.06	0.57 -13.09	0.85 -26.21	0.71 -17.97	0.62 -14.48	0.85 -26.88
log（loan_1）		-0.43 （-1.63）				
log（saveinvest）			0.33 -21.93			
log（bcompete）				0.23 -11.95		
log（investloan）					0.59 -5.84	
log（stock）						-0.41 （-17.45）
F 值	15.06	14.6	51.27	25.35	17.01	51.62
R^2	0.45	0.45	0.74	0.59	0.49	0.77

表 8 - 5　　外资资产对集体企业资产的挤出效应（1993—2011 年）

	log（jtcapital）					
α_0	-2.5 (-17.28)	-2.57 (-17.62)	-0.62 (-4.84)	-0.01 (-0.06)	-1.06 (-3.12)	3.45 -12.86
log（fcapital）	-0.3 (-4.43)	-0.3 (-4.47)	-0.74 (-14.82)	-0.55 (-9.36)	-0.37 (-5.39)	-0.75 -16.79
log（$loan_1$）		-0.11 (-2.72)				
log（saveinvest）			0.52 -22.51			
log（bcompete）				0.39 -14.34		
log（investloan）					0.75 -4.64	
log（stock）						-0.77 (-22.91)
F 值	4.19	4.39	30.06	14.58	5.12	36.35
R^2	0.18	0.2	0.63	0.45	0.22	0.7

表 8 - 6　　外资资产对私营企业资产的挤出效应（1993—2011 年）

	log（sycapital）					
α_0	-0.51 (-5.80)	-0.58 (-6.49)	-1.76 (-15.98)	-1.82 (-11.32)	-1.03 (-4.59)	-0.51 (-15.62)
log（fcapital）	1.13 -25.72	1.12 -25.75	1 -28.59	1.06 -26.68	1.12 -25.35	1.01 -29
log（$loan_1$）		-1.06 (-3.28)				
log（saveinvest）			-0.35 (-14.38)			
log（bcompete）				0.2 -9.29		
log（investloan）					-0.27 (-2.51)	
log（stock）						0.59 -14.37
F 值	38.44	38.5	70.92	51.01	37.76	70.89
R^2	0.74	0.75	0.85	0.8	0.75	0.85

表 8-7　　　外资资产对股联企业资产的挤出效应（1993—2011 年）

	$\log(glcapital)$					
α_0	-1.27 (-0.08)	-2.25 (-2.37)	-0.75 (-1.06)	-0.44 (-0.57)	-0.95 (-1.55)	-0.28 (-0.17)
$\log(fcapital)$	0.42 -50.85	0.42 -51.17	0.43 -50.34	0.42 -50.6	0.43 -50.86	0.43 -50.76
$\log(loan_1)$		0.22 -2.39				
$\log(saveinvest)$			0.87 -1.06			
$\log(bcompete)$				0.69 -0.57		
$\log(investloan)$					0.5 -1.58	
$\log(stock)$						0.0004 -0.29
F 值	126.49	122.86	121.31	121.04	121.77	120.96
R^2	0.87	0.87	0.87	0.87	0.87	0.87

表 8-8　　　外资产值对国有企业产值的挤出效应（1993—2011 年）

	$\log(gyvalue)$					
β_0	0.5 -19.94	0.49 -19.51	0.45 -12.5	0.49 -19.45	0.48 -17.21	0.44 -13.4
$\log(fvalue)$	0.3 -7.75	0.31 -7.97	0.39 -5.81	0.31 -6.26	0.28 -6.95	0.49 -6.11
$\log(loan_1)$		-0.77 (-2.62)				
$\log(saveinvest)$			0.64 -1.62			
$\log(bcompete)$				0.14 -0.47		
$\log(investloan)$					-0.13 (-1.06)	
$\log(stock)$						-0.1 (-1.58)
F 值	7.23	7.32	7.07	6.93	6.98	6.8
R^2	0.28	0.29	0.29	0.28	0.28	0.3

表 8 – 9　　　外资产值对集体企业产值的挤出效应（1993—2011 年）

	log（*jtvalue*）					
β_0	0.68	0.67	0.66	0.67	0.65	0.7
	– 24.7	– 32	– 21.34	– 31.26	– 27.37	– 25.31
log（fvalue）	– 0.2	– 0.19	– 0.15	– 0.14	– 0.23	– 0.04
	（– 4.91）	（– 5.86）	（– 2.72）	（– 3.42）	（– 6.82）	（– 0.66）
log（*loan*₁）		– 1.2				
		（– 4.85）				
log（*saveinvest*）			0.31			
			– 0.93			
log（*bcompete*）				0.49		
				– 1.91		
log（*investloan*）					– 0.33	
					（– 3.20）	
log（*stock*）						– 0.16
						（– 2.95）
F 值	27.79	34.01	31.34	31.67	32.44	27.56
R²	0.63	0.66	0.64	0.64	0.65	0.64

表 8 – 10　　　外资产值对私营企业产值的挤出效应（1993—2011 年）

	log（*syvalue*）					
β_0	– 0.44	– 0.43	– 0.36	– 0.44	– 0.44	– 0.44
	（– 16.02）	（– 15.56）	（– 11.67）	（– 15.82）	（– 15.16）	（– 13.63）
log（*fvalue*）	0.16	0.15	0.14	0.16	0.16	0.16
	– 40.14	（– 0.59）	– 26.02	– 33.25	– 38.5	– 25.14
log（*loan*₁）		– 0.59				
		（– 2.21）				
log（*saveinvest*）			– 0.16			
			（– 4.60）			
log（*bcompete*）				0.06		
				– 0.26		
log（*investloan*）					0.03	
					– 0.34	
log（*stock*）						– 0.01
						（– 0.17）
F 值	110.99	107.96	114.47	106.04	106.05	106.02
R²	0.89	0.89	0.9	0.89	0.89	0.89

表 8 – 11　　外资产值对股联企业产值的挤出效应（1993—2011 年）

	log（glvalue）					
β_0	-1.69 （-8.03）	-1.74 （-8.23）	-0.1 （-0.36）	-1.64 （-7.56）	-1.84 （-7.78）	-1.69 （-8.34）
log（fvalue）	1.32 -40.29	1.32 -40.44	0.99 -18.63	1.29 -30.22	1.3 -37.55	0.81 -16.16
log（$loan_1$）		-0.45 （-1.82）				
log（saveinvest）			-2.37 （-7.54）			
log（bcompete）				-0.29 （-1.16）		
log（investloan）					-0.14 （-1.40）	
log（stock）						0.48 -11.76
F 值	86.19	83.2	96.15	82.72	82.87	100.37
R^2	0.82	0.82	0.84	0.82	0.82	0.86

从上述回归结果可以得出三点结论：（1）外资进入除了对集体企业的资产和工业总产值产生显著的挤出效应之外，对国有企业、私营企业、股份制和联营企业的资产和工业总产值都产生溢出效应；（2）引入金融变量指标后，外资企业对国内企业的资产形成和工业总产值增加的促进作用都呈现出下降的趋势，表明金融市场效率不高导致国内企业在面临外资企业竞争时其竞争力受到一定程度的约束；（3）储蓄投资转换率在外资促进国内资本形成以及产值增加方面的作用最为突出，提高储蓄投资转换率，将储蓄转换为资本的效率对于促进国内资本形成和产值增加从现阶段来看，其作用要优于其他变量。

而我国的储蓄投资转换率总体上来看呈现出下降趋势，造成这种结果的原因是多方面的，根据胥良（1998）的解释，国有银行主导型储蓄投资转化机制效率低下，由于国有银行与国有企业产权主体的同一性，使得国有银行对国有企业的债权是软约束，加上我国社会保障机制的不健全，政府和企业职工之间存在着隐含的"社会契约"，使得国有银行在政府干预下难以对不能归还贷款的国有企业行使"退出"的惩罚权利，这样高额的银行贷款并没有高额的资本形成，而是成为对国有企业补贴的积累，使国有银行不良资产越积越多。包群等（2004）认为，我国的储蓄—投资转化方式具有单一性，一方面，我国居民的金融资产投资过度集中在储蓄存款，而国有商业银行存款在全部金融机构中又占74%，非银行金融机构所占比重不足5%，导致了家庭主体无法根据收益高低、风险厌恶偏好、投资偏好来选择不同的投资工具；另一方面，企业融资渠道的单一导致了我国企业对银行贷款的依赖，造成了银行体系的信用风险高度集中。比较而言，间接融资在发达国家企业融资只占了较小的比重，例如20世纪80年代，美国、英国、德国、法国和日本5国的银行贷款在企业全部资金来源中的比重平均仅为25.6%。尤其是对我国非国有部门投资而言，信贷偏向和融资渠道单一的双重制约极大束缚了我国民间投资的活跃性。再者，我国目前以国有银行为主导的储蓄—投资转化机制又缺乏必要的竞争性。金融市场的竞争性意味着在产权界定清晰的前提下，金融交易主体能够以利润最大化为目标来确定其金融交易决策，并且承担相应的收益和风险。然而，我国国有银行出于垄断地位导致其无法以追求利润最大化为目标来有效转化储蓄。同时，政府与国有企业的"隐性契约关系"又导致投资风险也过度集中于国有银行，国有企业对国有银行的高度依赖导致了国有银行信贷资产质量持续下降。而政府对国有银行的不良资产比率的监管要求又进一步导致银行以防范金融风险、降低不良贷款为目标而出现了"惜贷"现象，储蓄转化不足问题进一步恶化。因此，完善我国储蓄—投资转化机制的重点是在间接融资渠道引入竞争机制，将国有商业银行的财政职能、社会职能分离出来。

第三节 不同类型外资企业的挤出效应比较

由于不同类型的外资企业的投资动机、具有的优势、投资的规模不同，其进入中国市场之后，对国内企业的影响也有所不同，本节将检验不同类型的外资对国内企业的挤出效应，检验方程如下：

$$\log(dvalue_{it}) = \alpha_0 + \alpha_1 \log(gatvalue_{it}) + \beta_2 \log(finance_{it})$$

$$\log(dvalue_{it}) = \beta_0 + \beta_1 \log(eujvalue_{it}) + \beta_2 \log(finance_{it})$$

$$\log(dcapital_{it}) = \delta_0 + \delta_1 \log(gatcapital_{it}) + \delta_2 \log(finance_{it})$$

$$\log(dcapital_{it}) = \gamma_0 + \gamma_1 \log(eujcapital_{it}) + \gamma_2 \log(finance_{it})$$

其中，$davlue_{it}$、$gatvalue_{it}$、$eujvalue_{it}$ 分别表示 i 地区 t 时间的国内企业、港澳台企业和欧美日企业的工业总产值，$dcapital_{it}$、$gatcapital_{it}$、$eujcapital_{it}$ 分别表示 i 地区 t 时间的国内企业、港澳台企业、欧美日企业的资产，$finance_{it}$ 表示 i 地区 t 时间的金融市场效率，用上一节分析指标分别代替进行检验。回归结果见表 8 – 12—表 8 – 15。

表 8 –12 欧美日企业产值对国内企业产值的挤出效应 （1993—2011 年）

	log （dvalue）					
α_0	4. 38	4. 33	4. 16	4. 37	4. 21	3. 72
	– 28. 74	– 28. 34	– 19. 22	– 28. 49	– 23. 23	– 18. 32
log （eujvalue）	0. 68	0. 68	0. 73	0. 7	0. 66	0. 75
	– 26. 71	– 27. 03	– 16. 63	– 21. 21	– 24. 69	– 14. 84
log （loan₁）		– 0. 57				
		（ – 2. 76）				
log （saveinvest）			0. 4			
			– 1. 45			
log （bcompete）				0. 21		
				– 1. 01		
log （investloan）					– 0. 14	
					（ – 1. 73）	
log （stock）						0. 02
						– 0. 56
F 值	51. 84	50. 8	49. 9	49. 73	50. 05	44. 24
R^2	0. 74	0. 74	0. 74	0. 74	0. 74	0. 74

表 8 - 13　港澳台企业产值对国内企业产值的挤出效应（1993—2011 年）

	log（dvalue）					
β_0	4.53 −27.75	4.39 −26.89	4.77 −22.34	4.53 −27.64	4.28 −22.02	3.57 −16.26
log（gatvalue）	0.74 −24.04	0.75 −24.91	0.67 −13.98	0.73 −18.55	0.71 −22.18	0.79 −12.94
log（$loan_1$）		−0.95 （−4.39）				
log（saveinvest）			−0.47 （−1.75）			
log（bcompete）				−0.06 （−0.30）		
log（investloan）					−0.21 （−2.37）	
log（stock）						0.09 −2.07
F 值	43.42	44.26	41.95	41.52	42.32	38.89
R^2	0.7	0.72	0.7	0.7	0.71	0.71

表 8 - 14　欧美日企业资产对国内企业资产的挤出效应（1993—2011 年）

	log（dcaptial）					
δ_0	1.53 −22.13	1.52 −21.66	2.22 −29.02	2.18 −19.48	2.16 −14.37	2.72 −16.31
log（eujcapital）	0.65 −24.5	0.65 −24.45	0.8 −32.5	0.72 −26.87	0.68 −25.52	0.79 −32.19
log（loan1）		−0.05 （−0.30）				
log（saveinvest）			1.69 −13.65			
log（bcompete）				0.98 −7.19		
log（investloan）					0.32 −4.7	
log（stock）						−0.13 （−6.87）
F 值	37.88	36.23	60.37	42.93	39.08	59.63
R^2	0.67	0.67	0.77	0.71	0.69	0.79

表 8 – 15 港澳台企业资产对国内企业资产的挤出效应（1993—2011 年）

	log（dcaptial）					
γ_0	2.29 −31.56	2.28 −31.31	2.47 −29.29	2.37 −22.19	2.47 −18.75	2.69 −17.07
log（gatcapital）	0.8 −34.02	0.8 −34.09	0.82 −34.85	0.8 −33.79	0.8 −34.09	0.81 −34.36
log（$loan_1$）		−0.21 （−1.41）				
log（saveinvest）			0.53 −4.01			
log（bcompete）				0.12 −0.96		
log（investloan）					0.09 −1.63	
log（stock）						−0.05 （−2.81）
F 值	68.67	66.07	69.19	65.83	66.22	67.38
R^2	0.81	0.81	0.81	0.81	0.81	0.81

从表 8 – 12 至表 8 – 15 的结果，可以得出以下几点结论：（1）无论是欧美日企业还是港澳台企业，其对国内企业的资本形成和工业总产值的增加都起到促进作用，但港澳台企业对内资企业的促进作用要优于欧美日企业，这与港澳台资本占我国吸引外资的比重过高有关，根据国家统计局的数据，2012 年，我国吸引的外资总额为 1117.1614 亿美元，港澳台投资额为 689.1382 亿美元，占比达到 61.68%。（2）引入金融市场指标后，外资对国内企业资产和工业总产值的影响作用有所提升，尤其是股票市场指标引入模型之后，外资的提升作用明显，这表明直接融资对于放大外资的作用要优于间接融资，完善的资本市场对于国内企业的资本形成和产出增加在开放条件下的作用更为有效，发达国家的发展历程实际上也印证了这一点，资本市场无论是对于资产优化、产品更新还是供给满足需求程度的作用都能起到低成本的促进作用。（3）欧美日企业对国内企业工业产值增加的促进作用要优于其对资本形成的作用，而港澳台企业对国内企业资本形成的促进作用则要优于其对工业产值的作用，这两大资本来源地对

国内企业的影响结果具有明显的差异性。（4）在金融市场指标，诸如贷款占 GDP 比重、固定资产投资贷款比重、银行业竞争程度被引入后，其对国内资本形成以及工业总产值的增加促进作用并不明显，同时，外资对国内企业的资本形成和产值增加作用同样不明显，根本的原因在于，政府主导金融资源配置的必然性表现在传统金融体制的基本特征——资金使用实行供给制是中国金融制度变革的初始条件，必然因路径依赖而产生自强化的机制甚至某种锁定状态，使金融制度的变革过程依从政府，政府通过对金融资源配置权的控制，为国有经济提供金融支持是必然结果。中国金融市场结构状态带有人为设计的痕迹，其结构的形成不是各个子市场主动适应经济结构变化的内在需求而进行的变迁，更多情况下是金融市场为配合政府的快速筹集资金意图或者为了达到某种改革效果而进行的被动改革，其结果会导致金融市场的整体功能不能全面有效地发挥。这种被动地适应经济结构变化的结果是：忽视货币市场在金融市场中的基础作用，导致资本市场投机盛行、效率低下、市场风险增大；过于重视金融市场的场内交易，限制和忽视场外市场的建设和发展，致使中国金融市场融资功能缺失与恶意圈钱并存，丧失了合理配置资源、分散风险和优化资本结构的本能。

第九章 不同产业的挤出效应比较

第一节 产业选择与划分标准

上述分析都是从总的角度对内外资关系进行的描述和验证，结果显示，无论是中国港澳台地区还是欧美日资本对国内企业的资本形成和产出增加都起到促进作用，挤出效应并不存在，而从不同类型的企业来看，集体企业的资本形成和产出都存在着挤出效应，在金融市场指标引入之后，这一挤出效应更为明显。本节则从行业角度来分析内外资关系，判断不同行业内外资进入对国内资本形成是否存在着挤出效应。

$fdi_k^g = k$ 地区 g 行业外资企业资产存量

$g \in$ （煤炭开采和洗选业，……）①

根据比较优势理论，不同的外资主体仍然按照其所具有的比较优势选择投资产业和投资目的地，这一原则同样适用于中国，这也就意味着由于中国不同地区所具有的不同优势，其所吸引外资主体和外资的行业分布具有明显的区域性特点，而不同的行业资本对经济的拉动作用有着显著性差异，效果受到外资投资的目的、投资地要素丰裕度、制度质量等因素的制

---

① 包括36个工业行业，煤炭开采和洗选业，石油和天然气开采业，黑色金属矿采选业，有色金属矿采选业，非金属矿采选业，非金属矿物制品业，电力及热力的生产和供应业，燃气生产和供应业，水的生产和供应业，农副食品加工业，食品制造业，饮料制造业，纺织业，烟草加工业，纺织服装鞋帽制造业，皮革毛皮羽毛（绒）及其制品业，木材加工及木竹藤棕草制品业，家具制造业，造纸及纸制品业，印刷业和记录媒介的复制，文教体育用品制造业，金属制品业，石油加工炼焦及核燃料加工业，化学原料及化学制品制造业，医药制造业，化学纤维制造业，黑色金属冶炼及压延加工业，有色金属冶炼及压延加工业，橡胶制品业，塑料制品业，通用设备制造业，专用设备制造业，交通运输设备制造业，电气机械及器材制造业，通信设备计算机及其他电子设备，仪器仪表及文化办公用机械制造业。

约。为了反映不同的行业特征，参照《中国统计年鉴》对34个工业行业的分类，按照不同的特征进行重新细分：

（1）按照行业产品特征分类

$g \in$（原材料行业，中间品行业，最终产品行业）

参照 BEC 国际商品分类标准将商品分为资本品、中间品和消费品三类：

①资本品

41 机械设备与其他资本品（运输设备除外）

521 工业用运输设备

②中间投入品

111 工业用初级食品和饮料

121 工业用经加工的食品和饮料

2 其他未具体说明的工业用原料

31 初级燃料和润滑剂

322 经加工的燃料和润滑剂（小汽车和摩托车用油除外）

42 机械设备与其他资本品的零件和附件

53 运输设备的零件和附件

③消费品

112 家庭消费用的初级食品和饮料

122 家庭消费用的经加工的食品和饮料

522 非工业用运输工具

6 其他未具体说明的消费品

（2）按照行业资本密度特征分类

$g \in$（低资本密集度行业，中等资本密集度行业，高资本密集度行业）

按照人均固定资产规模来划分行业，以 1993—2012 年全部工业行业的人均固定资产的中值（30 万元）作为标准，不同行业 1993—2012 年的人均固定资产中值超过中值水平的定义为资本密集型行业，介于 15 万元和 30 万元之间的为中等资本密集型行业，小于 15 万元的为劳动密集型行业。

（3）按照行业技术密度特征分类

$g \in$（低技术密度行业，中等技术密度行业，高技术密度行业）

根据 Wörz（1970）的方法，可以将商品分为以下三类：[①]

①低技术产品

311 食品；313 饮料；314 烟草；321 纺织品；322 服装，不包括鞋类；323 皮革制品

324 鞋类，不包括橡胶和塑料；355 橡胶制品；356 塑料制品；361 陶瓷、瓷器制品

362 玻璃及制成品；369 非金属矿产品；371 钢铁；372 有色金属

②中等技术产品

331 木制品，不包括家具；332 家具，不包括金属类家具；381 金属制成品

384 运输工具，不包括飞机；390 其他工业制成品；341 纸和相关产品；342 印刷和出版

351 化工原料；352 其他化学品，不包括药品；353 精炼石油产品；354 其他石油和煤制品；385 专业、科学仪器和装置

③高技术产品

3522 医药品；382 机械设备，不包括电气设备；383 电气设备；3845 飞机

（4）按照出口倾向分类

$g \in$（低出口倾向行业，高出口倾向行业，其他行业）

用行业出口交货值占其工业销售产值的比重来表示行业出口倾向，以1993—2012 年工业出口交货值总额占工业销售产值的比重（0.17）作为中值，各行业 1993—2012 年的出口交货值总额占工业销售产值的比重超过 0.4 的为高出口倾向行业，小于 0.17 的为低出口倾向行业，介于 0.17 和 0.4 之间的为其他类型行业。

（5）按照行业进入门槛分类

$g \in$（低门槛行业，高门槛行业，其他行业）

用 2012 年各行业中私营企业加上外资企业的资产之和占行业资产的比重表示进入行业的难易程度，比重超过 60% 的为低门槛行业，低于

---

①　在 Wörz 的分类中，电气设备属于中等技术产品，根据我国的实际情况，电气设备行业中 R&D 投入相对较高，因此，在分类时，将其归类于高技术产品。同时，这一分类只考虑制造业，没有考虑原材料行业和电力、燃气和水等能源行业，在本书中，将这些行业归类为低技术行业。

35% 的为高门槛行业，介于 35%—60% 之间的为其他行业。①

根据比较优势理论，不同的外资主体仍然按照其所具有的比较优势选择投资产业和投资目的地，这一原则同样适用于中国，这也就意味着由于中国不同地区所具有的不同优势，其所吸引外资主体和外资的行业分布具有明显的区域性特点，而不同的行业资本对经济的拉动作用有着显著性差异，效果受到外资投资的目的、投资地要素丰裕度、制度质量等因素的制约。

结合中国实际（见图 9-1 至图 9-7），外资在中国不同行业中的分布具有明显的行业倾向及特点，从行业资产指标来看，2012 年，通信设备、计算机及其他电子设备制造业，仪器仪表及文化、办公用机械制造业，文教体育用品制造业，纺织服装等行业吸引的外资最为密集，占相应行业的资产比重几乎超过 50%，其中，通信设备、计算机及其他电子设备制造业中外资企业资产比重更高达 73%。

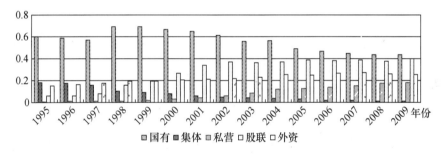

图 9-1　各种类型企业资产比重

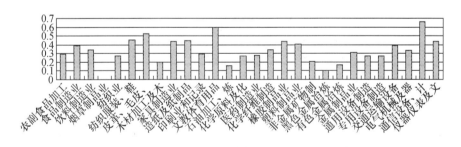

图 9-2　2012 年外资资产行业分布

---

①　进入行业的门槛取决于几个因素：一是行业的垄断程度，二是行业的规模经济，三是行业的技术要求。以 2009 年为例，高门槛行业主要分布在烟草、石油和天然气开采、电力热力生产、煤炭开采、水的生产和黑色金融冶炼等行业，行业垄断的特征明显。而低进入门槛的行业主要分布在文教体育用品、纺织、塑料、皮革、木材、家具、金属制品和通信设备计算机等市场化程度高的行业。

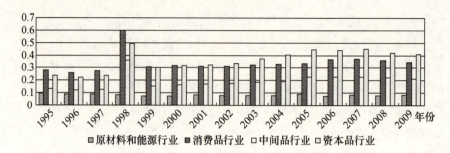

图 9 - 3　按照资本密度分外资资产比重

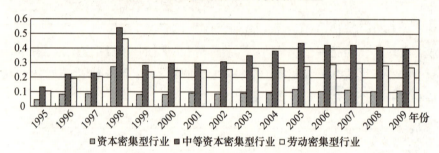

图 9 - 4　按照资本密度分外资资产比重

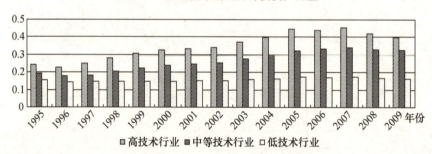

图 9 - 5　按照技术密度分外资资产比重

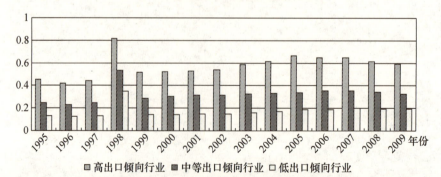

图 9 - 6　按照出口密度分外资资产比重

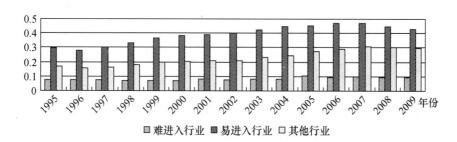

图例：■ 难进入行业　■ 易进入行业　□ 其他行业

图 9 - 7　按照进入门槛分外资资产比重

这种行业分布不均衡的外资流向受何种因素影响，对相应行业的内资企业的资本形成产生怎样的影响？存在挤出效应还是挤入效应？外资资本密集的行业对内资企业的影响关系如何？这些都是需要解决的关键问题。结合中国学者的研究，诸多文献认为外资对中国的经济增长和全要素生产率产生积极影响（沈坤荣，1999；沈坤荣和耿强，2001；程惠芳，2002），但在逻辑上忽视了外资的挤出效应对生产率增长的扭曲效应，因为生产率的增长很可能就是由于低效率生产企业被挤出从而导致平均生产率水平上升的结果，这时，全要素生产率的上升并不能归因于技术溢出。王志鹏和李子奈（2004）的研究发现，FDI对经济增长的贡献一方面取决于国内资本水平和质量，另一方面还取决于本国对FDI的接受能力，实际上是对FDI溢出效应能否发挥作用的条件给出解释，暗含了挤出效应发生的可能，但并没有对FDI与国内资本的动态关系和长期趋势加以解释。

朱劲松（2001）的研究进一步指出，外资的进入对当年资本形成产生促进作用，但对下一年度的资本形成则是负向影响，即挤出效应是存在的。但研究没有解释挤出的原因。罗长远等（2004）则首次将金融市场应用于挤出效应分析，认为外资的挤出、挤入效应的大小取决于信贷规模，信贷规模越大，挤出效应越弱，挤入效应越强。但其回归方程中将金融市场指标与外资指标平行回归的方法并不能直接说明金融市场在内外资企业关系中的作用，并且仅仅使用贷款占GDP比重衡量金融市场的作用并不全面。

第二节 不同产业挤出效应的实证检验

检验方程如下：

$$\log dindvalue_{it} = \alpha_0 + \alpha_1 \sum_{i=0}^{n} \log findvalue_{it} + \alpha_2 \sum_{i=0}^{n} \log finance_{it}$$

$$\log dindcapital_{it} = \beta_0 + \beta_1 \sum_{i=0}^{n} \log findcapital_{it} + \beta_2 \sum_{i=0}^{n} \log finance_{it}$$

$dindvalue_{it}$、$findvalue_{it}$ 分别表示 i 产业内 t 时间的国内企业和外资企业的工业总产值，$dindcapital_{it}$、$findcapital_{it}$ 分别表示 i 产业内 t 时间的国内企业和外资企业的资产。

从表9-1和表9-2可以看出，整体趋势性而言，外资的进入对不同类型的行业在不考虑金融市场的约束情况下，均对国内企业产值和资产呈现出促进作用，并没有表现出挤出效应，尤其是对劳动密集型行业、低进

表 9-1　　　　　行业内挤出效应检验：基于工业总产值角度[1]

	系数 α_1					
	不带控制变量	带金融控制变量 $finance_{it}$[2]				
劳动密集型行业	1.08	1.00	0.38	0.33	0.21	0.05
资本密集型行业 *	0.17	0.02	-0.03	0.01	-0.05	-0.21
低技术密集型行业	0.77	0.45	0.62	0.35	0.70	0.11
高技术密集型行业 *	0.28 *	0.10	-0.12	0.21	0.22	-0.10
低进入门槛行业	0.91	0.60	0.55	0.78	0.34	0.27
高进入门槛行业	0.61	0.58	0.60	0.47	0.38	0.29
低出口倾向行业	0.78	0.20	0.24	0.31	0.18	0.08
高出口倾向行业	0.91	0.79	0.68	0.88	0.86	0.46
原材料行业	0.68	0.59	0.60	0.64	0.45	0.31
中间品行业	0.84	0.57	0.65	0.68	0.39	0.34
最终品行业	0.90	0.78	0.76	0.87	0.88	0.30

注：* 表示存在相对挤出效应，* * 表示存在绝对挤出效应。

---

[1]　这里并没有给出单位根和协整检验。
[2]　第2—6列回归结果中金融控制变量的替代指标分别为 *loan1*、*saveinvest*、*bcompete*、*investloan*、*stock*，以下均与此相同。

表9-2　　　　　　　　行业内挤出效应检验：基于资产角度

	系数 β_1					
	不带控制变量	带金融控制变量 $finance_{it}$				
劳动密集型行业	0.73	0.32	0.23	0.57	0.60	0.18
资本密集型行业*	0.49	0.34	0.22	-0.23	0.20	-0.08
低技术密集型行业	0.51	0.41	0.25	0.33	0.21	0.15
高技术密集型行业*	0.29	0.10	-0.04	0.09	-0.02	-0.01
低进入门槛行业	0.70	0.55	0.35	0.52	0.78	0.13
高进入门槛行业	0.40	0.36	0.33	0.24	0.34	0.09
低出口倾向行业	0.50	0.40	0.39	0.37	0.40	0.09
高出口倾向行业	0.79	0.61	0.58	0.53	0.50	0.12
原材料行业	0.45	0.21	0.32	0.40	0.34	0.14
中间品行业*	0.51	0.24	-0.17	0.49	-0.10	0.005
最终品行业	0.73	0.54	0.43	0.30	0.66	0.20

注：*表示存在相对挤出效应，**表示存在绝对挤出效应。

入门槛行业、高出口倾向行业以及最终品行业的促进作用最为明显，外资进入每增加1个百分点，这些行业内的国内企业的工业总产值和资产都会相应提高0.7个百分点以上。从我国经济发展的实际来看，这些行业也是我国具有比较优势的行业，如劳动密集型行业，是直到现阶段我国仍然具有劳动力资源丰富这一比较优势的结果；或者是我国宏观政策鼓励的行业，如鼓励出口的相关政策措施，这对于促进出口行业的发展起到重要的作用。

但在引入金融控制变量后，结果发生相对明显的变化，第一，在引入储蓄投资转换率、贷款占GDP比重、银行业竞争程度、固定资产投资贷款比重和股票市场发展水平5个衡量金融市场发展水平的指标后，所有的行业内外资对国内资本形成以及工业总产值的促进作用都呈现出下降态势，这表明，金融市场在某种程度上的确约束了国内企业的投入和产出的行为，导致外资的进入对国内企业的促进作用并没有达到现有的水平；第二，金融约束作用同样还导致资本密集型行业、高技术密集型行业和中间品行业内的国内企业的工业总产值或资产在外资进入情况下，呈现出下降趋势。一方面是由于这些行业并不是我国比较优势明显的行业，甚至是不具备比较优势的行业，这在与外资的竞争中处于不利地位，另一方面，则是由于金融市场的约束进一步降低了这些行业内国内企业的竞争能力，而外资企业基本不受国内金融市场融资约束，因此，在外资具有明显比较优势而国内企业不具备或者优势不明显的行业内，金融市场的约束会进一步限制国内企业的投入和产出水平。

具体到我国金融市场的发展，政府限制利率，对不同类型的资金需求者实行价格歧视，导致了市场分割，由此产生出一块租金市场，租金的存在构成资金的漏损。另外，信贷市场抑制还导致了银行业兼顾利润最大化和政治利益最大化双重目标。如向国有企业优惠贷款，由于现在国有企业效益普遍低，导致银行坏账损失巨大，这部分坏账损失也构成信贷市场的资金漏损。这样大量的资金流向直接非生产性活动，造成资源配置效率低下。

最后，信贷市场上的价格管制和市场分割与政府限定证券价格，扭曲了资本市场的发育。从狭义上理解，资本市场特指股票市场，是企业从事直接融资的重要场所。如果政府过多考虑政治利益，那么直接或间接管理就将转化为金融抑制，从而扭曲市场机制，最终伤害企业融资能力。我国资本市场的抑制是从以下两个方面影响企业融资能力的：一方面，股权结构影响到企业的净资产收益率。我国一直把国有企业作为上市公司的主要来源，并把国有股的份额看作控制企业的唯一手段，导致了上市公司的畸形股权结构。国有股不流通，不能改进企业绩效，直接损害了企业的融资能力。另一方面，股票定价直接关系到企业的融资成本及证券市场上的资金流向。我国的股票发行价格的确定，是在证监会的行政干预下进行的。由于证监会直接管制一级市场上的市盈率水平，导致了我国上市公司严重的低定价发行行为，这种低定价水平增加了企业直接融资成本。同时发行额度实行计划管理，两级审批制也增加了企业的直接融资成本。额度分配要考虑到各地方经济发展情况，顾及地区平衡等非经济因素。结果，企业为争额度，常常会花费大量资金进行包装、公关，从而增加了发行费用。

上述分析还只是从行业大类来看内外资关系，下面将具体讨论按照《中国统计年鉴》将工业行业分为 35 个具体的行业门类，从中判断每一个行业内部的内外资关系。参照上述检验方法，可得到表 9 - 3 和表 9 - 4。

表 9 - 3　　　　　　行业内挤出效应检验：基于工业总产值角度

	系数 α_1					
	不带控制变量	带金融控制变量 $finance_{it}$				
全部行业	0.78	0.53	0.53	0.50	0.51	0.47
煤炭开采和洗选业	0.58	0.63	0.66	0.60	0.58	0.59
黑色金属矿采选业	0.73	0.77	0.78	0.74	0.79	0.70
有色金属矿采选业	0.57	0.59	0.62	0.60	0.63	0.58
非金属矿采选业	0.86	0.91	0.93	0.87	0.88	0.84
电力、热力的生产和供应业	1.02	1.32	1.44	1.03	1.46	1.05
燃气生产和供应业	0.78	0.87	0.80	0.78	0.78	0.72
水的生产和供应业	0.30	0.31	0.33	0.3	0.34	0.31
农副食品加工业	1.00	0.96	0.94	1.01	1.10	0.80
食品制造业	1.12	1.01	1.03	1.2	0.98	0.78
饮料制造业	0.84	0.82	0.80	0.76	0.67	0.63
烟草制品业	0.00	0.00	0.00	0.00	0.00	0.00
纺织业	0.94	0.88	0.77	0.90	1.02	0.80
纺织服装、鞋、帽制造业	0.89	0.70	0.77	0.86	0.91	0.78
皮革、毛皮、羽毛（绒）及其制品业	1.25	1.11	1.07	0.98	1.55	1.01
木材加工及木、竹、藤、棕、草制品业	1.55	1.34	1.11	1.09	1.77	0.79
家具制造业	1.12	0.99	0.87	1.10	1.14	0.82
造纸及纸制品业	0.98	0.55	0.62	0.78	0.99	0.36
印刷业和记录媒介的复制	1.21	1.13	1.02	0.97	1.23	0.88
文教体育用品制造业 *	0.10	−0.12	−0.21	−0.13	−0.06	−0.17
石油加工、炼焦及核燃料加工业	0.55	0.53	0.50	0.47	0.58	0.58
化工原料及化学制品制造业 *	0.85	0.56	0.34	−0.22	0.77	−0.23
医药制造业	0.88	0.80	0.82	0.80	0.82	0.76
化学纤维制造业	0.69	0.31	0.21	0.34	0.54	0.15
橡胶制品业	1.03	0.76	0.65	0.45	0.78	0.32
塑料制品业	1.20	1.10	0.89	0.72	0.98	0.37
非金属矿物制品业	1.10	1.02	0.84	0.47	0.66	0.55
黑色金属冶炼及压延加工业	0.74	0.55	0.63	0.41	0.76	0.25
有色金属冶炼及压延加工业	0.93	0.21	0.34	0.33	0.42	0.22
金属制品业	1.25	1.22	0.97	0.84	1.27	0.28
通用设备制造业	0.95	0.88	0.23	0.05	0.01	0.04
专用设备制造业 *	0.78	0.21	−0.02	−0.04	−0.05	−0.10
交通运输设备制造业	0.67	0.33	0.07	0.17	0.22	0.05
电气机械及器材制造业	1.01	0.31	0.47	0.49	0.65	0.09
通信设备、计算机及其他电子设备制造业 *	0.50	0.02	−0.06	−0.09	0.03	−0.01
仪器仪表及文化、办公用机械制造业	1.12	−0.01	0.22	0.31	0.21	−0.06

注：＊表示存在相对挤出效应，＊＊表示存在绝对挤出效应。

表 9 - 4　　　　　　　行业内挤出效应检验：基于总资产角度

	系数 β_1					
	不带控制变量	带金融控制变量 $finance_{it}$				
全部行业	0.54	0.36	0.29	0.33	0.23	0.10
煤炭开采和洗选业	0.42	0.22	0.23	0.21	0.20	0.11
黑色金属矿采选业	0.53	0.40	0.37	0.36	0.27	0.21
有色金属矿采选业	0.35	0.18	0.11	0.21	0.23	0.10
非金属矿采选业	0.44	0.33	0.26	0.19	0.22	0.22
电力、热力的生产和供应业	0.56	0.43	0.40	0.33	0.29	0.14
燃气生产和供应业	0.30	0.11	0.23	0.24	0.33	0.25
水的生产和供应业	0.28	0.11	0.13	0.12	0.12	0.14
农副食品加工业	0.82	0.43	0.52	0.36	0.66	0.29
食品制造业	0.83	0.67	0.56	0.45	0.65	0.34
饮料制造业	0.60	0.32	0.21	0.44	0.43	0.35
烟草制品业	0.00	0.00	0.00	0.00	0.00	0.00
纺织业	0.57	0.23	0.31	0.14	0.25	0.09
纺织服装、鞋、帽制造业	0.96	0.77	0.67	0.65	0.56	0.45
皮革、毛皮、羽毛（绒）及其制品业	0.94	0.70	0.71	0.67	0.62	0.32
木材加工及木、竹、藤、棕、草制品业	1.30	1.11	1.02	0.87	0.79	0.10
家具制造业	0.97	0.75	0.87	0.82	0.58	0.22
造纸及纸制品业	0.44	0.23	0.20	0.19	0.22	0.10
印刷业和记录媒介的复制	0.61	0.44	0.54	0.23	0.50	0.26
文教体育用品制造业 *	0.78	0.12	-0.15	0.27	-0.33	-0.10
石油加工、炼焦及核燃料加工业	0.54	0.50	0.49	0.43	0.28	0.22
化工原料及化学制品制造业 *	0.60	0.29	-0.21	0.33	0.43	-0.12
医药制造业	0.61	0.45	0.51	0.24	0.31	0.23
化学纤维制造业	0.34	0.20	0.22	0.12	0.11	0.10
橡胶制品业	0.60	0.55	0.46	0.47	0.56	0.11
塑料制品业	0.83	0.77	0.73	0.54	0.52	0.21
非金属矿物制品业	0.75	0.58	0.35	0.42	0.53	0.19
黑色金属冶炼及压延加工业	0.60	0.40	0.34	0.47	0.50	0.20
有色金属冶炼及压延加工业	0.77	0.66	0.56	0.48	0.40	0.21
金属制品业	1.07	0.78	0.86	0.90	0.85	0.34
通用设备制造业	0.70	0.34	0.31	0.46	0.55	0.21
专用设备制造业 *	0.60	0.50	-0.12	0.09	0.10	-0.11
交通运输设备制造业	0.64	0.33	0.43	0.29	0.48	0.23
电气机械及器材制造业	0.86	0.63	0.59	0.50	0.36	0.22
通信设备、计算机及其他电子设备制造业 *	0.60	0.30	-0.02	0.33	-0.10	0.12
仪器仪表及文化、办公用机械制造业 *	0.80	0.24	0.08	-0.09	0.24	-0.20

注：* 表示存在相对挤出效应，* * 表示存在绝对挤出效应。

从表9-3和表9-4的回归结果来看，在35个工业行业类型中，在不考虑金融市场控制变量情况下，外资工业总产值和外资企业资产的变动对国内企业的工业总产值和企业资产的作用同样表现为正向的促进作用，这也正是大力吸引外资的开放政策所力争要达到的效果。具体而言，外资对国内企业工业总产值的促进效果要大于其对资产增加的促进效果，外资企业的工业总产值和资产每增加1个百分点，国内工业企业工业总产值和资产相应增加0.78个和0.54个百分点。

如果在回归方程中引入金融控制变量，同样会发现与表9-1和表9-2一样的结果，外资对国内企业工业总产值和资产的促进作用将趋于下降，并且，在文教体育用品制造业，化工原料及化学制品制造业，专用设备制造业，通信设备、计算机及其他电子设备制造业，仪器仪表及文化、办公用机械制造业这5个行业中，外资对国内企业的产值和资产会存在不同程度的挤出效应。

这一结果也与我国吸引的外资主体有关，从我们国家吸收外资的结构来看，截至2012年，仍然主要以中国港台资本为主，几乎占了吸引外资的一半，美日欧盟约占25%，就投资行业而言，中国港台资本主要流向食品加工、医药、家电、建筑材料等轻工产品，这些产品相对于国内企业而言比较优势并不明显，并不具备很高的技术优势，并且这些产业的生产链条相对较短，投资额小，对国内提供配套生产能力的要求并不高，同时，有相当一部分投资是以"三来一补"形式存在，其主要的目的在于利用优惠政策和劳动力成本优势将生产线转移到内地生产，进而出口，优势在于拥有完善的国际市场营销网络，因此对国内企业产生的竞争效应并不是很强，同时，这些行业的进入门槛和模仿难度不高，使得中国港澳台资本的进入会对国内相关行业产生的拉动作用相对明显。而美日欧盟投资对产业的选择相对比较谨慎，一般集中在其具有比较优势的产业上，其投资的行业主要集中于电气电子、汽车制造、通信设备以及化工制药行业，而这些产业对投资地的人力资本、产业结构及配套生产能力的要求相对较高，但相当一部分外资企业通常是"两头在外"即原材料和产品主要通过国际市场，或者会带动配套生产企业向中国投资，从外商投资企业的进出口额不断增加，已经占全部出口额过半现象可以看出这种情况的存在，其中重要的原因就在于对于关键零部件等中间投入品的进口，这种结果也就意味着，欧美日资本虽然投资额要少于中国港澳台资本，但其投资的主要是我国不具备比较优势或者比较优势不明显的行业，在这些行业内外资尤其是欧美日资本往往居于主导地位，其产值和资本规模占行业比重非常高，从而对国内企业的竞争能力产生抑制作用。

第三节　外资的相对挤出效应及其投资倾向

第八章的分析已经表明外商投资与国内企业投入产出之间是一种正相关或者是负相关关系，但这种总量分析法只是从时间序列中模拟出大致的趋势性，而容易忽视外商投资在结构上的特点，也就无法反映外资在不同产业上的影响方式和程度，而外资的进入首先要考虑的则是根据比较优势原则来选择产业的问题，因此，不同的产业中外资的影响就会有所差别，为了具体地分析不同产业中外资对国内资本形成的影响，需要对不同产业内部的挤出效应提供判断标准，这也有利于我们具体判断在不同时间点外资对内资的影响。

挤出效应具体可分为两种情况：绝对挤出和相对挤出。如果外商投资的增长率和行业增长率为正，而国内投资增长率为负，这种情况称为外资对国内资本的绝对挤出；如果外商投资的增长率、国内投资的增长率和行业增长率都为正，并且外商投资增长量大于国内投资的增长量，则为外资对国内资本的相对挤出。

以 RFC_j 表示 j 行业内外商投资企业的资产增长率，RDC_j 表示 j 行业内国内企业资产的增长率，RFV_j 表示 j 行业中外商投资企业的工业总产值增长率，RDV_j 表示 j 行业内国内企业工业总产值增长率，RTC_j 表示 j 行业的资产增长率，RTV_j 表示 j 行业的工业总产值增长率，那么，判断挤出效应类型可以根据下列条件：

$$\begin{cases} RFC_j > RDC_j > 0 \quad RFV_j > RDV_j > 0 \text{ 且 } RTC_j > 0 \quad RTV_j > 0 \text{ 相对挤出} \\ RFC_j > 0 > RDC_j > \quad RFV_j > 0 > RDV_j \text{ 且 } RTC_j > 0 \quad RTV_j > 0 \text{ 绝对挤出} \end{cases}$$

根据这一标准，以 2011 年为例，表 9 - 5 至表 9 - 7 中列出了不同行业外商投资企业、国内企业的工业总产值和企业资产增长率的指标。

表9-5 2000年不同行业中外商企业与国内企业资产和产值增长率比较

全部行业	RFC	RDC	RFV	RDV	RTC	RTV
煤炭开采和洗选业	-0.28	0.00	-0.32	0.04	0.00	0.03
黑色金属矿采选业	0.68	0.01	-0.05	0.12	0.01	0.12
有色金属矿采选业	-0.06	0.07	-0.09	0.12	0.07	0.12
非金属矿采选业	-0.01	0.17	0.15	0.04	0.16	0.04
电力、热力的生产和供应业	0.13	0.20	0.12	0.16	0.19	0.15
燃气生产和供应业	0.17	0.09	0.70	0.19	0.10	0.30
水的生产和供应业	-0.21	0.09	-0.16	0.04	0.09	0.03
农副食品加工业	0.00	-0.02	0.06	0.06	-0.01	0.06
食品制造业	0.02	0.06	0.22	0.10	0.05	0.14
饮料制造业	-0.01	0.05	0.12	0.03	0.05	0.06
烟草制品业	-0.28	0.07	-0.35	0.05	0.07	0.04
纺织业	0.04	0.00	0.13	0.14	0.01	0.14
纺织服装、鞋、帽制造业	0.07	0.08	0.13	0.12	0.08	0.12
皮革、毛皮、羽毛（绒）及其制品业	0.02	0.02	0.11	0.14	0.02	0.12
木材加工及木、竹、藤、棕、草制品业	0.11	0.05	0.16	0.17	0.07	0.17
家具制造业	0.18	0.09	0.24	0.10	0.13	0.16
造纸及纸制品业	0.45	0.08	0.36	0.13	0.19	0.20
印刷业和记录媒介的复制	0.15	0.04	0.12	0.04	0.07	0.07
文教体育用品制造业	0.05	0.04	0.10	0.13	0.05	0.11
石油加工、炼焦及核燃料加工业	0.02	0.06	0.60	0.64	0.06	0.64
化工原料及化学制品制造业	0.10	0.06	0.32	0.13	0.06	0.17
医药制造业	0.08	0.17	0.19	0.19	0.15	0.19
化学纤维制造业	0.03	-0.06	0.34	0.24	-0.03	0.27
橡胶制品业	0.04	-0.04	0.12	0.00	-0.01	0.04
塑料制品业	0.15	0.07	0.23	0.13	0.10	0.17
非金属矿物制品业	0.06	0.00	0.20	0.07	0.02	0.09
黑色金属冶炼及压延加工业	0.13	0.07	0.19	0.15	0.08	0.16
有色金属冶炼及压延加工业	0.11	0.05	0.22	0.21	0.06	0.22
金属制品业	0.12	0.01	0.27	0.08	0.05	0.15
通用设备制造业	0.09	0.04	0.24	0.10	0.04	0.13
专用设备制造业	0.15	0.03	0.24	0.09	0.04	0.11
交通运输设备制造业	0.10	0.09	0.19	0.14	0.09	0.15
电气机械及器材制造业	0.14	0.04	0.26	0.17	0.07	0.20
通信设备、计算机及其他电子设备制造业	0.22	0.21	0.34	0.19	0.22	0.29
仪器仪表及文化、办公用机械制造业	0.07	0.05	0.24	0.22	0.06	0.23

资料来源：2001—2003年《中国统计年鉴》、《中国对外经济统计年鉴》。

表 9 − 6　2005 年不同行业中外商企业与国内企业资产和产值增长率比较

全部行业	RFC	RDC	RFV	RDV	RTC	RTV
煤炭开采和洗选业	2.62	0.28	0.78	0.40	0.29	0.40
黑色金属矿采选业	3.86	0.97	0.78	0.47	0.99	0.48
有色金属矿采选业	10.88	0.24	0.77	0.32	0.36	0.33
非金属矿采选业	0.90	− 0.17	0.39	0.20	− 0.14	0.22
电力、热力的生产和供应业	0.40	0.45	0.21	0.48	0.44	0.44
燃气生产和供应业	1.24	0.18	0.43	0.25	0.31	0.31
水的生产和供应业	1.27	0.11	0.56	0.11	0.16	0.15
农副食品加工业	0.25	0.16	0.30	0.25	0.19	0.27
食品制造业	0.26	0.22	0.22	0.26	0.23	0.25
饮料制造业	0.08	0.02	0.19	0.14	0.04	0.16
烟草制品业	− 0.17	0.08	− 0.28	0.12	0.08	0.12
纺织业	0.33	0.15	0.27	0.23	0.19	0.24
纺织服装、鞋、帽制造业	0.18	0.13	0.18	0.19	0.15	0.18
皮革、毛皮、羽毛（绒）及其制品业	0.34	0.00	0.22	0.19	0.17	0.21
木材加工及木、竹、藤、棕、草制品业	0.21	0.30	0.24	0.31	0.27	0.30
家具制造业	0.48	0.19	0.37	0.28	0.34	0.33
造纸及纸制品业	0.49	0.10	0.29	0.22	0.25	0.24
印刷业和记录媒介的复制	0.09	0.19	0.15	0.18	0.15	0.17
文教体育用品制造业	0.20	0.17	0.22	0.19	0.19	0.21
石油加工、炼焦及核燃料加工业	0.25	0.37	0.34	0.31	0.36	0.32
化工原料及化学制品制造业	0.54	0.18	0.32	0.26	0.25	0.28
医药制造业	0.43	0.10	0.24	0.17	0.16	0.19
化学纤维制造业	0.51	0.15	0.43	0.24	0.24	0.29
橡胶制品业	0.20	0.25	0.28	0.24	0.23	0.25
塑料制品业	0.36	0.21	0.25	0.25	0.28	0.25
非金属矿物制品业	0.29	0.16	0.27	0.23	0.18	0.24
黑色金属冶炼及压延加工业	0.74	0.24	0.52	0.34	0.28	0.36
有色金属冶炼及压延加工业	0.64	0.27	0.44	0.37	0.31	0.38
金属制品业	0.19	0.19	0.28	0.25	0.19	0.26
通用设备制造业	0.46	0.16	0.34	0.29	0.23	0.30
专用设备制造业	0.53	0.10	0.32	0.20	0.18	0.23
交通运输设备制造业	0.23	0.15	0.19	0.15	0.17	0.17
电气机械及器材制造业	0.36	0.20	0.31	0.25	0.25	0.27
通信设备、计算机及其他电子设备制造业	0.28	0.03	0.30	0.08	0.20	0.26
仪器仪表及文化、办公用机械制造业	0.23	0.27	0.25	0.27	0.25	0.26

表9-7　2011年不同行业中外商企业与国内企业资产和产值增长率比较

全部行业	RFC	RDC	RFV	RDV	RTC	RTV
煤炭开采和洗选业	0.70	0.25	0.46	0.30	0.27	0.31
黑色金属矿采选业	0.24	0.19	0.64	0.31	0.20	0.32
有色金属矿采选业	−0.60	0.25	−0.29	0.35	0.15	0.33
非金属矿采选业	−0.06	0.14	−0.03	0.26	0.13	0.24
电力、热力的生产和供应业	0.00	0.10	0.15	0.17	0.09	0.17
燃气生产和供应业	0.27	0.09	0.30	0.32	0.16	0.31
水的生产和供应业	0.04	0.02	0.14	0.01	0.02	0.04
农副食品加工业	0.14	0.19	0.15	0.30	0.18	0.26
食品制造业	0.20	0.17	0.27	0.22	0.18	0.24
饮料制造业	0.10	0.26	0.24	0.32	0.20	0.29
烟草制品业	0.03	0.13	0.17	0.16	0.12	0.16
纺织业	0.03	0.07	0.13	0.15	0.06	0.15
纺织服装、鞋、帽制造业	0.03	0.09	0.05	0.13	0.06	0.10
皮革、毛皮、羽毛（绒）及其制品业	0.06	0.12	0.10	0.15	0.09	0.13
木材加工及木、竹、藤、棕、草制品业	0.01	0.09	0.09	0.23	0.07	0.22
家具制造业	0.02	0.19	0.04	0.21	0.12	0.15
造纸及纸制品业	0.10	0.16	0.07	0.19	0.13	0.16
印刷业和记录媒介的复制	0.02	−0.04	0.09	0.08	−0.02	0.08
文教体育用品制造业	−0.02	−0.03	0.01	0.04	−0.02	0.02
石油加工、炼焦及核燃料加工业	0.09	0.22	0.16	0.28	0.20	0.26
化工原料及化学制品制造业	0.15	0.16	0.27	0.27	0.16	0.27
医药制造业	0.15	0.21	0.17	0.31	0.19	0.27
化学纤维制造业	0.20	0.27	0.25	0.39	0.25	0.35
橡胶制品业	0.09	0.23	0.11	0.30	0.18	0.24
塑料制品业	0.02	0.06	0.05	0.16	0.05	0.12
非金属矿物制品业	0.13	0.18	0.16	0.27	0.17	0.25
黑色金属冶炼及压延加工业	0.10	0.14	0.20	0.24	0.13	0.24
有色金属冶炼及压延加工业	0.13	0.17	0.20	0.29	0.17	0.28
金属制品业	0.03	0.21	0.04	0.17	0.15	0.16
通用设备制造业	0.13	0.06	0.15	0.17	0.08	0.17
专用设备制造业	0.07	0.20	0.13	0.24	0.16	0.21
交通运输设备制造业	0.11	0.15	0.13	0.15	0.13	0.14
电气机械及器材制造业	0.10	0.22	0.13	0.21	0.18	0.19
通信设备、计算机及其他电子设备制造业	0.03	0.24	0.14	0.23	0.10	0.16
仪器仪表及文化、办公用机械制造业	0.15	0.19	0.13	0.25	0.18	0.19

从表 9 - 7 每个产业角度来分析，可以看出黑色金属冶炼及压延加工业存在着绝对挤出效应，但挤出效应并不大，突出的特点在于国内投资下降的幅度远大于外商投资的增长幅度，其中可能的原因在于国家为了抑制金属冶炼业最近几年投资过快所实施的宏观经济政策，除此之外的其他所有的行业均不存在绝对挤出；而 7 个行业中存在着相对挤出效应，除了仪器仪表及文化办公用机械制造业的相对挤出效应不明显之外，其他 6 个行业中的相对挤出效应非常明显，其中以电子及通信设备制造业中的相对挤出效应最为明显，外商向电子及通信设备制造业中投资的增长率和增长量几乎为国内投资的两倍，并且，在所有的行业中，电子及通信设备制造业吸收的外资的总量和增量都是最多的，并且发生相对挤出效应的这 7 个行业所吸收的外资总额占了全部外资总额的大约 33%，这也很可能意味着外资有对相对挤出效应大的行业进行投资的倾向，从而表明，外商投资在总量水平上没有对国内资本产生挤出效应的前提下，在产业层次上，一些产业内确实存在着某种程度上的挤出效应，只不过这种挤出只是相对的。

由于我们只采用了三年的数据，因此，这种情况只表明挤出效应在某些行业中确实存在，不同的年份存在挤出效应的产业会发生变化，而这种挤出效应是否具有趋势性还有待进一步分析。

参考文献

[1] Aart Kraay, "When is Growth Pro – poor? Cross – country Evidence", *World Bank in its Series Policy Research Working Paper*, No. 3225, 2004.

[2] Adam Blake, Ziliang Deng, Rod Falvey, "How Does the Productivity of Foreign Direct Investment Spillover to Local Firms in Chinese Manufacturing?", *Journal of Chinese Economic and Business Studies*, Vol. 7, No. 2, 2009.

[3] Ahmad Baharumshah, Suleiman Almasaied, "Foreign Direct Investment and Economic Growth in Malaysia: Interactions with Human Capital and Financial Deepening", *Emerging Markets Finance and Trade*, Vol. 45, No. 1, 2009.

[4] Ajit Singh, "Financial Liberalisation, Stockmarkets and Economic Development", *Economic Journal*, Vol. 107, No. 442, 1997.

[5] Alan Bevan, Saul Estrin, Klaus Meyer, "Foreign Investment Location and Institutional Development in Transition Economies", *International Business Review*, Vol. 13, No. 1, 2004.

[6] Alan Gelb, "Financial Policies, Growth, and Efficiency", *World Bank Policy Research Working Paper Series*, No. 202, 1989.

[7] Albert Hirschman, *the Strategy of Economic Development*, New Haven: Yale University Press, 1958.

[8] Aleksander Rutkowski, "Inward FDI and Financial Constraints in Central and East European Countries", *Emerging Markets Finance and Trade*, Vol. 42, No. 5, 2006.

[9] Alessandra Guariglia, Sandra Poncet, "Could Financial Distortions be no Impediment to Economic Growth after All? Evidence From China", *Journal of Comparative Economics*, Vol. 36, No. 4, 2008.

[10] Ali Sadik, Ali Bolbol, "Capital Flows, FDI, and Technology Spillovers: Evidence from Arab Countries", *World Development*, Vol. 29, No. 12, 2001.

[11] Allen Berger, Gregory Udell, "The Economics of Small Business Finance: The Roles of Private Equity and Debt Mmarkets in the Financial Growth Cycle", *Journal of Banking & Finance*, Vol. 22, No. 6 - 8, 1998.

[12] Alvaro Cuervo - Cazurra, "Who Cares about Corruption?", *Journal of International Business Studies*, Vol. 37, No. 6, 2006.

[13] Amitava Krishna Dutt, "The Pattern of Direct Foreign Investment and Economic Growth", *World Development*, Vol. 25, No. 11, 1997.

[14] Amy Glass, Kamal Saggi, "International Technology Transfer and the Technology Gap", *Journal of Development Economics*, Vol. 55, No. 2, 1998.

[15] Amy Glass, Kamal Saggi, "Multinational Firms and Technology Ttransfer", *World Bank Policy Research Working Paper*, No. 2067, 1999.

[16] Amy Glass, Kamal Saggi, "Multinational Firms and Technology Transfer", *Scandinavian Journal of Economics*, Vol. 104, No. 4, 2002.

[17] Ana Reis, "On the Welfare Effects of Foreign Investment", *Journal of International Economics*, Vol. 54, No. 2, 2001.

[18] Andrea Fosfuri, Massimo Motta, Thomas Ronde, "Foreign Direct Investments and Spillovers through Workers' Mobility", *Journal of International Economics*, Vol. 53, No. 1, 2001.

[19] Andres Rodriguez - Clare, "Multinationals, Linkages, and Economic Development", *American Economic Review*, Vol. 86, No. 4, 1996.

[20] Andres Rodriguez - Clare, "Multinationals, Linkages, and Economic Development", *American Economic Review*, Vol. 86, No. 4, 1996.

[21] Andrew Bernard, Bradford Jensen, "Entry, Expansion, and Intensity in the US Export Boom, 1987 - 1992", *Review of International Economics*, Vol. 12, No. 4, 2004.

[22] Ann Harrison and Margaret McMillan, "Does Direct Foreign Investment Affect Domestic Credit Constraints?", *Journal of International Econom-*

ics, Vol. 61, No. 1, 2003.

[23] Ann Harrison, "Openness and growth: A time – series, Ccross – country Analysis for Developing Countries", *Journal of Development Economics*, Vol. 48, No. 2, 1996.

[24] Ann Harrison, Andrés Rodríguez – Clare, "Trade, Foreign Investment, and Industrial Policy for Developing Countries", *NBER Working Papers*, No. 15261, 2009.

[25] Ann Harrison, Brian Aitken, "Do Domestic Firms Benefit from Direct Foreign Investment? Evidence from Venezuela", *American Economic Review*, Vol. 89, No. 3, 1999.

[26] Ann Harrison, Mona Haddad, "Are There Positive Spillovers From Direct Foreign Investment: Evidence from Panel Data for Morocco", *Journal of Development Economics*, Vol. 42, No. 1, 1993.

[27] Archanun Kohpaiboon, "Exporters' Response to AFTA Tariff Preferences: Evidence from Thailand", *Paper Presented at the East Asian Economic Congress*, Manila, 2008.

[28] Archanun Kohpaiboon, A, "Foreign Trade Regimes and the FDI – Growth Nexus; a Case Study of Thailand", *Journal of Development Studies*, Vol. 40, No. 2, 2003.

[29] Ari Kokko, "Productivity Spillovers from Competition between Local Firms and Foreign Affiliates", *Journal of International Development*, Vol. 8, No. 4, 1996.

[30] Ari Kokko, "Technology, Market Characteristics, and Spillovers", *Journal of Development Economics*, Vol. 43, No. 2, 1994.

[31] Ari Kokko, Buben Tansini, Mario Zejan, "Productivity Spillovers from FDI in the Uruguayan Manufacturing Sector", *Department of Economics – Decon Working Papers*, No. 0194, 1994.

[32] Arjun Bedi, Andrzej Cielik, "Wages and Wage Growth in Poland: The Role of Foreign Direct Investment", *Economics of Transition*, Vol. 10, No. 1, 2002.

[33] Ash Demirguc – Kunt, Ross Levine, "Stock Markets, Corporate Finance, and Economic Growth: An Overview", *World Bank Economic*

Review, Vol. 10, No. 6, 1996.

[34] Asli Demirguc – Kunt, Vojislav Maksimovic, "Financial Constraints, U-ses of Funds, and Firm Growth: an International Comparison", *World Bank Policy Research Working Paper*, No. 1671, 1996.

[35] Assaf Razin, "FDI Contribution to Capital Flows and Investment in Capacity", *Hong Kong Institute for Monetary Research Working Papers*, No. 052003, 2003.

[36] Assaf Razin, Efraim Sadka, Chi – Wa Yuen, "Channeling Domestic Savings into Productive Investment under Asymmetric Information: The Essential Role of Foreign Direct Investment", *NBER Working Papers*, No. 6338, 1997.

[37] Azman Saini, Siong Hook Law, Abd Halim Ahmad, "FDI and Economic Growth: New Evidence on the Role of Financial Markets", *Economics Letters*, Vol. 107, No. 2, 2010.

[38] Barry Bosworth, Susan Collins, "Capital Flows to Developing Economies: Implications for Saving and Investment", *Brookings Papers on Economic Activity*, Vol. 30, No. 1, 1999.

[39] Beata Javorcik, "Does Foreign Direct Investment Increase the Productivity of Domestic Firms? In Search of Spillovers through Backward Linkages", *William Davidson Institute Working Papers*, No. 548, 2003.

[40] Beata Javorcik, "Does Foreign Direct Investment Increase the Productivity of Domestic Firms? In Search of Spillovers through Backward Linkages", *American Economic Review*, Vol. 94, No. 3, 2004.

[41] Beata Javorcik, Mariana Spatareanu, "To Share or Not To Share: Does Local Participation Matter for Spillovers from Foreign Direct Investment?", Journal *of Development Economics*, Vol. 85, No. 1 – 2, 2008.

[42] Beata Smarzynska, "Does Foreign Direct Investment Increase the Productivity of Domestic Firms: in Search of Spillovers Through Backward Linkages", *World Bank Policy Research Working Paper Series*, No. 2923, 2002.

[43] Beata Smarzynska, "Technological Leadership and Foreign Investors' Choice of Entry Mode", *World Bank Policy Research Working Paper*,

No. 2314, 2000.

[44] Beata Smarzynska, Shang – Jin Wei, "Corruption and Composition of Foreign Direct Investment: Firm – Level Evidence", *NBER Working Papers*, No. 7969, 2000.

[45] Benson Durham, "Economic Growth and Institutions: Some Sensitivity Analyses, 1961 – 2000", *International Organization*, Vol. 58, No. 3, 2004.

[46] Brian Aitken, Ann Harrison, Robert Lipsey, "Wages and Foreign Ownership A Comparative Study of Mexico, Venezuela, and the United States", *Journal of International Economics*, Vol. 40, No. 3 – 4, 1996.

[47] Brian Aitken, Gordon Hanson, Ann Harrison, "Spillover, Foreign Investment, and Export Behavior", *Journal of International Economics*, Vol. 43, No. 1 – 2, 1997.

[48] Bronwyn Hall, "Investment and Research and Development at the Firm Level: Does the Source of Financing Matter?", *UC Berkeley in its Series Department of Economics Working Paper*, No. qt5j59j6x3, 1992.

[49] Bronwyn Hall, "The Financing of Research and Development", *Oxford Review of Economic Policy*, Vol. 18, No. 1, 2002.

[50] Bruce Blonigen, Miao Wang, "Inappropriate Pooling of Wealthy and Poor Countries in Empirical FDI Studies", *Marquette University, Center for Global and Economic Studies and Department of Economics Working Papers*, No. 0903, 2004.

[51] Bruce Blonigen, Matthew Slaughter, "Foreign – Affiliate Activity And U. S. Skill Upgrading", *Review of Economics and Statistics*, Vol. 83, No. 2, 2001.

[52] Bruce Hansen, "Threshold Effects in Non – dynamic Panels: Estimation, Testing, and Inference", *Journal of Econometrics*, Vol. 93, No. 2, 1999.

[53] Bryan Ritchie, "Foreign Direct Investment and Intellectual Capital Formation in Southeast Asia", *OECD Development Centre Working Papers*, No. 194, 2002.

[54] Cagatay Bircan, "Foreign Direct Investment and Wages: Does the Level

of Ownership Matter?", *European Bank for Reconstruction and Development Working Papers*, No. 157, 2013.

[55] Carl Dahlman, Bruce Ross – Larson, Larry Westphal, "Managing Technological Development: Lessons from the newly Industrializing Countries", *World Development*, Vol. 15, No. 6, 1987.

[56] Carolina Villegas – Sanchez, "FDI Spillovers and the Role of Local Financial Markets: Evidence form Mexico", *Mimeo, European University Institute*, 2008.

[57] Cesar Calderon, Lin Liu, "The Direction of Causality between Financial Development and Economic Growth", *Journal of Development Economics*, Vol. 72, No. 1, 2003.

[58] Cesare Imbriani, Filippo Reganati, "Spillovers Internazionali di Efficienza Nel Settore Manifatturiero Italiano – International Efficiency Spillovers into the Italian Manufacturing Sector", *International Economics*, Vol. 50, No. 4, 1987.

[59] Chandana Chakraborty, Parantap Basu, "Foreign Direct Investment and Growth in India: A Cointegration Approach", *Applied Economics*, Vol. 34, No. 9, 2002.

[60] Charles Himmelberg, Bruce Petersen, "R&D and Internal Finance: A Panel Study of Small Firms in High – Tech Industries", *Review of Economics & Statistics*, Vol. 76, No. 1, 1994.

[61] Charles Kindleberger, "The Ingredients of Growth in Industrial Countries", *Weltwirtschaftliches Archiv*, Vol. 115, No. 1, 1979.

[62] Cheng Hsiao, Yan Shen, "Foreign Direct Investment and Economic Growth: The Importance of Institutions and Urbanization", *Economic Development and Cultural Change*, Vol. 51, No. 4, 2003.

[63] Chiara Franco, Subash Sasidharan, "MNEs, Technological Efforts and Channels of Export Spillover: An Analysis of Indian Manufacturing Industries", *Economic Systems*, Vol. 34, No. 3, 2004.

[64] Chien – Chiang Lee, Chun – Ping Chang, "FDI, Financial Development, and Economic Growth: International Evidence", *Journal of Applied Economics*, Vol. 13, No. 13, 2009.

[65] Christer Ljungwall, Junjie Li, "Financial Sector Development, FDI and Economic Growth in China", *East Asian Bureau of Economic Research in its Series Finance Working Papers*, No. 22026, 2007.

[66] Christian Arndt, Claudia Buch, Monika Schnitzer, "FDI and Domestic Investment: An Industry – Level View", *CEPR Discussion Papers*, No. 6464, 2007.

[67] Christian Bellak, "Gaining and Losing Competitive Advantage", *Vienna University of Economics Research Group: Growth and Employment in Europe: Sustainability and Competitiveness in its Series Working Papers*, No. 34, 2003.

[68] Cudi Gürsoy, Alovsat Muslumov, "Stock Markets and Economic Growth: A Causality Test", *Dogus University Journal*, Vol. 2, 2000.

[69] Daniel Hamermesh, "Labor Demand and the Source of Adjustment", *NBER Working Papers*, No. 4394, 1993.

[70] David Coe, Elhanan Helpman, Alexander Hoffmaister, "International R&D Spillovers and Institutions", *European Economic Review*, Vol. 53, No. 7, 2009.

[71] David Coe, Elhanan Helpman, "International R&D Spillovers", *European Economic Review*, Vol. 39, No. 5, 1995.

[72] David Coe, Elhanan Helpment, Alexander Hoffmaister, "North – South R&D Spillovers", *Economic Journal*, Vol. 107, No. 1, 1997.

[73] David Deok – Ki Kim & Jung – Soo Seo, "Does FDI Inflow Crowd out Ddomestic Investment in Korea?", *Journal of Economic Studies*, Vol. 30, No. 6, 2003.

[74] David Figlio, Bruce Blonigen, "The Effects of Foreign Direct Investment on Local Communities", *Journal of Urban Economics*, Vol. 48, No. 2, 2000.

[75] David Greenaway, Nuno Sousa, Katharine Wakelin, "Do Domestic Firms Learn to Export from Multinationals?", *European Journal of Political Economy*, Vol. 20, No. 4, 2004.

[76] David Greenaway, Richard Kneller, "Exporting and Productivity in the United Kingdom", *Oxford Review of Economic Policy*, Vol. 20,

No. 3, 2004.

[77] De Long, James Bradford, Lawrence Summers, "Equipment Investment and Economic Growth", *Quarterly Journal of Economics*, Vol. 106, No. 2, 1991.

[78] De Long, James Bradford, Lawrence Summers, "How Strongly do Developing Economies Benefit from Equipment Investment?", *Journal of Monetary Economics*, Vol. 32, No. 3, 1993.

[79] Deniss Titarenko, "The Influence of Foreign Direct Investment on Domestic Investment Processes in Latvia", *University Library of Munich*, *MPRA Paper*, No. 18192, 2005.

[80] Devashish Mitra, Priya Ranjan, "Offshoring and Unemployment: The Role of Search Frictions and Labor Mobility", *Institute for the Study of Labor in its Series IZA Discussion Papers*, No. 4136, 2009.

[81] Dexter Gittens, "The Effects of Foreign Direct Investment on the Accumulation of Human Capital in Developing Countries: Are There Implications for Future Growth?", *Fordham University*, *Department of Economics in its series Fordham Economics Dissertations*, No. 2006.3, 2006.

[82] Diego Restuccia, Richard Rogerson, "Policy Distortions and Aggregate Productivity with Heterogeneous Plants", *Review of Economic Dynamics*, Vol. 11, No. 4, 2008.

[83] Dierk Herzer, "Export Diversification and Economic Growth in Chile: an Econometric Analysis", *Ibero America Institute for Economic Research Discussion Papers*, No. 098, 2004.

[84] Dietmar Harhoff, Timm Korting, "Lending Relationships in Germany – Empirical Evidence from Survey Data", *Journal of Banking & Finance*, Vol. 22, No. 10 – 11, 1998.

[85] Douglas Holtz – Eakin, David Joulfaian, Harvey Rosen, "Entrepreneurial Decisions and Liquidity Constraints", *RAND Journal of Economics*, Vol. 25, No. 2, 1994.

[86] Eduardo Borensztein, Jose De Gregorio, Jong – Wha Lee, "How Does Foreign Direct Investment Affect Economic Growth?", *Journal of International Economics*, Vol. 45, No. 1, 1998.

[87] Edward Glaeser, Kallal Hedi, Jose Scheinkman, Andrei Shleifer, "Growth in Cities", *Journal of Political Economy*, Vol. 100, No. 6, 1992.

[88] Edward Shaw, *Financial Deepening in Economic Development*, New York: Oxford University Press, 1973.

[89] Edwin Lai, "International Intellectual Property Rights Protection and the Rate of Product Innovation", *Journal of Development Economics*, Vol. 55, No. 1, 1998.

[90] Edwin Mansfield, "Composition of R and D Expenditures: Relationship to Size of Firm, Concentration, and Innovative Output", *Review of Economics and Statistics*, Vol. 64, No. 3, 1981.

[91] Edwin Mansfield, "Intellectual Property Protection, Direct Investment, and Technology Transfer, Germany, Japan, and the United States", *World Bank International Finance Corporation Papers*, No. 27, 1995.

[92] Edwin Mansfield, "Intrafirm Rates of Diffusion of an Innovation", *Yale University in its Series Cowles Foundation Discussion Papers*, No. 132R, 1969.

[93] Edwin Mansfield, Anthony Romeo, "Technology Transfer to Overseas Subsidiaries by U. S. – Based Firms", *Quarterly Journal of Economics*, Vol. 95, No. 4, 1980.

[94] Elhanan Helpman, "Innovation, Imitation, and Intellectual Property Rights", *Econometrica*, Vol. 61, No. 6, 1993.

[95] Elhanan Helpman, Marc Melitz, Stephen Yeaple, "Export versus FDI with Heterogeneous Firms", *American Economic Review*, Vol. 94, No. 1, 2004.

[96] Eliana Cardoso, Rudiger Dornbusch, "Foreign private Capital Flows", *Handbook of Development Economics*, Vol. 2, No. 2, 1989.

[97] Ellis Tallman, Ping Wang, "Human Capital and Endogenous Growth: Evidence from Taiwan", *Federal Reserve Bank of Atlanta Working Paper*, No. 90 – 9, 1990.

[98] Enrique Mendoza, "Terms – of – trade Uncertainty and Economic Growth", *Journal of Development Economics*, Vol. 54, No. 2, 1997.

[99] Erhan Aslanoglu, "Spillover Effects of Foreign Direct Investment on Turkish Manufacturing Industry", *Journal of International Development*, Vol. 12, No. 8, 2000.

[100] Eric Ramstetter, "Comparisons of Foreign Multinationals and Local Firms in Asian Manufacturing Over Time ", *Asian Economic Journal*, Vol. 13, No. 3, 1999.

[101] Evis Sinani, Klaus Meyer, "Spillovers of Technology Transfer from FDI: the Case of Estonia", *Journal of Comparative Economics*, Vol. 32, No. 3, 2004.

[102] Fan Zhang, Jingping Zheng, "The Impact of Multinational Enterprises on Economic Structure and Efficiency in China," *China Center for Economic Research Working Paper*, 1998.

[103] Fernando Martins, "The Price Setting Behaviour of Portuguese Firms Evidence from Survey Data", *Banco de Portugal, Economics and Research Department in its series Working Papers*, No. w200604, 2006.

[104] Frances Ruane, John Sutherland, "Ownership and Export Characteristics of Irish Manufacturing Performance", *Institute for International Integration Studies Discussion Paper*, No. 32, 2004.

[105] Francesco Caselli, "Accounting for Cross – Country Income Differences", *CEPR Discussion Papers*, No. 4703, 2004.

[106] Francisco Rivera – Batiz, Luis Rivera – Batiz, "The Effects of Direct Foreign Investment in the Presence of Increasing Returns due to Specialization", *Journal of Development Economics*, Vol. 34, No. 1 – 2, 1990.

[107] Frank Barry, Holger Görg, Eric Strobl, "Foreign Direct Investment, Agglomerations and Demonstration Effects – An Empirical Investigation", *University College Dublin School of Economics Working Papers*, No. 200104, 2001.

[108] Frederic Scherer, "Using Linked Patent and R&D Data to Measure Interindustry Technology Flows ", *Research Policy*, Vol. 11, No. 4, 1982.

[109] Fredrik Heyman, Fredrik Sjoholm, Patrik Tingvall, "Is There Really a

Foreign Ownership Wage Premium? Evidence from Matched Employer – employee Data ", *Journal of International Economics*, Vol. 73, No. 2, 2007.

[110] Fredrik Sjoholm, "Productivity Growth in Indonesia: The Role of Regional Characteristics and Direct Foreign Investment", *Economic Development and Cultural Change*, Vol. 47, No. 3, 1999.

[111] Fredrik Sjoholm, "Technology Gap, Competition and Spillovers from direct Foreign Investment: Evidence from Establishment Data", *Journal of Development Studies*, Vol. 36, No. 1, 1999.

[112] Gabor Hunya, "International Competitiveness Impacts of FDI in CEECs", *Vienna Institute for International Economic Studies WIIW Research Reports*, No. 268, 2000.

[113] Galina Hale, Cheryl Long, "FDI Spillovers and Firm Ownership in China: Labor Markets and Backward Linkages", *Federal Reserve Bank of San Francisco Working Paper*, No. 2006 – 25, 2006.

[114] Galina Hale, Cheryl Long, "What Determines Technological Spillovers of Foreign Direct Investment: Evidence from China", *Yale University Economic Growth Center Working Papers*, No. 934, 2006.

[115] Gangti Zhu, Kong Yam Tan, "Foreign Direct Investment and Labor Productivity: New Evidence from China as the Host", *Thunderbird International Business Review*, Vol. 42, No. 5, 2001.

[116] Garrick Blalock, Daniel Simon, "Do all Firms Benefit Equally from Downstream FDI? The Moderating Effect of Local Suppliers' Capabilities on Production Gains", *Journal of International Business Studies*, Vol. 40, No. 7, 2009.

[117] Garrick Blalock, Paul Gertler, "Welfare Gains from Foreign Direct Investment through Technology Transfer to Local Suppliers", *Journal of International Economics*, Vol. 74, No. 2, 2008.

[118] Geert Bekaert, Campbell Harvey, Christian Lundblad, "Emerging Equity Markets and Economic Development", *Journal of Development Economics*, Vol. 66, No. 2, 2001.

[119] Geert Bekaert, Campbell R. Harvey, Christian Lundblad, "Equity

Market Liberalization in Emerging Markets", *Journal of Financial Research*, Vol. 26, No. 3, 2003.

[120] Gene Grossman, Elhanan Helpman, "Endogenous Product Cycles", *Economic Journal*, Vol. 101, No. 9, 1991.

[121] Gene Grossman, Elhanan Helpman, "Trade, Knowledge Spillovers, and Growth", *NBER Working Papers*, No. 3485, 1990.

[122] George Alessandria, Horag Choi, "Do Sunk Costs of Exporting Matter for Net Export Dynamics?", *Quarterly Journal of Economics*, Vol. 122, No. 1, 2007.

[123] Gerald Helleiner, "Transnational Corporations and Direct Foreign Investment", *Handbook of Development Economics*, Vol. 2, No. 2, 1989.

[124] Gerard Caprio, Patrick Honohan, "Finance for Growth: Policy Choices in a Volatile World", *Munich Personal RePEc Archive Paper*, No. 9929, 2001.

[125] Gerard Roland, "The Political Economy of Transition", *Journal of Economic Perspectives*, Vol. 16, No. 1, 2002.

[126] Gerschenberg Irving., "The Training and Spread of Managerial Know – How: A Comparative Analysis of Multinationals and Other Firms in Kenya", *World Development*, Vol. 15, No. 7, 1987.

[127] Gilles Saint – Paul, "Technological Choice, Financial Markets and Economic Development", *European Economic Review*, Vol. 36, No. 4, 1992.

[128] Giulia Faggio, *Foreign Direct Investment and Wages in Central and Eastern Europe*, Hamburg: Hamburgisches Welt – Wirtschafts – Archiv Press, 2003.

[129] Gregory Mankiw, David Romer, David Weil, "A Contribution to the Empirics of Economic Growth", *Quarterly Journal of Economics*, Vol. 107, No. 2, 1992.

[130] Habibullah Khan, Bee Leng, "Foreign Direct Investment, Exports and Economic Growth", *Singapore Economic Review*, Vol. 42, No. 2, 1997.

[131] Haizhou Huang, Chenggang Xu, "Financial Institutions, Financial Contagion, and Financial Crises", *European Economic Review*, Vol. 43, No. 4 – 6, 1999.

[132] Hal Hill, Prema – chandra Athukorala, "Foreign Investment in East A-sia: A Survey", *Asian – Pacific Economic Literature*, Vol. 12, No. 2, 1998.

[133] Hali Edison, Ross Levine, Luca Ricci, Torsten Slok, "International Financial Integration and Economic Growth", *NBER Working Papers*, No. 9164, 2002.

[134] Hans Kind, "Consequences of Imitation by Poor Countries on International Wage Inequalities and Global Growth", *Review of Development Economics*, Vol. 8, No. 1, 2004.

[135] Hans Loof, Almas Heshmati, "Sources of Finance, R&D Investment and Productivity: Correlation or Causality?", *Royal Institute of Technology, Economics and Institutions of Innovation Working Paper*, No. 11, 2004.

[136] Hirofumi Uzawa, "Time Preference and the Penrose Effect in a Two – Class Model of Economic Growth", *Journal of Political Economy*, Vol. 77, No. 4, 1969.

[137] Holger Görg and David Greenaway, "Much Ado about Nothing? Do Domestic Firms Really Benefit from Foreign Direct Investment?", *World Bank Research Observer*, Vol. 19, No. 2, 2004.

[138] Holger Görg, Alexander Hijzen, "Multinationals and Productivity Spillovers", *Leverhulme Centre for Research on Globalisation and Economic Policy Research Paper*, No. 41, 2004.

[139] Holger Görg, David Greenaway, "Much Ado about Nothing? Do Domestic Firms Really Benefit from Foreign Direct Investment?", *World Bank Research Observer*, Vol. 19, No. 2, 2004.

[140] Holger Gorg, Eric Strobl, "Spillovers from Foreign Firms Through Worker Mobility: An Empirical Investigation", *Scandinavian Journal of Economics*, Vol. 107, No. 4, 2005.

[141] Hollis Chenery, Alan Strout, "Foreign Assistance and Economic De-

velopment", *American Economic Review*, Vol. 56, No. 4, 1966.

[142] Hollis Chenery, Moshe Syrquin, *Patterns of development*, 1950 – 1970, London: Oxford University Press, 1975.

[143] Hong Tan, Geeta Batra, "Enterprise Training in Developing Countries", *World Bank*, *Private Sector Development Department*, *Occasional Monograph*, 1995.

[144] Howard Pack, Janet Pack, "Foreign Aid and Question of Fungibility", *Review of Economics & Statistics*, Vol. 75, No. 2, 1993.

[145] Howard Pack, Kamal Saggi, "Vertical Technology Transfer via International Outsourcing", *Journal of Development Economics*, Vol. 65, No. 2, 2001.

[146] Howard Stevenson, Carlos Jarillo, "A Paradigm of Entrepreneurship: Entrepreneurial Management", *Strategic Management Journal*, Vol. 11, 1990.

[147] Imad Moosa, "A Test of the News Model of Exchange Rates", *Weltwirtschaftliches Archiv*, Vol. 138, No. 4, 2002.

[148] Imad Moosa, Buly Cardak, "The Determinants of Foreign Direct Investment: An Extreme Bounds Analysis", *Journal of Multinational Financial Management*, Vol. 16, No. 2, 2006.

[149] Irving Gerschengerg, "The Training and Spread of Managerial Know – How: A Comparative Analysis of Multinational and Other Firms in Kenya", *World Development*, Vol. 15, No. 7, 1987.

[150] Jack Behrman, Harvey Wallender, *Transfers of Manufacturing Technology within Multinational Enterprises*, Cambridge: Ballinger Publish Company Press, 1976.

[151] Jagdish Bhagwati, "Allocative Efficiency", *NBER Working Papers*, No. 1022, 1978.

[152] Jagdish Bhagwati, Richard Brecher, Tatsuo Hatta, "The Generalized Theory of Transfers and Welfare: Exogenous (Policy – Imposed) and Endogenous (Transfer – Induced) Distortions", *Quarterly Journal of Economics*, Vol. 100, No. 3, 1985.

[153] James Ang, "Do Public Investment and FDI Crowd in or Crowd out Pri-

vate Domestic Investment in Malaysia?", *Applied Economics*, Vol. 41, No. 7, 2009.

[154] James Ang, "Financial Development and the FDI – growth Nexus: the Malaysian Experience", *Applied Economics*, Vol. 41, No. 13, 2009.

[155] James Brander, Tracy Lewis, "Oligopoly and Financial Structure", *American Economic Review*, Vol. 76, No. 5, 1986.

[156] James Love, Mica Mansury, "Exporting and Productivity in Business Services: Evidence from the United States", *International Business Review*, Vol. 18, No. 6, 2009.

[157] James Markusen, Anthony Venables, "Foreign Direct Investment as a Catalyst for Industrial Development", *European Economic Review*, Vol. 43, No. 2, 1999.

[158] James Markusen, Natalia Trofimenko, "Teaching Locals New Tricks: Foreign Experts as a Channel of Knowledge Transfers", *Journal of Development Economics*, Vol. 88, No. 1, 2009.

[159] Jan Fagerberg, "Technology and International Differences in Growth Rates", *Journal of Economic Literature*, Vol. 32, No. 3, 1994.

[160] Jan Johanson, Jan – Erik Vahlne, "The Mechanism of Internationalization", *International Marketing Review*, Vol. 7, No. 4, 1990.

[161] Jan Misun, Vladimir Tomsik, "Does Foreign Direct Investment Crowd in or Crowd out Domestic Investment?", *Eastern European Economics*, Vol. 40, No. 2, 2002.

[162] Jean – louis Mucchielli, Philippe Saucier, "European Industrial Relocations in Low – wage Countries: Policy and Theory Debates", In: Peter Buckley, Jean – louis Mucchielli (eds.), *Multinational Firms and International Relocation*, London: Edwar Elgar Press, 1997.

[163] Jeannine Bailliu, "Private Capital Flows, Financial Development, and Economic Growth in Developing Countries", *Bank of Canada Working Papers*, No. 00 – 16, 2000.

[164] Jean – Philippe Stijns, "Natural Resource Abundance and Human Capital Accumulation", *World Development*, Vol. 34, No. 6, 2006.

[165] Jeffrey Bernstein, "International R&D Spillovers between Industries in

Canada and the United States, Social Rates of Return and Productivity Growth", *Canadian Journal of Economics*, Vol. 29, No. s1, 1996.

[166] Jeffrey Bernstein, Pierre Mohnen, "International R&D Spillovers Between U. S. and Japanese R&D Intensive Sectors", *Journal of International Economics*, Vol. 44, No. 2, 1998.

[167] Jerome Hericourt, Sandra Poncet, "FDI and Credit Constraints: Firm – Level Evidence from China", *Economic Systems*, Vol. 33, No. 1, 2009.

[168] Jerome Sgard, "Direct Foreign Investments and Productivity Growth in Hungarian Firms, 1992 – 1999", *CEPII Working Papers*, No. 2001 – 19, 2001.

[169] Jess Benhabib, Mark Spiegel, "The Role of Human Capital in Economic Development Evidence from Aggregate Cross – country Data", *Journal of Monetary Economics*, Vol. 34, No. 2, 1994.

[170] Jian – Ye Wang, Magnus Blomstrom, "Foreign Investment and Technology Transfer: A Simple Model", *European Economic Review*, Vol. 36, No. 1, 1992.

[171] Joel Fried, "Foreign Direct Investment in a Macroeconomic Framework: Finance, efficiency, Incentives and Distortions", *University of Birmingham – International Financial Group Papers*, No. 92 – 17, 1992.

[172] John Baldwin, Paul Gorecki, "Firm Entry and Exit in the Canadian Manufacturing Sector, 1970 – 1982", *Canadian Journal of Economics*, Vol. 24, No. 2, 1991.

[173] John Boyd, Bruce Smith, "Intermediation and the Equilibrium Allocation of Investment Capital: Implications for Economic Development", *Journal of Monetary Economics*, Vol. 30, No. 3, 1992.

[174] John Boyd, Edward Prescott, "Financial Intermediary – Coalitions", *Journal of Economic Theory*, Vol. 38, No. 2, 1986.

[175] John Cantwell, "The Globalisation of Technology: What Remains of the Product Cycle Model?", *Cambridge Journal of Economics*, Vol. 19, No. 1, 1995.

[176] John Dunning, "The Eclectic Paradigm of International Production: A

Restatement and Some Possible Extensions", *Journal of International Business Studies*, Vol. 19, No. 1, 1988.

[177] John MacDuffie, Susan Helper, "Creating Lean Suppliers: Diffusing Lean Production Through the Supply Chain", *California Management Review*, Vol. 39, No. 4, 1997.

[178] Johnson, Karen, "A Note Extending Tobin's Inventory Demand for Money Model", *Journal of Monetary Economics*, Vol. 1, No. 3, 1975.

[179] Jonathan Cave, "Regulating Oligopoly", *Warwick Economics Research Paper*, No. 462, 1996.

[180] Jonathan Haskel, Sonia Pereira, Matthew Slaughter, "Does Inward Foreign Direct Investment Boost the Productivity of Domestic Firms?", *CEPR Discussion Papers*, No. 3384, 2002.

[181] Jorn Rattso, Hildegunn Stokke, "Learning and Foreign Technology Spillover in Thailand: Empirical Evidence on Productivity Dynamics", *Nordic Journal of Political Economy*, Vol. 29, No. 1, 2003.

[182] Joze Damijan, Mark Knell, Boris Majcen, Matija Rojec, "The Role of FDI, R&D Accumulation and Trade in Transferring Technology to Transition Countries: Evidence from Firm Panel Data for Eight Transition Countries", *Economic Systems*, Vol. 27, No. 2, 2003.

[183] Joze Damijan, Mark Knell, Boris Majcen, Matija Rojec, "Technology Transfer through FDI in Top – 10 Transition Countries: How Important are Direct Effects, Horizontal and Vertical Spillover", *William Davidson Institute Working Papers*, No. 549, 2003.

[184] Joze Damijan, Matija Rojec, "Foreign Direct Investment and Catching Up of New EU Member States: Is There a Flying Geese Pattern?", *Applied Economics Quarterly*, Vol. 53, No. 2, 2007.

[185] Jozef Konings, "The Effects of Foreign Direct Investment on Domestic Firms", *Economics of Transition*, Vol. 9, No. 3, 2001.

[186] Julia Woerz, "Skill Intensity in Foreign Trade and Economic Growth", *Vienna Institute for International Economic Studies Working Papers*, No. 25, 1970.

[187] Kálmán Kalotay, "Patterns of Inward FDI in Economies in Transition", *Eastern Journal of European Studies*, Vol. 1, No. 12, 2010.

[188] Kamal Saggi, "Trade, Foreign Direct Investment, and International Technology Transfer: A Survey", *World Bank Research Observer*, Vol. 17, No. 2, 2002.

[189] Karel Jansen, "The Macroeconomic Effects of Direct Foreign Investment: The Case of Thailand", *World Development*, Vol. 23, No. 2, 1995.

[190] Kenneth Arrow, "The Economic Implication of Learning by Doing", *Reviews of Economic Studies*, Vol. 29, No. 3, 1962.

[191] Kevin Honglin Zhang, Shunfeng Song, "Promoting Exports: the Role of Inward FDI in China", *China Economic Review*, Vol. 11, No. 4, 2001.

[192] Kevin Gallagher, Lyuba Zarsky, "Rethinking Foreign Investment for Development", *Post - Autistic Economics Eeview*, No. 37, 2006.

[193] Kiyoshi Kojima, Terutomo Ozawa, "Toward a Theory of Industrial Restructuring and Dynamic Comparative Advantage", *Hitotsubashi Journal of Economics*, Vol. 26, No. 2, 1985.

[194] Ksenia Yudaeva, Konstantin Kozlov, Natalia Melentieva, Natalia Ponomareva, "Does Foreign Ownership Matter?", *Economics of Transition*, Vol. 11, No. 3, 2003.

[195] Kul Luintel, Mosahid Khan, "A Quantitative Reassessment of the Finance - Growth Nexus: Evidence from a Multivariate VAR", *Journal of Development Economics*, Vol. 60, No. 2, 1999.

[196] Lance Lochner, Alexandaer Monge - Naranjo, "Human Capital Formation with Endogenous Credit Constraints", *NBER Working Papers*, No. 8815, 2002.

[197] Laura Alfaro, Areendam Chanda, Sebnem Kalemli - Ozcan, Selin Sayek, "FDI and Economic Growth: the Role of Local Financial Markets", *Journal of International Economics*, Vol. 64, No. 1, 2004.

[198] Laura Alfaro, Areendam Chanda, Sebnem Kalemli - Ozcan, Selin Sayek, "How Does Foreign Direct Investment Promote Economic

Growth? Exploring the Effects of Financial Markets on Linkages", *NBER Working Papers*, No. 12522, 2006.

[199] Lawrence Kaufmann, "A Model of Spillovers through Labor Recruitment", *International Economic Journal*, Vol. 11, No. 3, 1997.

[200] Lee Branstetter, "Is Foreign Direct Investment a Channel of Knowledge Spillovers? Evidence from Japan's FDI in the United States", *NBER Working Papers*, No. 8015, 2000.

[201] Lee Branstetter, Fritz Foley, "Facts and Fallacies about U. S. FDI in China", *NBER Working Papers*, No. 13470, 2007.

[202] Lee Branstetter, Raymond Fisman, Fritz Foley, "Do Stronger Intellectual Property Rights Increase International Technology Transfer? Empirical Evidence from U. S. Firm – Level Panel Data", *Quarterly Journal of Economics*, Vol. 121, No. 1, 2006.

[203] Liu Xiaming, Siler Pamela, Wang Chengqi, Wei Yingqi, "Productivity Spillovers from Foreign Direct Investment: Evidence from UK Industry Level Panel Data", *Journal of International Business Studies*, Vol. 31, No. 3, 2000.

[204] Luis Rivera – Batiz, Paul Romer, "Economic Integration and Endogenous Growth", *Quarterly Journal of Economics*, Vol. 106, No. 2, 1991.

[205] Luiz de Mello, "Foreign Direct Investment – Led Growth: Evidence from Time Series and Panel Data", *Oxford Economic Papers*, Vol. 51, No. 1, 1999.

[206] Magnus Blomstrom, "Foreign Investment and Productive Efficiency: The Case of Mexico", *Journal of Industrial Economics*, Vol. 35, No. 1, 1986.

[207] Magnus Blomstrom, Ari Kokko, "Home Country Effects of Foreign Direct Investment: Evidence from Sweden", *NBER Working Papers*, No. 4639, 1994.

[208] Magnus Blomstrom, Ari Kokko, "Multinational Corporations and Spillovers", Stockholm School of Economics Working Paper Series in Economics and Finance, No. 99, 1996.

[209] Magnus Blomstrom, Edward Wolff, "Growth in a Dual Economy", *CEPR Discussion Papers*, No. 861, 1994.

[210] Magnus Blomstrom, Fredrik Sjoholm, "Technology Transfer and Spillovers: Does Local Participation with Multinationals Matter?", *European Economic Review*, Vol. 43, No. 4 - 6, 1999.

[211] Magnus Blomstrom, Hakan Persson, "Foreign Investment and Spillover Efficiency in an Underdeveloped Economy: Evidence from the Mexican Manufacturing Industry", *World Development*, Vol. 11, No. 6, 1983.

[212] Magnus Blomstrom, Wang J - Y, "Foreign Investment and Technology transfer: A Simple Model", *European Economic Review*, Vol. 36, No. 1, 1992.

[213] Manop Udomkerdmongkol, Oliver Morrissey, "Political Regime, Private Investment, and Foreign Direct Investment in Developing Countries", *World Institute for Development Economic Research Working Paper Series*, No. RP2008/109, 2008.

[214] Manuel Agosin, Ricardo Mayer, "Foreign Investment in Developing Countries, Does It Crowd in Domestic Investment?", *Oxford Development Studies*, Vol. 33, No. 2, 2005.

[215] Maria Bosco, "Does FDI Contribute to Technological Spillovers and Growth? A Panel Data Analysis of Hungarian Firms", *Transnational Corporations*, Vol. 10, No. 1, 2001.

[216] Maria Carkovic, Ross Levine, "Does Foreign Direct Investment Accelerate Economic Growth?", *University of Minnesota, Department of Finance Working Paper*, 2002.

[217] Maria Carkovic, Ross Levine, "Does Foreign Direct Investment Promote Development?", *Journal of Economic Issues*, Vol. 40, No. 4, 2006.

[218] Mariam Khawar, "Productivity and Foreign Direct Investment - evidence from Mexico", *Journal of Economic Studies*, Vol. 30, No. 1, 2003.

[219] Mark Bils, Peter Klenow, "Does Schooling Cause Growth or the Other Way Aroud", *NBER Working Papers*, No. 6393, 1998.

[220] Mark Casson, Richard Pearce, "Multinational Enterprises in LDCs", in Norman Gemmell (eds.), *Surveys in Development Economics*, Oxford: Blackwell Press, 1987.

[221] Mark Doms, Bradford Jensen, "Comparing Wages, Skills, and Productivity between Domestically and Foreign – Owned Manufacturing Establishments in the United Stats", in Robert Baldwin, Robert Lipsey, David Richards (eds.), *Geography and Ownership as Bases for Economic Accounting*, Chicago: University of Chicago Press, 1998.

[222] Mark Roberts, James Tybout, "The Decision to Export in Colombia: An Empirical Model of Entry with Sunk Costs", *American Economic Review*, Vol. 87, No. 4, 1997.

[223] Marta Bengoa, Blanca Sanchez – Robles, "Foreign Direct Investment, Economic Freedom and Growth: New Evidence from Latin America", *European Journal of Political Economy*, Vol. 19, No. 3, 2003.

[224] Martin Conyon, Sourafel Girma, Steve Thompson, Peter Wright, "The Productivity and Wage Effects of Foreign Acquisition in the United Kingdom", *Journal of Industrial Economics*, Vol. 50, No. 1, 2002.

[225] Martin Feldstein, "Aspects of Global Economic Integration: Outlook for the Future", *NBER Working Papers*, No. 7899, 2000.

[226] Martin Kenney, Richard Florida, *Beyond Mass Production: The Japanese System and Its Transfer to the U. S.*, London: Oxford University Press, 1993.

[227] Martyn Andrews, Lutz Bellmann, Thorsten Schank, Richard Upward, "The Takeover and Selection Effects of Foreign Ownership in Germany: An Analysis Using Linked Worker – Firm Data", *Friedrich – Alexander – University Erlangen – Nuremberg, Chair of Labour and Regional Economics in its Series Discussion Papers*, No. 50, 2007.

[228] Marwah, Kanta and Tavakoli, Akbar, "The Effect of Foreign Capital and Imports on Economic Growth: Further Evidence from Four Asian Countries (1970 – 1998)", *Journal of Asian Economics*, Vol. 25, No. 2, 2004.

[229] Massimo Colombo, Rocco Mosconi, "Complementarity and Cumulative

Learning Effects in the Early Diffusion of Multiple Technologies", *Journal of Industrial Economics*, Vol. 43, No. 1, 1995.

[230] Mathias Dewatripont, Eric Maskin, "Credit and Efficiency in Centralized and Decentralized Economies", *Review of Economic Studies*, Vol. 62, No. 4, 1995.

[231] Matthew Slaughter, "Does Inward Foreign Direct Investment Contribute to Skill Upgrading in Developing Countries", *Schwartz Center for Economic Policy Analysis Working Paper*, No. 2002 – 08, 2002.

[232] Matthias Arnold, Beata Javorcik, "Gifted Kids or Pushy Parents? Foreign Direct Investment and Plant Productivity in Indonesia", *Journal of International Economics*, Vol. 79, No. 1, 2009.

[233] Maurice Kugler, "Spillovers from Foreign Direct Investment: within or Between Industries?", *Journal of Development Economics*, Vol. 80, No. 2, 2006.

[234] Maurice Kugler, "The Diffusion of Externalities from Foreign Direct Investment: Theory Ahead of Measurement", *University of Southampton Discussion Paper Series in Economics and Econometrics*, No. 0023, 2000.

[235] Maurice Obstfeld, "Risk – Taking, Global Diversification, and Growth", *American Economic Review*, Vol. 84, No. 5, 1994.

[236] Mazhar Mughal, Natalia Vechiu, "Does FDI Promote Higher Eeducation? Evidence from Developing Countries", http://www. umb. no/ statisk/ncde – 2009/mughalvechiu. pdf.

[237] Michael Landesmann, "Structural Features of Economic Integration in an Enlarged Europe: Patterns of Catching – up and Industrial Specialisation", European Commission in its Series European Economy – Economic Papers, No. 181, 2003.

[238] Michael Mortimore, "Corporate Strategies for FDI in the Context of Latin American' s New Economic Mode", *World Development*, Vol. 28, No. 9, 2000.

[239] Mike Hobday, "East Asian Latecomer Firms: Learning the Technology of Electronics", *World Development*, Vol. 23, No. 7, 1995.

[240] Mona Haddad, Ann Harrison, "Are There Positive Spillovers from Direct Foreign Investment: Evidence from Panel Data for Morocco", *Journal of Development Economics*, Vol. 42, No. 1, 1993.

[241] Moses Abramovitz, "The Catch – Up Factor in Postwar Economic Growth", *Economic Inquiry*, Vol. 28, No. 1, 1990.

[242] Munisamy Gopinath, Weiyan Chen, "Foreign Direct Investment and Wages: a Cross – country Analysis", *Journal of International Trade & Economic Development*, Vol. 12, No. 3, 2003.

[243] Nagesh Kumar, Jaya Prakash Pradhan, "Foreign Direct Investment, Externalities and Economic Growth in Developing Countries: Some Empirical Explorations and Implications for WTO Negotiations on Investment", *RIS Discussion Paper*, No. 27, 2002.

[244] Nannan Lundin, Fredrik Sjöholm, Ping He, Jinchang Qian, "FDI, Market Structure and R&D Investments in China", *Research Institute of Industrial Economics Working Paper*, No. 708, 2007.

[245] Nauro Campos, Yuko Kinoshita, "Foreign Direct Investment and Structural Reforms: Evidence from Eastern Europe and Latin America", *CEPR Discussion Papers*, No. 6690, 2008.

[246] Ned Howenstine, William Zeile, "Characteristics of Foreign – Owned U. S. Manufacturing Establishments", *Survey of Current Business*, Vol. 74, No. 1, 1994.

[247] Nicholas Apergis, Costantinos Katrakilidis, Nikolaos Tabakis, "Dynamic Linkages between FDI Inflows and Domestic Investment: A Panel Cointegration Approach", *Atlantic Economic Journal*, Vol. 34, No. 4, 2006.

[248] Niels Hermes, Robert Lensink, "Foreign Direct Investment, Financial Development and Economic Growth", *Journal of Development Studies*, Vol. 40, No. 1, 2003.

[249] Nigel Driffield, "The Impact of Domestic Productivity of Inward Investment in the UK", *Manchester School*, Vol. 69, No. 1, 2001.

[250] Nigel Driffield, Dylan Hughes, "Foreign and Domestic Investment: Regional Development or Crowding Out?", *Regional Studies*, Vol. 37,

No. 3, 2003.

[251] Nigel Driffield, Sourafel Girma, "Regional Foreign Direct Investment and Wage Spillovers: Plant Level Evidence from the UK Electronics Industry", *Oxford Bulletin of Economics and Statistics*, Vol. 65, No. 4, 2003.

[252] Nikolaj Malchow – Miller, James Markusen, Bertel Schjerning, "Foreign Firms, Domestic Wages", *CEPR Discussion Papers*, No. 6292, 2007.

[253] Norman Loayza, Romain Ranciere, "Financial Development, Financial Fragility, and Growth", *Journal of Money, Credit and Banking*, Vol. 38, No. 4, 2006.

[254] Nouriel Roubini, Xavier Sala – i – Martin, "Financial Repression and Economic Growth", *Journal of Development Economics*, Vol. 39, No. 1, 1992.

[255] Oded Galor, Daniel Tsiddon, "Technological Progress, Mobility, and Economic Growth", *American Economic Review*, Vol. 87, No. 3, 1997.

[256] Oded Galor, Omer Moav, "Ability Biased Technological Transtition, Wage Inequality and Growth", *CEPR Disscution Papers*, No. 1972, 1998.

[257] Olena Ivus, "Trade – related Intellectual Property Rights: Industry Variation and Technology Diffusion", *Canadian Journal of Economics*, Vol. 44, No. 1, 2011.

[258] Omran Mohammed, Bolbol Ali, "Foreign Direct Investment, Financial Development, and Economic Growth: Evidence from the Arab Countries", *Review of Middle East Economics and Finance*, Vol. 1, No. 3, 2003.

[259] Panicos Demetriades, Khaled Hussein, "Does Financial Development Cause Economic Growth? Time – series Evidence from 16 Countries", *Journal of Development Economics*, Vol. 51, No. 2, 1996.

[260] Pan – Long Tsai, "Foreign Direct Investment and Income Inequality: Further Evidence", *World Development*, Vol. 23, No. 3, 1995.

[261] Paolo Figini, Holger Görg, "Multinational Companies and Wage Inequality in the Host Country: the Case of Ireland", *Kiel Institute for the World Economy in its series Open Access Publications from Kiel Institute for the World Economy*, No. 2344, 1999.

[262] Parente Stephen, "Technology Adoption, Learning – by – Doing, and Economic Growth", *Journal of Economic Theory*, Vol. 63, No. 2, 1994.

[263] Parente Stephen, Edward Prescott, "Barriers to Technology Adoption and Development", *Journal of Political Economy*, Vol. 102, No. 2, 1994.

[264] Patrick F. Rowland, Linda Tesar, "Multinationals and the Gains from International Diversification", *Review of Economic Dynamics*, Vol. 7, No. 4, 2004.

[265] Paul Evans, "Using Panel Data to Evaluate Growth Theories", *International Economic Review*, Vol. 39, No. 2, 1998.

[266] Paul Krugman, "A Model of Innovation, Technology Transfer, and the World Distribution of Income", *Journal of Political Economy*, Vol. 87, No. 2, 1979.

[267] Paul Romer, "Endogenous Technological Change", *Journal of Political Economy*, Vol. 98, No. 5, 1990.

[268] Paul Romer, "Increasing Returns and Long – run Growth", *Journal of Political Economy*, Vol. 94, No. 5, 1986.

[269] Paul Romer, "The Origins of Endogenous Growth", *Journal of Economic Perspectives*, Vol. 8, No. 1, 1994.

[270] Paul Segerstrom, "Innovation, Imitation and Economic Growth", *Journal of Political Economy*, Vol. 99, No. 4, 1991.

[271] Peter Buckley, Jeremy Clegg, Chengqi Wang, "The Impact of Inward FDI on the Performance of Chinese Manufacturing Firms", *Journal of International Business Studies*, Vol. 33, No. 4, 2002.

[272] Peter Howitt, Rachel Griffith, Philippe Aghion, Richard Blundell, Nick Bloom, "Competition and Innovation: An Inverted – U Relationship", *Harvard University, Department of Economics in its series*

Scholarly Articles, No. 4481507, 2005.

[273] Peter Nunnenkamp, "To What Extent Can Foreign Direct Investment Help Achieve International Development Goals?", *Kiel Working Papers*, No. 1128, 2002.

[274] Peter Rousseau, Paul Wachtel, "Equity Markets and Growth: Cross - country Evidence on Timing and Outcomes, 1980 - 1995", *Journal of Banking & Finance*, Vol. 24, No. 12, 2000.

[275] Peter Voyer, Paul Beamish, "The Eeffect of Corruption on Japanese Foreign Direct Investment", *Journal of Business Ethics*, Vol. 50, No. 3, 2004.

[276] Philip Arestis, Panicos Demetriades, Kul Luintel, "Financial Development and Economic Growth: The Role of Stock Markets", *Journal of Money, Credit and Banking*, Vol. 33, No. 1, 2001.

[277] Philippe Aghion, Peter Howitt, "A Model of Growth through Creative Destruction", Econometrica, Vol. 60, No. 2, 1992.

[278] Philippe Aghion, Peter Howitt, "On the Macroeconomic Effects of Major Technological Change", *Annals of Economics and Statistics*, No. 49/50, 1998.

[279] Philippe Aghion, Peter Howitt, David Mayer - Foulkes, "The Effect of Financial Development on Convergence: Theory and Evidence", *Quarterly Journal of Economics*, Vol. 120, No. 1, 2005.

[280] Philippe Aghion, Peter Howitt, *Endogenous Growth Theory*, Cambridge: MIT Press, 1997.

[281] Phillip McCalman, "International Diffusion and Intellectual Property Rights: An Empirical Analysis", *Journal of International Economics*, Vol. 67, No. 2, 2005.

[282] Piamphongsant Thadam, Thai Manufactured Exports: Performance and Technological Change Since the 1997 Crisis. Ph. D. Thesis, University of London, Unpublished, 2007.

[283] Pinelopi Goldberg, Nina Pavcnik, "Distributional Effects of Globalization in Developing Countries", *Journal of Economic Literature*, Vol. 45, No. 1, 2007.

[284] Ping Lin, Kamal Saggi, "Multinational Firms, Exclusivity, and the Degree of Backward Linkages", *Kiel Working Papers*, No. 1250, 2005.

[285] Premachandra Athukorala, Sisira Jayasuriya, Edward Oczkowski, "Multinational Firms and Export Performance in Developing Countries: Some Analytical Issues and New Empirical Evidence", *Journal of Development Economics*, Vol. 46, No. 1, 1995.

[286] Priit Vahter, "The Effect of Foreign Direct Investment on Labour Productivity: Evidence from Estonia and Slovenia", *University of Tartu – Faculty of Economics and Business Administration Working Paper Series*, No. 32, 2004.

[287] Qing Zhang, Bruce Felmingham, "The Relationship between Inward Direct Foreign Investment and China's Provincial Export Trade", *China Economic Review*, Vol. 12, No. 1, 2001.

[288] Raghuram Rajan, Luigi Zingales, "Financial Dependence and Growth", *American Economic Review*, Vol. 88, No. 3, 1998.

[289] Ragnhild Balsvik, *Foreign Direct Investment and Host – country Effects*, Bergen: Norwegian School of Economics and Business Administration Press, 2006.

[290] Rajneesh Narula, Anabel Marin, "Foreign Direct Investment Spillovers, Absorptive Capacities and Human Capital Development: Evidence from Argentina", International Labor Office Working Paper, No. 96, 2005.

[291] Ramya Vijaya, Linda Kaltani, "Foreign Direct Investment and Wages: A Bargaining Power Approach", *Journal of World – Systems Research*, Vol. 13, No. 1, 2007.

[292] Rashmi Banga, "The Export – Diversifying Impact of Japanese and US Foreign Direct Investments in the Indian Manufacturing Sector", *Journal of International Business Studies*, Vol. 37, No. 4, 2006.

[293] Rati Ram, Kevin Honglin Zhang, "Foreign Direct Investment and Economic Growth: Evidence from Cross – Country Data for the 1990s", *Economic Development and Cultural Change*, Vol. 51, No. 1, 2002.

[294] Raymond Atje, Boyan Jovanovic, "Stock Markets and Development", *European Economic Review*, Vol. 37, No. 2 – 3, 1993.

[295] Raymond Fisman, Inessa Love, "Financial Dependence and Growth Revisited", *NBER Working Papers*, No. 9582, 2003.

[296] Raymond Vernon, "International Investment and International Trade in the Product Cycle", *Quarterly Journal of Economics*, Vol. 80, No. 2, 1966.

[297] Ricardo Hausmann, Eduardo Fernández – Arias, "Foreign Direct Investment: Good Cholesterol?", *Inter – American Development Bank, Research Department in its Series Research Department Publications*, No. 4203, 2000.

[298] Richard Baldwin, Henrik Braconier, Rikard Forslid, "Multinationals, Endogenous Growth and Technological Spillovers: Theory and Evidence", *CEPR Discussion Papers*, No. 2155, 1999.

[299] Richard Caves, "Multinational Firms, Competition, and Productivity in Host – Country Markets", *Economica*, Vol. 41, No. 5, 1974.

[300] Richard Harris, Qian Cher Li, "Exporting, R&D, and Absorptive Capacity in UK Establishments", *Oxford Economic Papers*, Vol. 61, No. 1, 2009.

[301] Richard Kneller, Mauro Pisu, "Industrial Linkages and Export Spillovers from FDI", *World Economy*, Vol. 30, No. 1, 2007.

[302] Richard Portes, Helene Rey, "The Determinants of Cross – border Equity Flows", *Journal of International Economics*, Vol. 65, No. 2, 2005.

[303] Rita Almeida, "The Labor Market Effects of Foreign Owned Firms", *Journal of International Economics*, Vol. 72, No. 1, 2007.

[304] Robert Barro, "Determinants of Economic Growth: A Cross – Country Empirical Study", *NBER Working Papers*, No. 5698, 1996.

[305] Robert Barro, "Economic Growth in a Cross Section of Countries", *Quarterly Journal of Economics*, Vol. 106, No. 2, 1991.

[306] Robert Barro, Xavier Sala – i – Martin, "Technological Diffusion, Convergence, and Growth", *NBER Working Papers*, No. 5151,

1995.

[307] Robert Cull, Lixin Xu, "Bureaucrats, State Banks, and the Efficiency of Credit Allocation: The Experience of Chinese State – Owned Enterprises", *Journal of Comparative Economics*, Vol. 28, No. 1, 2000.

[308] Robert Cull, Lixin Xu, "Who Gets Credit? The Behavior of Bureaucrats and State Banks in Allocating Credit to Chinese State – Owned Enterprises", *Journal of Development Economics*, Vol. 71, No. 2, 2003.

[309] Robert E. Lipsey, "The Role of Foreign Direct Investment in International Capital Flows", *NBER Working Papers*, No. 7094, 2000.

[310] Robert Evenson, Lakhwinder Singh, "Economic Growth, International Technological Spillovers and Public Policy: Theory and Empirical Evidence from Asia", *Yale University Economic Growth Working Papers*, No. 777, 1997.

[311] Robert Evenson, Larry Westphal, "Technological Change and Technology Strategy", *Handbook of Development Economics*, Vol. 3, No. 3, 1995.

[312] Robert Feenstra, "Trade and uneven Growth", *Journal of Development Economics*, Vol. 49, No. 1, 1996.

[313] Robert Feenstra, Gordon Hanson, "Foreign Direct Investment and Relative Wages: Evidence from Mexico's Maquiladoras", *Journal of International Economics*, Vol. 42, No. 3 – 4, 1997.

[314] Robert King, Ross Levine, "Finance and Growth: Schumpeter Might Be Right", *Quarterly Journal of Economics*, Vol. 108, No. 3, 1993.

[315] Robert Lensink, Oliver Morrissey, "Foreign Direct investment: Flows, Volatility and Growth in Developing Countries", *University of Groningen, Research Institute SOM (Systems, Organizations and Management) Research Report*, No. 01E16, 2001.

[316] Robert Lipsey, "Foreign – Owned Firms and U. S. Wages", *NBER Working Papers*, No. 4927, 1994.

[317] Robert Lipsey, Fredrik Sjoholm, "Foreign Direct Investment and Wages in Indonesian Manufacturing", *NBER Working Papers*, No. 8299, 2001.

[318] Robert Lipsey, Mario Zejan, "What Explains Developing Country

Growth?", *NBER Working Paper*, No. 4132, 1994.

[319] Robert Lucas, "On the Mechanics of Economic Development", *Journal of Monetary Economics*, Vol. 22, No. 1, 1988.

[320] Robert Solow, "A Contribution to the Theory of Economic Growth", *Quarterly Journal of Economics*, Vol. 70, No. 1, 1956.

[321] Roberto Alvarez, Ricardo Lopez, "Trade Liberalization and Industry Dynamics: A Difference in Difference Approach", *Central Bank of Chile Working Papers*, No. 470, 2008.

[322] Roger Gordon, Daokui Li, "The Effects of Wage Distortions on the Transition: Theory and Evidence from China", *European Economic Review*, Vol. 43, No. 1, 1999.

[323] Ronald Findlay, "Relative Backwardness, Direct Foreign Investment, and the Transfer of Technology: A Simple Dynamic Model", Quarterly Journal of Economics, Vol. 92, No. 1, 1978.

[324] Ronald McKinnon, *Money and Capital in Economic Development*, Washington: Brookings Institution Press, 1973.

[325] Ross Levine, "Financial Development and Economic Growth: Views and Agenda", *Journal of Economic Literature*, Vol. 35, No. 2, 1997.

[326] Ross Levine, David Renelt, "A Sensitivity Analysis of Cross – Country Growth Regressions", American Economic Review, Vol. 82, No. 4, 1992.

[327] Ross Levine, Sara Zervos, "Stock Market Development and Long – run Growth", *World Bank Economic Review*, Vol. 10, No. 2, 1996.

[328] Ross Levine, Sara Zervos, "Stock Markets, Banks, and Economic Growth", *American Economic Review*, Vol. 88, No. 3, 1998.

[329] Rossitza Wooster, David Diebe, "Productivity Spillovers from Foreign Direct Investment in Developing Countries: A Meta – Regression Analysis", *Review of Development Economics*, Vol. 14, No. 3, 2010.

[330] Saif Alhakimi, James Peoples, "Foreign Direct Investment and Domestic Wages in The Usa", *The Manchester School*, Vol. 77, No. 1, 2009.

[331] Salvador Barrios, Holger Gorg, Eric Strobl, "Foreign Direct Invest-

ment, Competition and Industrial Development in the Host Country", *European Economic Review*, Vol. 49, No. 7, 2005.

[332] Salvador Barrios, Holger Görg, Eric Strobl, "Multinational Enterprises and New Trade Theory: Evidence for the Convergence Hypothesis", *CEPR Discussion Papers*, No. 2827, 2001.

[333] Salvador Barrios, Luisito Bertinelli, Eric Strobl, "Multinationals and Local Indigenous Development", *Université catholique de Louvain, Center for Operations Research and Econometrics in its series CORE Discussion Papers*, No. 2003005, 2003.

[334] Sandra Poncet, J. Héricourt, "FDI and Credit Constraints: Firm Level Evidence from China", *Economic Systems*, Vol. 33, No. 1, 2009.

[335] Sanghamitra Das, Mark Roberts, James Tybout, "Market Entry Costs, Producer Heterogeneity, and Export Dynamics", *Econometrica*, Vol. 75, No. 3, 2007.

[336] Sanghamitra Das, "Externalities, and Technology Transfer through Multinational Corporations A Theoretical Analysis", *Journal of International Economics*, Vol. 22, No. 1 – 2, 1987.

[337] Sanjaya Lall, "Vertical Inter – Firm Linkages in LDCs: An Empirical Study", *Oxford Bulletin of Economics & Statistics*, Vol. 42, No. 3, 1980.

[338] Santanu Roy, Jean – Marie Viaene, "On Strategic Vertical Foreign Investment", *Journal of International Economics*, Vol. 46, No. 2, 1998.

[339] Satya Das, "Foreign Direct Investment and the Relative Wage in a Developing Economy", *Journal of Development Economics*, Vol. 67, No. 1, 2002.

[340] Saul Estrin, Klaus Meyer, Mike Wright, Francesca Foliano, "Export Propensity and Intensity of Subsidiaries in Emerging Economies", *International Business Review*, Vol. 17, No. 5, 2008.

[341] Schumpeter, Joseph, *The Theory of Economic Development: An Inquiry into Profits, Capital, Credit, Interest and the Business Cycle*, London: Transaction Publishes, 1911.

[342] Selin Sayek, Laura Alfaro, Areendam Chanda, Sebnem Kalemli - Ozcan, "FDI Spillovers, Financial Markets and Economic Development", *IMF Working Papers*, No. 186, 2003.

[343] Shang - Jin Wei, "Attracting Foreign direct Investment: Has China reached its Potential?", China Economic Review, Vol. 6, No. 2, 1995.

[344] Shige Makino, Andrew Delios, "Local Knowledge Transfer and Performance: Implications for Alliance Formation in Asia", *Journal of International Business Studies*, Vol. 27, No. 4, 1996.

[345] Shuanglin Lin, "Tax Reform and External Balance", *Journal of International Money and Finance*, Vol. 18, No. 6, 1999.

[346] Simeon Djankov, Bernard Hoekman, "Foreign Investment and Productivity Growth in Czech Enterprises", *World Bank Economic Review*, Vol. 14, No. 1, 2000.

[347] Sizhong Sun, "The Role of Foreign Firms in Domestic Exporting", *University Library of Munich in its Series MPRA Paper*, No. 18486, 2009.

[348] Sjoerd Beugelsdijk, Roger Smeets, Remco Zwinkels, "The Impact of Horizontal and Vertical FDI on Host's Country Economic Growth", *International Business Review*, Vol. 17, No. 4, 2008.

[349] Sophia Dimelis, Eleni Louri - Dendrinou, "Foreign Direct Investment and Efficiency Benefits: A Conditional Quantile Analysis", *CEPR Discussion Papers*, No. 2868, 2001.

[350] Sourafel Girma, "The Process of European Integration and the Determinants of Entry by Non - EU Multinationals in UK Manufacturing", *Manchester School*, Vol. 70, No. 3, 2002.

[351] Sourafel Girma, David Greenaway, Katharine Wakelin, "Who Benefits from Foreign Direct Investment in the UK?", *Scottish Journal of Political Economy*, Vol. 48, No. 2, 2001.

[352] Sourafel Girma, Holger Gorg, "Evaluating the Foreign Ownership Wwage Premium Using a Difference - in - Differences Matching Approach", *Journal of International Economics*, Vol. 72, No. 1, 2007.

[353] Stefan Lutz, Oleksandr Talavera, "Do Ukrainian Firms Benefit from FDI?", *Economic Change and Restructuring*, Vol. 37, No. 2, 2004.

[354] Stephen Hymer, *the International Operations of National Firms: A Study of Foreign Direct Investment*, Cambridge: MIT Press, 1976.

[355] Stephen Shaw, Johannes Meier, "Second Generation MNCs in China", *China Business Review*, Vol. 21, No. 5, 1994.

[356] Steven Globerman, "Foreign Direct Investment and 'Spillover' Efficiency Benefits in Canadian Manufacturing Industries", *Canadian Journal of Economics*, Vol. 12, No. 1, 1979.

[357] Steven Globerman, "Technological Diffusion in the Canadian Carpet Industry", Research Policy, Vol. 4, No. 2, 1975.

[358] Steven Globerman, "Technological Diffusion in the Canadian Tool and Die Industry", *Review of Economics & Statistics*, Vol. 57, No. 4, 1975.

[359] Susan Feinberg, Sumit Majumdar, "Technology Spillovers from Foreign Direct Investment in the Indian Pharmaceutical Industry", *Journal of International Business Studies*, Vol. 32, No. 3, 2001.

[360] Susanto Basu, David Weil, "Appropriate Technology And Growth", *Quarterly Journal of Economics*, Vol. 113, No. 4, 1998.

[361] Suyanto Suyanto, Ruhul Salim, Harry Bloch, "Does Foreign Direct Investment Lead to Productivity Spillovers? Firm Level Evidence from Indonesia", *World Development*, Vol. 37, No. 12, 2009.

[362] Tain-Jy Chen and Ying-Hua Ku, "Foreign Direct Investment and Industrial Restructuring: The Case of Taiwan's Textile Industry," in Takatoshi Ito and Anne Krueger (eds.), *The Role of Foreign Direct Investment in East Asian Economic Development*, Chicago: University of Chicago Press, 2000.

[363] Tamotsu Nakamura, "Foreign Investment, Technology Transfer, and the Technology Gap: A Note", *Review of Development Economics*, Vol. 6, No. 1, 2002.

[364] Taylor, Karl, Driffield, Nigel, "Wage Inequality and the Role of Multinationals: Evidence from UK Panel Data", *Labour Economics*,

Vol. 12, No. 2, 2005.

[365] Terutomo Ozawa, "Foreign Direct Investment and Economic Development", *Transnational Corporations*, Vol. 1, No. 1, 1992.

[366] Terutomo Ozawa, "Small – and Medium – Sized MNCs, Industrial Clusters and Globalization: The Japanese Experience", in Neil Hood, Stephen Young (eds.), *The Globalization of Multinational Enterprise Activity and Economic Development*, London: Macmillan Press, 2000.

[367] Tetsunori Koizumi, Kenneth Kopecky, "Foreign Direct Investment, Technology Transfer and Domestic Employment Effects", *Journal of International Economics*, Vol. 10, No. 1, 1980.

[368] Theodore Moran, *Foreign Direct Investment and Development: The New Policy Agenda for Developing Countries and Economies in Transition*, Washington: Peterson Institute Press, 1998.

[369] Thierry Mayer, "Where do Foreign Firms Locate in France and Why?", *European Investment Bank*, *Economics Department Papers*, No. 7/2004, 2004.

[370] Thomas Gall, Marc Schiffbauer, Julia Kubny, "Dynamic Effects of Foreign Direct Investment When Credit Markets are Imperfect", *Boston University*, *Department of Economics Working Papers*, No. dp – 188, 2009.

[371] Thorsten Beck, Ross Levine, "Stock Markets, Banks, and Growth: Panel Evidence", *Journal of Banking & Finance*, Vol. 28, No. 3, 2004.

[372] Thorsten Beck, Ross Levine, Norman Loayza, "Finance and the Sources of Growth", *Journal of Financial Economics*, Vol. 58, No. 1, 2000.

[373] Timothy Bates, "Financing Black Enterprise", *Journal of Finance*, Vol. 39, No. 3, 1974.

[374] United Nation, World Investment Report: Transnational Corporations and Competitiveness, United Nations, Division on Transnational Corporations and Investment, 1995.

[375] United Nation, World Investment Report: Transnational Corporations

as Engines of Growth, United Nations, Department of Economic and Social Development, 1992.

[376] Usha Nair – Reichert, Diana Weinhold, "Causality Tests for Cross – Country Panels: A New Look at FDI and Economic Growth in Developing Countries", *Oxford Bulletin of Economics & Statistics*, Vol. 63, No. 2, 2001.

[377] Uwe Walz, "Innovation, Foreign Direct Investment and Growth", *Economica*, Vol. 64, No. 2, 1997.

[378] Valerie Bencivenga, Bruce Smith, Ross Starr, "Liquidity of Secondary Capital Markets: Allocative Efficiency and the Maturity Composition of the Capital Stock", *Economic Theory*, Vol. 7, No. 1, 1996.

[379] Victor Murinde, Financial Markets and Endogenous Growth: an Econometric Analysis for Pacific Basin Countries. In Niels Hermes and Robert Lensink (eds.) *Financial Development and Economic Growth*, London: Routledge Routledge, 1996.

[380] Vijaya Ramachandran, "Technology Transfer, Firm Ownership, and Investment in Human Capital", *Review of Economics & Statistics*, Vol. 75, No. 4, 1993.

[381] Vinish Kathuria, "Liberalisation, FDI, and Productivity Spillovers: an Analysis of Indian Manufacturing Firms", *Oxford Economic Papers*, Vol. 54, No. 4, 2002.

[382] Vojislav Maksimovic, "Capital Structure in Repeated Oligopolies", *RAND Journal of Economics*, Vol. 19, No. 3, 1988.

[383] Vudayagiri Balasubramanyam, Mohammed Salisu, David Sapsford, "Foreign Direct Investment and Growth in EP and IS Countries", *Economic Journal*, Vol. 106, No. 1, 1996.

[384] Wan Abdullah, "Transnational Corporations and Human Resource Development: Some Evidence from the Malaysian Manufacturing Industries", *Personnel Review*, Vol. 23, No. 5, 1994.

[385] Wesley Cohen, Daniel Levinthal, "Innovation and Learning: The Two Faces of R&D", *Economic Journal*, Vol. 99, No. 397, 1989.

[386] Wilbur Chung, "Mode, Size, and Location of Foreign Direct Invest-

ments and Industry Markups", *Journal of Economic Behavior & Organization*, *Vol. 45*, *No. 2*, *2001*.

[387] Wilfred Ethier, "National and International Returns to Scale in the Modern Theory of International Trade", *American Economic Review*, Vol. 72, No. 3, 1982.

[388] William Davidson, "The Location of Foreign Direct Investment Activity: Country Characteristics and Experience Effects", *Journal of International Business Studies*, Vol. 11, No. 2, 1980.

[389] William Easterly, Ross Levine, "It's Not Factor Accumulation: Stylized Facts and Growth Models", *Central Bank of Chile Working Papers*, No. 164, 2002.

[390] Wolfgang Keller, "Absorptive Capacity: On the Creation and Acquisition of Technology in Development", *Journal of Development Economics*, Vol. 49, No. 1, 1996.

[391] Wolfgang Keller, "Are International R&D Spillovers Trade – related: Analyzing Spillovers among Randomly Matched Trade Partners", *European Economic Review*, Vol. 42, No. 8, 1998.

[392] Wolfgang Keller, Stephen Yeaple, "Multinational Enterprises, International Trade and Productivity Growth: Firm – Level Evidence from the US", *CEPR Discussion Papers*, No. 3805, 2003.

[393] Xiaming Liu, David Parker, Kirit Vaidya, Yingqi Wei, "The Impact of Foreign Direct Investment on Labour Productivity in the Chinese Electronics Industry", *International Business Review*, Vol. 10, No. 4, 2001.

[394] Xiaohui Liu, Chenggang Wang, "Does Foreign Direct Investment Facilitate Technological Progress: Evidence from Chinese Industries", *Research Policy*, Vol. 32, No. 6, 2003.

[395] Xiaolan Fu, *Exports, Foreign Direct Investment and Economic Development in China*, London and New York: Palgrave McMillan Press, 2004.

[396] Xiaowen Tian, Shuanglin Lin, Vai Io Lo, "Foreign Direct Investment and Economic Performance in Transition Economies: Evidence from

China", *Post – Communist Economies*, Vol. 16, No. 4, 2004.

[397] Xiaoying Li, Xiaming Liu, "Foreign Direct Investment and Economic Growth: An Increasingly Endogenous Relationship", *World Development*, Vol. 33, No. 3, 2005.

[398] Yan Liang, "Does Foreign Direct Investment Provide Desirable Development Finance? The Case of China", *China and World Economy*, Vol. 15, No. 2, 2007.

[399] Yaohui Zhao, "Foreign Direct Investment and Relative Wages: The Case of China", *China Economic Review*, Vol. 12, No. 1, 2001.

[400] Yih – Chyi Chuang, Chi – Mei Lin, "Foreign Direct Investment, R&D and Spillover Efficiency: Evidence from Taiwan's Manufacturing Firms", *Journal of Development Studies*, Vol. 35, No. 4, 1999.

[401] Ying Ge, "The Effect of Foreign Direct Investment on Urban Wage, An Empirical Examination", *Urban Studies*, Vol. 43, No. 9, 2006.

[402] Yongseok Shin, Joe Kaboski, Francisco Buera, "Finance and Development: A Tale of Two Sectors", *American Economic Review*, Vol. 101, No. 5, 2011.

[403] Yuko Kinoshita, "R&D and Technology Spillovers via FDI: Innovation and Absorptive Capacity", *CEPR Discussion Papers*, No. 2775, 2001.

[404] Yumiko Okamoto, Fredrik Sjöholm, "FDI and the Dynamics of Productivity: Microeconomic Evidence", *Stockholm School of Economics in its series Working Paper Series in Economics and Finance*, No. 348, 1999.

[405] Zadia Feliciano, Robert Lipsey, "Foreign Ownership, Wages, And Wage Changes In U. S. Industries, 1987 – 92", *Contemporary Economic Policy*, Vol. 24, No. 1, 2006.

[406] Zoltan Acs, Mark Sanders, "Intellectual Property Rights and the Knowledge Spillover Theory of Entrepreneurship", *Utrecht School of Economics Working Papers*, No. 08 – 23, 2008.

[407] Zvi Griliches, "Sibling Models and Data in Economics: Beginnings of a Survey", *Journal of Political Economy*, Vol. 87, No. 5, 1979.

[408] 包群、赖明勇、阳佳余:《外商直接投资、吸收能力与经济增长》,

上海三联出版社 2006 年版。

[409] 包群、阳小晓、赖明勇：《关于我国储蓄—投资转化率偏低的实证分析》，《经济科学》2004 年第 3 期。

[410] 陈柳、刘志彪：《本土创新能力、FDI 技术外溢与经济增长》，《南开经济研究》2006 年第 3 期。

[411] 陈涛涛：《影响中国外商直接投资溢出效应的行业特征》，《中国社会科学》2003 年第 4 期。

[412] 程惠芳：《国际直接投资与开放型内生经济增长》，《经济研究》2002 年第 10 期。

[413] 程培堽、周应恒、殷志扬：《FDI 对国内投资的挤出（入）效应：产业组织视角》，《经济学》2009 年第 7 期。

[414] 代谦、别朝霞：《FDI、人力资本积累与经济增长》，《经济研究》2006 年第 4 期。

[415] 单盈颖：《FDI 与经济增长中金融市场的功能：理论与实证研究》，博士学位论文，浙江大学，2008 年。

[416] 丁海：《外商直接投资的产业分布与调整对策研究》，《石油大学学报》1999 年第 1 期。

[417] 方友林、冼国明：《FDI 对我国国内投资的挤入挤出效应：地区差异及动态特征》，《世界经济研究》2008 年第 6 期。

[418] 冯晓玲、张凡：《外商直接投资对中国收入贸易条件的影响分析》，《世界经济研究》2011 年第 4 期。

[419] 韩立岩、蔡红艳、郄冬：《基于面板数据的中国资本配置效率研究》，《经济学季刊》2002 年第 3 期。

[420] 韩廷春：《基础发展与经济增长：实证模型与政策分析》，《世界经济》2001 年第 6 期。

[421] 何大安：《跨国公司投资与流通产业管制》，《财贸经济》2006 年第 8 期。

[422] 黄静：《吸收能力对 FDI 技术外溢的影响：基于工业层面及生产力非参数估计方法的研究》，《财贸经济》2007 年第 5 期。

[423] 黄平、索瓦罗：《FDI 流向部门结构对我国贸易条件的影响——理论与实证分析》，《云南财贸学院学报》（经济管理版）2003 年第 3 期。

[424] 黄旭平、张明之：《外商直接投资对我国就业的影响：基于面板

VAR 的分析》，《中央财经大学学报》2007 年第 1 期。

[425] 江小涓：《"十五"我国对外投资趋势研究：全球背景、投资规模
与重点选择》，《管理世界》2001 年第 1 期。

[426] 姜瑾、朱桂龙：《外商直接投资、垂直联系与技术溢出效应：来自
中国工业部门的经验证据》，《南方经济》2007 年第 2 期。

[427] 鞠磊：《FDI 与经济增长：对金融市场中介作用的考量》，博士学
位论文，山东大学，2009 年。

[428] 赖明勇、包群、彭水军、张新：《外商直接投资与技术外溢：基于
吸收能力的研究》，《经济研究》2005 年第 8 期。

[429] 李慧中、黄平：《中国 FDI 净流入与贸易条件恶化：悖论与解释》，
《国际经济评论》2006 年第 3 期。

[430] 李建伟：《外商直接投资与经济增长：对金融市场角色的分析》，
《当代财经》2007 年第 1 期。

[431] 李佩璘：《跨国公司并购与中国战略产业的发展》，《世界经济研
究》2008 年第 7 期。

[432] 李新春：《直接投资的文化因素分析：上海与广东的比较》，《中山
大学学报》1999 年第 5 期。

[433] 李雪辉、许罗丹：《FDI 对外资集中地区工资水平影响的实证研
究》，《南开经济研究》2002 年第 2 期。

[434] 刘舜佳：《FDI 与经济增长：基于金融市场吸收能力的研究》，《上
海金融》2007 年第 5 期。

[435] 刘渝琳、杨小玲：《外商直接投资、贸易条件与政策选择》，《国际
贸易问题》2007 年第 7 期。

[436] 卢峰、姚洋：《金融压抑下的法治、金融发展和经济增长》，《中国
社会科学》2004 年第 1 期。

[437] 罗长远、张军：《转型时期的外国直接投资：中国的经验》，《世界
经济文汇》2008 年第 1 期。

[438] 罗长远、赵红军：《外国直接投资、国内资本与投资者甄别机制》，
《经济研究》2003 年第 9 期。

[439] 罗长远：《FDI 对中国私人资本成长的影响：基于 1987—2001 年省
际面板数据的分析》，《世界经济》2006 年第 1 期。

[440] 罗长远：《FDI 与国内资本：挤出还是挤入》，《经济学（季刊）》

2007 年第 6 卷第 2 期。

[441] 潘文卿、张伟:《中国资本配置效率与金融发展相关性研究》,《管理世界》2003 年第 8 期。

[442] 任永菊、张岩贵:《外国直接投资对我国经济增长贡献的计量分析》,《当代财经》2003 年第 9 期。

[443] 沈坤荣、耿强:《外国直接投资、技术外溢与内生经济增长》,《中国社会科学》2001 年第 5 期。

[444] 沈坤荣:《经济发展阶段与增长方式转变》,《数量经济技术经济研究》1999 年第 9 期。

[445] 史同伟:《世界 500 强及其在我国的投资分布》,山东人民出版社 2002 年版。

[446] 孙本芝、刘碧云:《行业内不对称地位的外资企业与内资企业的动态博弈及启示》,《国际贸易问题》2009 年第 8 期。

[447] 孙立军:《金融发展、FDI 与经济增长》,《数量经济技术经济研究》2008 年第 1 期。

[448] 孙少勤、邱斌:《制度因素对中国制造业 FDI 技术溢出效应的影响研究》,《世界经济与政治论坛》2010 年第 2 期。

[449] 孙兆刚、王鹏、陈傲:《技术差距对知识溢出的影响分析》,《科技进步与对策》2006 年第 7 期。

[450] 万寿桥、李小胜:《中国资本市场与经济增长关系的脉冲响应分析》,《财经研究》2004 年第 6 期。

[451] 王春波、胡剑波:《跨国公司在华并购现状、动机与效应》,《对外经贸实务》2010 年第 6 期。

[452] 王洛林、裴长洪、江小涓:《2000 年中国外商投资报告》,中国财经出版社 2000 年版。

[453] 王曙光:《金融自由化与经济发展》,北京大学出版社 2003 年版。

[454] 王耀中、刘舜佳:《基于前后向关联分析的外商直接投资与技术外溢》,《经济评论》2005 年第 6 期。

[455] 王志鹏、李子奈:《外国直接投资、外溢效应与内生经济增长》,《世界经济文汇》2004 年第 3 期。

[456] 冼国明、崔喜君:《外商直接投资、国内不完全金融市场与民营企业的融资约束:基于企业面板数据的经验分析》,《世界经济研

究》2010 年第 4 期。

[457] 冼国明、孙江永：《外商直接投资对中国纺织服装业国内资本形成影响的经验分析》，《世界经济研究》2008 年第 10 期。

[458] 胥良：《国有银行改革的逻辑，困境及出路的探讨》，《云南财贸学院学报》1998 年第 5 期。

[459] 许和连、魏颖绮、赖明勇：《外商直接投资的后向链接溢出效应研究》，《管理世界》2007 年第 4 期。

[460] 许培源：《外商在华投资的技术溢出效应：制度约束的视角》，《宏观经济研究》2010 年第 3 期。

[461] 宣烨、赵曙东：《外商直接投资的工资效应分析：以江苏为对象的实证研究》，《南开经济研究》2005 年第 1 期。

[462] 严兵：《外商在华直接投资的溢出效应：基于产业和地区层面的分析》，中国商务出版社 2006 年版。

[463] 阳小晓、赖明勇：《FDI 与技术外溢：基于金融发展的理论视角及实证研究》，《数量经济技术经济研究》2006 年第 6 期。

[464] 杨柳勇、沈国良：《外商直接投资对国内投资的挤入挤出效应分析》，《统计研究》2002 年第 3 期。

[465] 杨蓉、赵曙东、刘正良：《人力资本分布结构与 FDI 效应差异》，《南京社会科学》2006 年第 1 期。

[466] 杨新房、任丽君、李红芹：《外国直接投资对国内资本"挤出"效应的实证研究：从资本形成角度看 FDI 对中国经济增长的影响》，《国际贸易问题》2006 年第 9 期。

[467] 杨泽文、杨全发：《FDI 对我国实际工资水平的影响》，《世界经济》2004 年第 12 期。

[468] 杨中侠：《外资并购看重中国》，《国际融资》2003 年第 1 期。

[469] 叶灵莉、王志江：《FDI 溢出效应与我国经济制度关系的实证分析》，《科技进步与对策》2009 年第 12 期。

[470] 元朋、许和连、艾洪山：《外商直接投资对内资企业的溢出效应：对中国制造业企业的实证研究》，《管理世界》2008 年第 4 期。

[471] 袁锦：《融资约束与转换成本：外商直接投资挤出效应的微观机制分析》，《世界经济文汇》2006 年第 4 期。

[472] 张斌盛、唐海燕：《外商直接投资的技术吸收能力研究：基于人力

资本流量指标的视角》，《华东师范大学学报》（哲学社会科学版）2006 年第 1 期。

［473］张国强：《FDI、技术差距与技术溢出：基于 Nash – Counot 均衡分析》，《科技管理研究》2008 年第 8 期。

［474］张小蒂、贾钰哲：《中国动态比较优势增进的机理与途径》，《学术月刊》2012 年第 5 期。

［475］张小蒂、王焕祥：《论跨国公司 FDI 中基于并购的要素交易整合优势》，《世界经济》2004 年第 7 期。

［476］张小蒂、王焕祥：《论跨国公司 FDI 中基于垄断优势的并购及其效应：兼评邓宁的 OLI 范式》，《国际贸易问题》2004 年第 2 期。

［477］张亚斌、肖竞成、艾洪山：《外商直接投资与我国技术进步：基于关联渠道分析的实证检验》，《南开经济研究》2007 年第 5 期。

［478］张宇：《制度约束、外资依赖与 FDI 的技术溢出》，《管理世界》2009 年第 9 期。

［479］赵奇伟、张诚：《金融深化、FDI 溢出效应与区域经济增长：基于 1997—2004 年省际面板数据分析》，《数量经济技术经济研究》2007 年第 6 期。

［480］赵燕：《基于金融发展视角的 FDI 溢出效应研究》，博士学位论文，苏州大学，2009 年。

［481］钟娟、张庆亮：《金融市场发展对中国 FDI 技术溢出效应的影响及其门槛效应检验》，《财贸研究》2010 年第 5 期。

［482］周颖、周峰、彭补拙：《中国 FDI 的行业空间分布与对区域经济发展的影响分析》，《经济地理》2001 年第 2 期。

［483］朱劲松：《外商直接投资在中国资本形成的效应》，《亚太经济》2001 年第 3 期。

［484］邹薇、代谦：《技术模仿、人力资本积累与经济赶超》，《中国社会科学》2003 年第 5 期。

后　记

　　对于一名经济学者而言，在研究成果付梓之际总是会感受到或多或少的欣慰，同时也会对成果核心观点、写作思路、前后衔接、数据处理以及结论的适用性不断进行完善，尽量避免哪怕是微小的错误所带给读者在理解上的偏差。因而在某种程度上而言，研究完成时的一时兴奋和不同观点引起的争论总是伴随着成果的出版孕育而生，这也为研究成果的进一步完善提供可能的思路。

　　另外，研究成果的付梓同样会促发作者对整个写作历程不自觉地进行回顾。文章的选题来源于经济学研究领域一个热门的话题，外资的流入究竟能够带给中国怎样的结果，大多数研究或者说是主流的研究基本上都认为：外资的流入通过溢出效应对中国的微观绩效和宏观效率起到积极作用，对生产率、技术创新、工资水平、就业都会产生正向影响。相应的研究结论也基本上利用数据加以证明。但这些研究结论往往忽视了一个重要的问题，即外资对国内资本存在挤出效应的情况下，这些结论同样适用。因此，对于挤出效应的研究正是出于这种可能性，并具体区分了绝对和相对挤出效应。实际上，已有的相关研究对外资的垄断和局部垄断进行过分析，如浙江工商大学何大安教授对流通业中外资的垄断现象的分析，这也说明了垄断或局部垄断对内资企业存在挤出效应。

　　在写作过程中，对本书的框架结构和逻辑安排进行了数次调整，力求达到内部和形式安排体现出经济学之美感。而研究的难点最主要体现在数据整理方面，上万条数据的搜集、数据库的形成与转入统计软件都是一个浩大的工程，得益于本人在多伦多大学访学期间利用其图书馆的数字资源，其详细的关于宏观层面的外资数据以及产业层面的外资数据，给本书提供了大量现成且可用的微观和宏观数据，尤其是在产业层面的数据为研究不同类型的外资进入对我国内资企业的影响提供支撑，这些影响究竟是正向的还是负向的，相对的还是绝对的？合资企业、独资企业、合作企业的影响差别所在？对这些问题的回答都是基于对多伦多大学的数字资源加以检验。这为我们理解外资进入之后的短期和长期影响提供数据检验，提高了成果的丰满度和可信度。

当然，专著的形成总是离不开他人的帮助和指点，哪怕是罗列长长的名单也无法一一提及对本研究提供过观点、方法和数据处理的学者。感谢教育部人文社科项目和浙江省社科基金对本研究的支持，正是他们的支持强化了本人对继续研究外资挤出效应的动力。感谢教育部人文社重点研究基地（浙江工商大学现代商贸研究中心）和浙江工商大学应用经济学研究基地的帮助，正是他们的支持提升了对该研究的能力和动力。感谢浙江工商大学"蓝天计划"对本人在多伦多大学访学期间的支持，以及浙江工商大学经济学院在教学科研方面的支持为国外访学提供便利。否则，多伦多大学之行恐怕远没有那么顺利。还要感谢多伦多大学经济系宛圆渊助理教授，正是他的慷慨促成了多伦多大学之行，并为数据的获得提供了可能。浙江工商大学经济系的谢杰副教授为数据处理和模型设定提供无私的帮助。当然，本书的出版离不开中国社会科学出版社的侯苗苗老师提供的帮助，她严谨负责的态度降低了书中可能出现的错误。当然，对于其中仍然可能存在的错误皆由本人承担。

王永齐

2015 年 11 月 5 日于杭州